翻訳論文集

入門 アーカイブズの世界
― 記憶と記録を未来に ―

記録管理学会
日本アーカイブズ学会
共編

日外アソシエーツ

Introduction to Archival Science
Memory and Records into the Future

(An anthology of articles translated into Japanese)

Compiled by
The Records Management Society of Japan
The Japan Society for Archival Science

●

Nichigai Associates, Inc.
Printed in Japan

装 丁：山中 章寛（ジェイアイ）

『入門・アーカイブズの世界』刊行に寄せて

独立行政法人 国立公文書館
館長 菊池 光興

　このたび記録管理学会と日本アーカイブズ学会という日本の代表的な関係学会の協働により『入門・アーカイブズの世界』が出版されるに至ったことを心から喜ぶとともに、我が国の公文書館制度を代表する立場から関係者皆様のご尽力に深く敬意を表したい。
　本書は、両学会の従来からの研究・啓発活動の積み重ねから生み出されたものであり、その内容は、現代社会における記録管理やアーカイブズの理論と実践の動向と課題に関する海外の優れた文献を翻訳し、広く我が国に紹介しようとするものである。書名にこそ「入門」という語が付されているが、収載論文はいずれも現在、世界のアーカイブズ界をリードする理論家・実践家による著作であり、これからの公文書館の在り方について日本の関係者に多くの示唆を与えてくれる高度な内容のものばかりである。誠に適切かつ有意義な編集出版と讃えられるべきである。

　いうまでもなく我が国においては、欧米諸国、いやアジア・アフリカのいくつかの国に比べてさえ、公文書館の歴史は浅く、その施設や関連制度の整備充実の速度は緩慢である。また、アーカイブズ関係の学術研究基盤や教育養成体制も、万全という状況からは程遠い。

一方、政府をはじめ全ての組織や団体が作成する記録は、情報処理と印刷機器の普及により爆発的に増大してきた。さらに、90年代以降のIT技術の発展に伴う記録のデジタル化も進行し、電子文書の増大が紙媒体の記録保存を前提として組み立てられていた公文書館制度とその運用に本質的な見直しを迫りつつある。

　今後の我が国の公文書館は、国においても地方公共団体においても、このように質量ともに変化しつつある膨大な記録を、国家の記憶、国民の記憶、あるいは地域の記憶として的確に保存管理し、将来の世代に対する説明責任を果たす証拠として利用に供するという崇高な使命を担っていかなければならない。そしてその使命は、個人個人の生活に根を下ろして、国民に信頼され親しまれる形で果たされるべきであると考えている。

　幸いなことに、この両三年、日本社会においても公文書や公文書館に対する関心や報道が増加傾向にある。総理の施政方針演説における公文書保存の重要性の言及や内閣官房長官の主唱による「公文書等の適切な管理、保存及び利用に関する懇談会」の設置、報告書提出などに加えて、日本アーカイブズ学会の設立などの活発な動きがあったからである。私自身も2005年3月に行われた初めてのICA（国際文書館評議会）の役員選挙で世界各国の国立公文書館長を代表する副会長に選出された。2006年5月には東京でICAの執行委員会を開催することとなっており、2007年秋にはEASTICA（東アジア地区国際文書館評議会）総会を日本で開催する予定である。日本の公文書館やアーカイブズ学を取り巻く困難な状況を打破して少しでも明るい展望を開くために、このような知的刺激を伴う内外双方の動きが、我が国の公文書館制度全体の活性化と発展への足掛かりになることを強く期待しているところである。また、この意味から、今後予定されている

各種の国際的研究セミナーや会合などに対しても、国立公文書館として適切な協力支援に務めたいと考えており、様々な立場の人々と手を携えて、日本の社会に新しい公文書館文化を深く根着かせたいと願っている。

　かかる背景の中において、本書が刊行されることは大変意義深く、これが限られた公文書館関係者のみならず、幅広い読者を得、日本の公文書館の在るべき姿に関する議論の深まりに大きく役立つことを願うものである。

目　次

刊行に寄せて
　　国立公文書館館長　菊池光興 …………………………………… 3

編集にあたって
　　安藤正人 ……………………………………………………………… 9

第Ⅰ部　アーカイブズを学ぶ

1．未来の時は過去の時のなかに
　　──21世紀のアーカイブズ学
　　　　エリック・ケテラール（児玉優子訳）………………… 25

2．アーカイブズ学入門
　　　　テオ・トマセン（石原一則訳）……………………………… 47

3．NARAとともに
　　──わが戦略計画と成果
　　　　ジョン・カーリン（小谷允志、古賀崇訳）……………… 65

第Ⅱ部　アーカイブズの歩み

4．現在の歴史を生きた記憶として刻印する
　　──アーカイブズ評価選別の新しい視点
　　　　ジャン＝ピエール・ワロー（塚田治郎訳）……………… 81

5．過去は物語の始まりである
　　——1898年以降のアーカイブズ観の歴史と未来へのパラダイムシフト
　　　　テリー・クック（塚田治郎訳）……………… **117**

第Ⅲ部　レコードキーピングのこれから

6．きのう、きょう、あす
　　——責任のコンティニュアム
　　　　スー・マケミッシュ（坂口貴弘、古賀崇訳）……… **187**

7．スクリーンの向こう側
　　——レコード・コンティニュアムとアーカイブズにおける文化遺産
　　　　テリー・クック（古賀崇訳）……………… **219**

参考文献　………………………………………………… **251**
索　引
　　事項索引　……………………………………………… **257**
　　人名索引　……………………………………………… **266**

凡　例

(1) 原文にはないが言葉を補充した方がわかりやすいと思われる箇所には ［　］内に語を補充した。

(2) 原文の（　）は訳文でも（　）としている。

(3) イタリックあるいはボールド体になっている箇所は傍点で示した。ただし、英語以外の外国語を示すイタリックの場合は本文と同じ書体とした。

(4) 原文に引用符の付されている文や語句は「　」に入れた。

(5) 人名など原語表記が必要と思われる箇所は（　）内に原文の語を挿入した。また、参考のため一部、訳語の後の（　）内に原文の語を挿入した。

編集にあたって

人間文化研究機構国文学研究資料館アーカイブズ研究系教授
総合研究大学院大学文化科学研究科教授
安藤 正人

はじめに

　本書は、記録管理学会と日本アーカイブズ学会の機関誌、すなわち『レコード・マネジメント』と『アーカイブズ学研究』に最近掲載された海外翻訳論文（日本での講演記録を含む）5本に、新しい翻訳論文2本を加えて1冊に編集したものである。発案は記録管理学会だが、同学会と日本アーカイブズ学会がこのような共同出版を行うのは、日本アーカイブズ学会が設立2年余りの若い学会であることもあって、もちろん初めての試みである。学術的にも意義深い、記念すべき事業になったと思う。編集作業を担当したのは、記録管理学会から朝日崇（日外アソシエーツ）、古賀崇（国立情報学研究所）の両氏、日本アーカイブズ学会から石原一則氏（神奈川県立公文書館）と筆者、以上の4人である。全体の取りまとめは朝日氏が行った。

　近年、海外における記録管理学やアーカイブズ学の動向については、比較的よく紹介されるようになり、外国語文献の翻訳も増えてきた。その一端は、本書巻末に付した参考文献一覧に見られる通りである。先述のように、本書にはその中から『レコード・マネジメント』と『アーカイブズ学研究』に最近掲載された翻訳論文を中心に掲載したが、いずれも記録管理学とアーカイブズ学の分野で世界をリードしてきた優れた理論家と実践家の文章であり、結果的に、いま日本語で読める最新にして最高レベルの論文を集めることができたのではないかと考えている。内容的には、実務に直接関係するというよりは、記録管理学やアーカイブズ学における近年の「パラダイムシフト」と言われるような状況を反映した理論的な論文が中心となっている。そのため本書をひもといた

時、一見、とっつきにくい難解な本という印象を持たれるかもしれない。翻訳だけに余計そうだろう。しかし、いずれの論文も、まことに奥深く、示唆に富んでいる。時間をかけて、ぜひじっくり吟味しながら読んでいただきたいと願っている。

記録のちから

本書への導入として、ふたつの新聞記事を紹介したい。

ひとつは、2004年6月22日の朝日新聞東京版夕刊に掲載された「「私は日本人」訴え続け ——両親と中国へ　帰国求め21年——」という記事である。

　　黒竜江省にすむ梁延文さん、日本名「花井勝一」という63歳の男性。3歳だった1943年ごろ開拓団として父母や2歳年上の姉らと日本から中国に渡った。敗戦時、父とはすでに離ればなれ。子供たちを育てるために中国

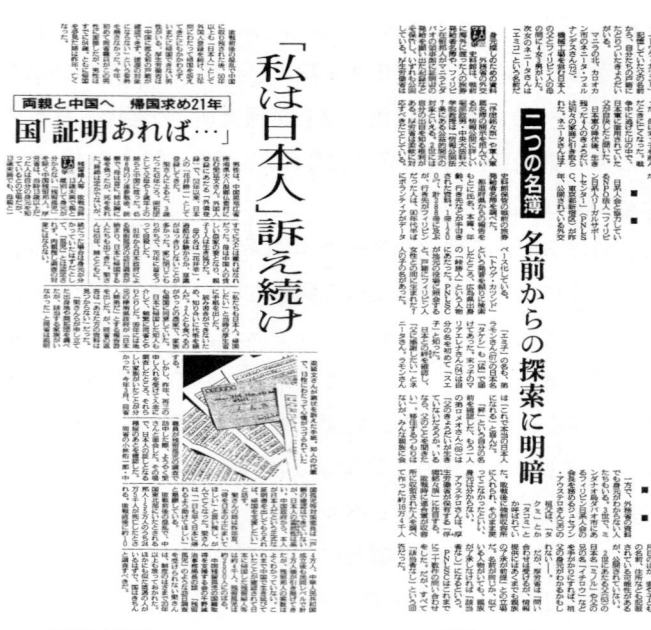

『朝日新聞』　2004.6.22　　　　　『朝日新聞』　2005.6.21

人と再婚した母は、苦労の末1975年に自殺。日本への帰国を夢見た姉も昨年死去した。梁さんは、日本政府に対しずっと帰国を申請し続けているが、厚生省は「梁さんらが申し立てた出身地や開拓団を調べたが戸籍などの資料が見つからない」という理由で、未だに日本人として認定せず、帰国を認めていない——こういう要旨である。

　もうひとつは、梁延文さんの記事からちょうど1年後の2005年6月21日、やはり朝日新聞東京版夕刊に載った「父の国 ——フィリピン残留日本人2世——」という連載記事の一回である。

　　マニラの近くに住むネニータ・フェルナンデスさん、72歳。機械工場を営んでいた日本人の父とフィリピン人の間に生まれた7人の子供の次女で、「エミコ」という名前だった。母は末っ子を生んだときに亡くなり、日本軍に徴用されていた父も、戦争中に逃げた山の中で自決した。7人の子供たちのうち4人が生き残り、戦後別々の家庭に預けられた。次女のネニータさんは、父親の名前が「トウゲ・カツンド」だと記憶していた。それを手がかりに、日本のNPOの協力で外務省外交史料館に保存されている戦前の「旅券発給者名簿」を調査したところ、広島県出身の「峠勝人」の名が見つかり、地元に残っていた戸籍によって、フィリピン人女性との間に7人の子があったこと、次女が確かに「エミ子」であることも証明できた——こんな内容である。

　アジア太平洋戦争によって生まれた、数多くの海外残留孤児や残留日本人2世。戦後60年を経てなお、自分が誰なのかを確かめるために必死の努力を続けている。そのことに心が痛むが、記録が見つかるかどうかによって結果が大きく分かれてしまっていることが、私たち記録に関係している仕事をしている者には大いに気にかかる。梁延文さんの場合、出身地や名前までわかっているのだから、戸籍はなくても、この一家が1943年ころまで住んでいたことを証明できる何らかの記録が地元の役場文書の中にあるのではないか？　あるいは、1943年ころに中国大陸に移住した記録が残っているのではないか？　ふつうは

編集にあたって　　11

そう思う。だが、政府は「見つからない」と言っているようだ。ネニータ・フェルナンデスさんたちの場合は、幸いにも「旅券発給者名簿」という国の公文書の中に名前が見つかったが、この記事は後半で、「旅券発給者名簿」でも親の身元を解明できないフィリピン残留日本人2世がいることを紹介している。厚生労働省にある「俘虜銘々票」という別の記録を見れば身元が判明する可能性があるそうだが、厚生労働省はこの資料を公開していないという。

　これら海外残留孤児や残留日本人2世の人たちにとって、記録は「歴史資料」でも「文化資源」でもない。自分が日本人であるという、あるいは日本人遺児であるという、まさに自己の存在（アイデンティティ）を証明するためのかけがえのない「証拠」――本書にも論文を収録しているスー・マケミッシュの表現を借りれば「私が私である証拠（evidence of me）」[1]――なのである。つまり、記録を残すこと、とりわけ公文書を残すことは、決してそれらが「歴史資料として重要な」[2]ためだけではない。人権を守るという極めて大切な意義につながっているのである。よく指摘されるように、記録、とりわけ公文書には、支配の道具としての政治性や権力性が備わっていることは確かだが、反面、人の存在を証明し、市民の権利や財産を守るちからも備わっている。二つの新聞記事は、はっきりそのことを示していよう。

　いま世界の記録管理やアーカイブズの分野では、記録やアーカイブズが本来的に持っているこのようなちから、すなわち、人の存在や活動を証し、市民の権利や財産を守る「証拠」としてのちからを、あらためて強く認識するようになっている。そのことは、本書に収録した諸論文からも読みとれると思う。残念ながら、日本の記録保存システム（アーカイブズ制度といってもいい）は、（ネニータ・フェルナンデスさんたちのような幸運な事例もあるにはあるが）、概して人権保護のちからを十分に活かすほどに整ってはいない。逆に、個人情報の流出問題が相次いでいることもあってか、人権保護のためには記録の廃棄こそ重要だ、というような一面的な議論が先行しているように見える。しかし、情報流出などの問題も、実は根は一緒。つまり、記録管理やアーカイブズのシステムがあまりに貧弱なことが原因だ。なぜその点に気づかないのだろうと思う。

本書が、記録のちからについて考え直すきっかけになることを願っている。

本書について

　本書は、第Ⅰ部「アーカイブズを学ぶ」、第Ⅱ部「アーカイブズの歩み」、第Ⅲ部「レコードキーピングのこれから」の3部構成となっている。

　第Ⅰ部「アーカイブズを学ぶ」には、比較的読みやすい入門的な文章を3本収録した。とくに、最初のエリック・ケテラール論文は日本の聴衆に対して語られた講演を文章化したもの、また3本目のジョン・カーリン論文は日本の読者に向けて書かれた寄稿論文である。いずれも第Ⅰ部にふさわしいものだろう。

　エリック・ケテラール氏は、著者紹介にあるように、オランダ国立文書館長や国際文書館評議会（ICA）事務局長代行などを歴任した世界的に著名なアーキビストだが、アーカイブズ学の分野においても数多くの刺激的な学術論文を発表している。「アーカイブズ学」を意味する英語として、これまでよく使われてきた archive studies や archival science に対し 'archivistics' という新語を提唱していることでも知られる。

　本書に収録した「未来の時は過去の時のなかに ──21世紀のアーカイブズ学──」は、2004年4月に学習院大学で開催された日本アーカイブズ学会設立大会の記念講演である。デジタル化が引き金になっているアーカイブズ学のパラダイムシフトや、本書第Ⅲ部で詳しく扱われるレコード・コンティニュアム（記録連続体）などの新しい理論をわかりやすく紹介しているが、ケテラール氏がもっとも重視するのは、「社会が未来を確信できるように、アーカイブズを確実に保存」することの大切さである。氏はかつて、リンカーンの有名なことばをもじって、「人民の、人民のための、人民によるアーカイブズ」[3]という象徴的なタイトルの論文を書いたことがある。最近も「レコードキーピングと社会的なちから」[4]と題する論文で、人々の記憶を支え権力に抗する記録のちからについて述べている。氏の視点が、常に、民主主義の礎としてのアーカイブズ、というところに置かれていることに、あらためて着目したいと思う。

　第2論文「アーカイブズ学入門」の筆者テオ・トマセン氏は、オランダ文書

館学校長や国際文書館評議会専門職教育研修部会長を歴任した、アーキビスト教育に実績のある研究者・教育者である。アーカイブズ学に関しても定評ある論文を数多く発表しており、私も、アーカイブズ学発展史的確にまとめた「アーカイブズ学の発展とそのヨーロッパ的局面」[5]という論文を紹介したことがある[6]。

　本書所収論文「アーカイブズ学入門」は、トマセン氏らが中心になって2001年に創刊し、現在すでに、アーカイブズ学の分野でもっとも権威ある国際的学術雑誌と見なされている *Archival Science* 誌の第1号に掲載されたものである。「要旨」にあるように、「教育を目的として、まず簡潔で基礎的なテキストであることを意図して書かれ」、「アーカイブズ学の中心概念の定義と解説をこころがけた」ものである。実際、アーカイブズ学の伝統的な考え方を踏まえながら、最新の理論と方法がわかりやすく説明されている。まさに、本書『入門・アーカイブズの世界』にふさわしい論文と言えるだろう。単に入門的であるだけではない。レコードキーピングという用語に象徴される近年の新しい記録理論に対して、「プロセス・バウンド・インフォメーション process-bound information（本書の石原訳によれば「過程連係情報」）としての記録」という新しい概念提起も本論文のなかで行っており、注目されていることを付け加えておきたい。

　次のジョン・カーリン氏は、もともと政治とビジネスの世界で活躍していた人で、1995年に大統領によって「アメリカ合衆国アーキビスト」、すなわちアメリカ国立公文書館記録管理局（NARA）長官に指名された。本書所収の「NARAとともに——わが戦略計画と成果——」は、記録管理学会誌『レコード・マネジメント』のために寄稿された文章で、カーリン氏が行ったアメリカ国立公文書館の組織改革や業務改善について、わかりやすく説明している。記録管理学やアーカイブズ学における学問的議論と公文書館経営とがどのように関わっているのかを考える上でも、興味深い論考である。なお同館の組織改革や業務改善については、沖縄県立公文書館米国駐在員として長年にわたりアメリカ国立公文書館を利用してきた仲本和彦氏が、詳しく分析している[7]。合わせ

て読まれることをお勧めしたい。

　私自身は、これまでに数回、同館の所蔵史料を利用したことはあるものの、組織の内実についてはほとんど知らない。ただ、カーリン氏が行った改革のうち、本論文でも触れられている新しい常設展示「国民の貴重品保管庫（Public Vaults）」については、つい最近これを見学する機会があり、大いに感銘を受けたことを記しておきたい。あちこちに文書保存箱（アーカイブズ・ボックス）や映画フィルム缶のレプリカがズラッと並んでいたり、あるいは壁全体が書架の写真になっていたりして、展示場そのものが公文書館の史料庫に入り込んだような雰囲気に作られている。展示内容は、独立戦争や第二次世界大戦などアメリカ史のハイライトから、移民記録などに見られる庶民の歴史まで、NARAが所蔵するさまざまな分野の公文書、写真、ポスター、動画などが最新の技術を駆使して展示され、見る者を退屈させない。順にたどっていくと、国民にとって重要な史料がいかに豊富に保存されているか、またどんな種類の記録がどんな状態で保存されているかが、おのずから強く印象づけられるようになっている。もともと、独立宣言や権利憲章の展示室に年間100万人もの観覧者を迎えてきたアメリカ国立公文書館ではあるが、この新設展示によって、アーカイブズという施設が国民にとってどういう意味を持つ場所なのかが、一般の人々に一段とわかりやすくなったのは明らかだ。

　第Ⅱ部「アーカイブズの歩み」には、アーカイブズ学の理論的発展について論じた2本の論文を収録した。

　ジャン＝ピエール・ワロー「現在の歴史を生きた記憶として刻印する――アーカイブズ評価選別の新しい視点――」は、アーカイブズ学に課せられたさまざまな課題の中でも、とりわけ現代社会からの実務的要請が大きい、記録の評価選別論の問題をとりあげている。日々膨大に発生している情報記録の中から、何をアーカイブズとして選別保存するのか――その理論が評価選別論だが、電子記録が広く普及するようになった現代、これまでにも増して重要かつ困難な問題になっていることは周知の通りである。

　ワロー氏は、モントリオール大学教授、同副学長、カナダ国立公文書館長な

どを歴任した歴史学者であり、アーキビストである。国際文書館評議会（ICA）会長をつとめるなど、国際的にも活躍してきた。本論文では、1970年代以降の評価選別理論、すなわち「ドキュメンタリー・プラン」「制度的機能分析」「マクロ評価」「ドキュメンテーション戦略」などに触れつつ、カナダ国立公文書館における評価選別の考え方と方法について詳しく説明している。その特徴は、各政府機関の記録を、政府全体における当該機関の機能面から「全体論的」に評価する「トップダウン・アプローチ」にあるといえよう。その土台となっているのは、前述の「ドキュメンタリー・プラン」や「マクロ評価」など、1970年代以降の評価選別理論の基本になっている考え方、すなわち、記録そのものを評価するのではなく、記録を発生せしめた組織の活動を評価する、という考え方である。「われわれは、木を見るのではなく、森を見なければなりません。アーカイブズの用語でいいかえれば、単なる『事実の情報』や生のデータを見るのではなく、出所、秩序、相互関係、そして脈絡を見なければならないのです」という文章が、この考え方を端的に示している。また本論文を読む上でもう一点注目したいのは、研究者、とりわけ歴史研究者とアーキビストとの任務分担についての指摘である。ともに「知」の探究者として、アーキビストは「森の生態や意味を読み解き、それを実地に調査する方針を立てることが……第一の目的であり役割」であること、他方、歴史家は「［情報を］評価し、その因果関係を明らかにする説明をつくりあげる」のが任務であり、歴史研究者の「系統だった問いの網の目がなければ、そしてまさに歴史家といえるような歴史家がいなければ、事実の情報［そのもの］には何の意味も」ない、とワロー氏は述べている。

　次は、アーカイブズ理論の分野における世界的リーダーの一人であり、記録の「マクロ評価」理論などで知られる、カナダのテリー・クック氏の論文「過去は物語の始まりである——1898年以降のアーカイブズ観の歴史と未来へのパラダイムシフト——」である。

　本論文は、欧米を中心としたアーカイブズ学の学説史として、おそらく最も本格的かつ包括的な論文（少なくとも、そのひとつ）であろう。最初、1996年

の国際文書館評議会（ICA）北京大会のために執筆され、その後改訂を重ねて、1997年に最終版（第4版）がカナダ・アーキビスト協会の機関誌 Archivaria に掲載された。たまたま、私が担当した2003年度の学習院大学大学院講義「海外アーカイブズ学文献研究」で、課題論文のひとつとして、第2版にあたるICA北京大会議事録版[8]をとりあげたところ、受講生のひとり塚田治郎氏が本論文にいたく感銘を受けられ、あらためて Archivaria に掲載された最終版（第4版）をひとりで訳し直して『レコード・マネジメント』誌に寄稿された。本書に掲載したのは、この塚田訳になる最終版（第4版）である。

　お読みいただければすぐわかることだが、本論文は単なる学説史の概説ではない。もちろん、学説史としても、1898年にオランダで出版された『アーカイブズの編成と記述のためのマニュアル』に始まり、ヒラリー・ジェンキンソンやセオドール・R・シェレンバーグらの古典的理論、ハンス・ブームスの社会分析と機能評価にもとづく評価選別論、カナダのマクロ評価論、アメリカのドキュメンテーション戦略などを経て、近年オーストラリアで提唱されているレコード・コンティニュアム（記録連続体）論まで、かなり詳しく叙述されており、おそらく過去100年間の主な議論はほぼ網羅されているのではないかと思う。しかしやはり重要なのは、21世紀社会において、社会的記憶ないし集合的記憶としてのアーカイブズ（ジャン＝ピエール・ワロー氏のことばを借りて、しばしば「記憶の家」と表現されている）が、いかに人々の幸福に寄与しうる存在であり続けられるか、というクック氏の現代的な問題意識であろう。氏は、そのためにこそ「アーキビスト専門職の知の歴史を振り返らなければならない」と強調し、次のようにいう。「先人たちの知の格闘を理解しなければ、先人たちの業績からの恩恵を失い、かれらが犯した失敗を繰り返す運命に追い込まれる。……アーキビストたちは専門職としてみずからの過去をより深く理解することによって、はじめてつぎの世紀の始まりを書くことができるようになるのである。」

　「過去は物語の始まりである」というシェークスピアのことばをタイトルに掲げて「学説史」に取り組んだ真の動機がそこにあることを理解して、私たちは

本論文を熟読する必要があろう。

　最後に、第Ⅲ部「レコードキーピングのこれから」では、近年、記録管理学とアーカイブズ学の双方を揺り動かしている、そして記録管理とアーカイブズの実務現場にも大きな影響を与え始めている理論的潮流——おそらく「レコードキーピング」という用語で象徴的に示すことができる理論的潮流——に焦点を当て、それを理解するのに役立つ2本の論文を収録した。

　「レコードキーピング」とは、私たちにはあまり聞き慣れないことばである。原語は recordkeeping（record-keeping system のようなハイフンを入れないで使用）であり、これを「記録保存」とか「記録保持」というふうに直訳してしまったのでは、意味が正確に伝わらない。

　確かに英語圏では、記録（レコード）を保存（キープ）すること、という一般的な意味でこの表現を使っている国もあるようだ。しかし近年、とくに1990年代以降、電子記録の爆発的増大を背景にして、業務現場での記録の発生から社会的な活用までを含めて、いわば記録の存在世界全体を論理的かつ実務的にコントロールすることを「レコードキーピング」と称するようになった。オーストラリアを中心とし、欧米世界に広まりつつある概念であり、用語である。何だ、それなら従来のレコード・マネジメント（記録管理）の「ライフサイクル」論（記録の発生から最終廃棄ないし永久保存までの一貫した管理）と変わらないじゃないか、という声が聞こえてきそうだ。しかし、ライフサイクル論が主に紙媒体記録を念頭に、記録の存在形態を時系列的・段階的にとらえ（現用→半現用→非現用）、記録管理実務を物理的移管システム（オフィス現場→レコードセンター→アーカイブズ）として構築してきたのに対し、レコードキーピング論の場合は電子記録が大きな位置を占めるため、時系列的・段階的な見方と物理的移管システムは後景に退き、発生後「10億分の1秒であろうと100万年であろうと」記録は記録、というとらえ方が前面に出てくるのである。そこでは必然的に、レコード・マネジメントとアーカイブズの伝統的な区分はあまり意味のないものと見なされ、レコード・マネジャーとアーキビストという二つの専門職をまとめて「レコードキーパー」と称する傾向も表れている。またレ

コードキーピングの目的も、記録の完全性や真正性を保証することによって証拠としての質を維持し、組織の挙証説明責任を全うする、という側面を重視する方向に向かっている[9]。

　以上のようなレコードキーピングの考え方をリードしている中心的理論が「レコード・コンティニュアム（記録連続体）論」である。レコード・コンティニュアムは、オーストラリアのフランク・アップワードが体系化して1996年に公表し、電子時代のレコードキーピング・システムを支える可能性を持った理論モデルとして世界的に注目されている。

　スー・マケミッシュ氏は、フランク・アップワードとともにレコード・コンティニュアム・モデルの開発に携わり、多くの関連論文を発表している。現在も、オーストラリアのモナッシュ大学で「レコード・コンティニュアム・リサーチ・グループ（RCRG）」を主宰している。本書に収録した「きのう、きょう、あす─責任のコンティニュアム─」は、レコード・コンティニュアムそのものの内容を理解し、この理論モデルがどのような今日的、かつ実践的な意味を持っているのかを考える上で、もっとも適切な論文のひとつといえよう。ただ、従来のライフサイクル論にもとづいた「伝統的な」記録管理システムやアーカイブズ制度の構築でさえ、まだまだ遠い目標のように感じざるを得ない日本の現状から見れば、レコード・コンティニュアムなどという電子記録を念頭に置いた難解な「理論」は、自分たちと縁のない、はるか別の世界に過ぎないと考える向きがあるかもしれない。しかし、それは二つの点で誤解であろう。

　ひとつは、次のテリー・クック論文でも指摘されていることだが、レコード・コンティニュアム論は決して電子記録やビジネス最前線のレコードキーピングだけを対象にしているのではなく、伝統的な記録も含め、人間の集合的記憶を21世紀社会においてどうかたちづくり、歴史と文化をどう未来に伝えていくのか、という根本課題を視野に入れている──というよりも、その観点が基礎になってレコード・コンティニュアム・モデルが作られている、という点である。実は昨年（2005年）9月、本論文を翻訳した坂口貴弘氏らとともにモナッシュ大学を訪ね、スー・マケミッシュ氏やフランク・アップワード氏らと懇談する

編集にあたって　19

機会があったのだが、その時、レコード・コンティニュアム・リサーチ・グループ（RCRG）が力を入れているプロジェクトのひとつが、ビクトリア州のクーリー・ヘリテイジ・トラストと協力して実施しているクーリー（オーストラリアの先住民族アボリジニの部族名）のオーラル・ヒストリー・プロジェクトだと聞いて、ちょっと意外な気がしたことを思い出す。しかし、話を聞くうちに、それこそがレコード・コンティニュアム論というものなのだということが、次第に理解できたのである。

　もうひとつは、マケミシュ論文のなかでも触れられているように、レコード・コンティニュアムの枠組みは、すでにレコードキーピングの実務基準としてオーストラリアの国内規格（AS）に採用されているだけでなく、国際標準規格（ISO）にもとり入れられて世界各国に実務的影響を及ぼし始めている、という点だ。日本としても、遠い世界の話では済まされなくなっているのである。

　以上のように、レコードキーピングないしはレコード・コンティニュアム論は、いまや、無視できない理論的潮流というにとどまらず、一種の「パラダイムシフト」フィーバーのようなものを引き起こしているのだが、最後の論文、テリー・クック「スクリーンの向こう側 ―レコード・コンティニュアムとアーカイブズにおける文化遺産―」は、そのことが逆に、アーカイブズ専門職の世界に「亀裂」をもたらしているとして、「パラダイムシフト」論議の一方的な展開に警告を発している。

　クック氏によれば、レコード・コンティニュアム論は「支持者にも誤解されている」という。「世界中の「レコードキーピング」志向の文献およびアーカイブズ関連の文献の大部分は、コンティニュアムの第1・第2次元、つまり記録された真正な証拠として信頼性のある文書を作成するという側面」ばかりを重視し、「社会的・集合的記憶に関する第4次元を扱った文献はほとんどなく……この次元は時には陳腐ないし間違ったものとして退けられて」いる、というのである。しかし氏によれば、レコード・コンティニュアム論は「アーカイブズのもつ文化的、歴史的、遺産的役割を否定するわけではなく、逆にこうした役割が「レコードキーピング」にとって決定的に重要な要素であることを示唆し

て」いる。言いかえれば、「第4次元における社会的な価値やコミュニティの期待」が「内側にある3つの次元の形成に大きな影響を与えており、またそうであるべき」だというわけである。

　この意味で、クック氏は、レコード・コンティニュアム論が原因の一つとなっている「アーカイブズにおける危機的な亀裂」を救うのは、ほかならぬレコード・コンティニュアム論自身だと考えているわけだ。

　ところで、本論文は2000年8月のオーストラリア・アーキビスト協会年次大会における基調講演であり、大会テーマ「スクリーンの向こう側：組織と社会の記憶を把握する」に沿ったものである。このことからわかるように、オーストラリアのアーキビストたちは、クック氏の警告を前向きに受けとめ、みずからが火付け役となった「パラダイムシフト」フィーバーに流されることなく、しっかりと自己点検を行っているようである。それは、スー・マケミッシュ氏やフランク・アップワード氏らによって2005年に出版された新しい論文集『アーカイブズ：社会の中のレコードキーピング』[10]の内容を見てもわかる。また、最近出たばかりのオーストラリア・アーキビスト協会機関誌 Archives and Manuscripts 発刊50周年記念号[11]は、まさにテリー・クック氏の批判に真正面から応えようとしているかのごとく、「集合的記憶」を特集テーマとし、スー・マケミッシュ、フランク・アップワード、バーバラ・リード、マイケル・ピゴット、エリック・ケテラール各氏ら、レコード・コンティニュアム・リサーチ・グループ（RCRG）の主なメンバーが、こぞって論文を寄せている。アーカイブズ学の最前線は、このように常に活発かつ柔軟に動いており、最新の研究動向から目が離せない。

おわりに

　予定以上に書きすぎたので、簡単にまとめを記したい。

　本書の収録論文を通読してあらためて思うことは、やや大げさな表現を使えば、記録のちからを政治的抑圧や経済的搾取のためでなく、人権保護や民主主義のために活かしたいと願い、そのために格闘してきたレコード・マネジャー

やアーキビストの努力は、昔も今も、そしておそらくは明日も変わらない、ということだ。電子記録の時代を迎え、情報専門職としてのレコード・マネジャーやアーキビストの役割はいっそう重くなることが予想されるが、それは単にスキルの問題にとどまるものではない。記録の、あるいは情報のちからを社会の中でどう活かすのかという理念の問題、哲学の問題こそ重要なのだろうと思う。そのためには、専門職として人間活動と記録の関係を歴史的・社会的にとらえる目が必要であり、レコード・マネジャーやアーキビストは、そのような目を鍛えるための研究努力を続けなければならない。本書を読んで、私自身あらためてそう思う。読者のみなさんにも、このような意味での記録管理学やアーカイブズ学の奥深さと大切さを本書から学び取っていただければ、編集に関わった者としてこれに勝る喜びはない。

　最後に、本書への論文収録を許された著者の方々、日本語への翻訳を担当された訳者のみなさんに心から感謝申し上げたい。

注

1) Sue McKemmish, "Evidence of Me", *Archives and Manuscripts* 24（May 1996）.
2)「公文書館法」（昭和62年法律第115号）
3) Eric Ketelaar, "Archives of the people, by the people, for the people", in: *S.A. Argiefblad / S.A. Archives Journal* 34（1992）5-16. repr. in: Eric Ketelaar, *The Archival Image. Collected essays* (Hilversum: 1997) 15-26.
4) Eric Ketelaar, "Recordkeeping and Societal Power", in: Sue McKemmish, Michael Piggott, Barbara Reed & Frank Upward (eds.), *Archives: Recordkeeping in Society* (Wagga-Wagga: Charles Sturt University, 2005) 277-298.
5) Theo Thmmassen, "The Development of an Archival Science and its European Dimension", in: *The Archivist and the Archival Science. Seminar for Anna Christina Ulfsparre*, (Lund: Landarkivet, 1999).
6) 安藤正人「アーカイブズ学の地平」（国文学研究資料館史料館編『アーカイブズの科学』上、柏書房、2003年）
7) 仲本和彦「米国国立公文書館と組織改革」（『レコード・マネジメント』第38号、1999年1月）など。
8) Terry Cook, "Archives in the Post-Custodial World: Interaction of Archival Theory and Practice since the Publication of the Dutch Manual in 1898", in: *Archivum* XLIII (ICA, 1997) 191-214.
9) なおこの動向に関して直接、朝日崇氏よりテリー・クック氏にメールにて確認していただいた。クック氏の返信には「レコードキーピング」「レコードキーパー」についてのクック氏の解釈が詳しく記されており、参考になると思われるので、ここにクック氏の了解を得て掲載することにした。氏に心よ

り感謝する。
【2006年3月28日付テリー・クック氏メールより。訳は古賀崇氏による】
　オーストラリアのアーキビストは、レコード・コンティニュアムのモデルと理論に沿って、記録の作成からその活用、現用での保存、アーカイビングに至るまで、記録をめぐる活動を一続きのもの（コンティニュアム）として見ています。これらすべての活動が「レコードキーピング（recordkeeping）」と呼ばれます。彼らは、本来は2つの単語（名詞）である"record" "keeping"を一続きの"recordkeeping"と意図的に記すことにより、それがコンティニュアム上の特別な意味をもつ専門用語であることを示そうとしています。スー・マケミッシュを含め、オーストラリアにおいてアーカイブズを論じるここ最近のほぼすべての人は、「レコードキーピング(recordkeeping)」「レコードキーパー(recordkeeper)」のことばを用いていると思われます。これは正確な英文法と言うよりは、アーカイブズ上の政策・戦略を示したものでしょう。
　オーストラリアにおける「レコードキーピング」が行っていることは、北米における記録管理とアーカイブズ管理のライフサイクルを統一化することです。オーストラリアの人々は、理想上の世界ではこれらすべてを同じものとして見ています。しかし現実の世界では、オーストラリアにおいても多くのレコード・マネジャーやARMA支部といったものが［アーカイブズ関連とは別個のものとして］存在しているのです。北米の人々にとって「レコード・マネジメント」が意味するのは、記録が作成元の政府機関（またはビジネス機関、教育機関など）の管理下にある期間内での、当該記録に関する取り扱い事項すべて―作成、ファイリング、分類、検索および現用での利用、サービス、可能な範囲でのマイクロ化あるいはデジタル化、記録に関する基幹的な取り組み（essential records programs）、そしてスケジューリングと処分―です。こうした［作成元の管理下に置かれる］期間が終われば、記録はアーカイブズとなるか、廃棄されます。もちろん、カナダおよびアメリカにおいてアーキビストとレコード・マネジャーは密接に協力していますが、だからと言ってこの両者がオーストラリアのコンティニュアム理論のように「レコードキーパー」という一体の者として見なされているわけではありません。

10) Sue McKemmish, Michael Piggott, Barbara Reed & Frank Upward (eds.), *Archives: Recordkeeping in Society* (Wagga-Wagga: Charles Sturt University, 2005)
11) *Archives and Manuscripts: The Journal of the Australian Society of Archivists*, vol.33, No.1 (May 2005)

第Ⅰ部

アーカイブズを学ぶ

1．未来の時は過去の時のなかに
――21世紀のアーカイブズ学

エリック・ケテラール
（児玉優子訳）

初出：
（原著）Eric Ketelaar. Time future contained in time past: archival science in the 21st century.『アーカイブズ学研究』No. 1, 2004, p. 20-35.
（翻訳）『アーカイブズ学研究』No. 1, 2004, p. 4-19.

■著者紹介

エリック・ケテラール（Eric Ketelaar）

1944年オランダ生まれ。フローニンゲン州文書館長、オランダ国立文書館長、ライデン大学教授を経て、現在アムステルダム大学メディア学部アーカイブズ学教授。2004年よりオーストラリア・モナッシュ大学客員教授を兼任している。これまでオランダ王立アーキビスト協会会長、国際文書館評議会(International Council on Archives, ICA)標準化事務局長、国際文書館円卓会議(CITRA)事務局長、ICA事務局長代行など国際的国内的に広く活躍し、現在 Archival Science: International Journal on Recorded Information誌共同編集長の一人である。主な著書に The Archival Image: Collected essays, Hilversum: 1997; Archival and records management legislation and regulations: a RAMP study with guidelines, Paris: 1985、論文は"Being Digital in People's Archives", Archives and Manuscripts, no. 31, 2003 など約250にのぼる。詳しくは http://cf.hum.uva.nl/bai/home/eketelaar/index.html を参照のこと。

現在の時と過去の時とは
ともにおそらく未来の時の中にあり、
未来の時も過去の時の中に含まれていよう。
もしすべての時が永久に現在であれば
すべての時は贖うことができなくなる。
かくあったかもしれぬということはひとつの抽象で
ただ思索の世界の中においてのみ
絶えざる可能性としてとどまるものなのだ。
かくあったかもしれぬということとかくあったということは
ただひとつの終わりを指向するが、それが常に現在なのだ。
足音が記憶の中でこだましている
われわれが辿らなかった廊下を通り
われわれが開けたことのない扉の方へ
薔薇園の方へと。私の言葉もこだましていよう
こんなふうに、あなたの心の中で。
…………
過去の時と未来の時とは
僅かな意識しか許容しない。
意識するということは時の中にいることではない、
しかし、時の中においてのみ薔薇園の中の瞬間が、
雨が降りつける四阿(あずまや)の中の瞬間が、
煙のたちこめる頃の隙間風だらけの教会の中の瞬間が、
記憶に残されうるのだ、──過去と未来にまきこまれてだ。
ただ時を超えてのみ時は克服される。

> トーマス・スターンズ・エリオット（Thomas Stearns Eliot, 1888-1965）の Burnt Norton（『バーント・ノートン』、1936）より [訳注1]

1. 未来の時は過去の時のなかに

"I can speak Dutch!"（私はオランダ語が話せます！）これが1853年7月8日に日本人とアメリカ人のペリー提督の出会いに際して最初に話された言葉です。"I can speak Dutch!"　日本政府のオランダ語通訳堀達之助は、小さな舟からペリーの旗艦サスケハナ号のデッキに向かって英語で叫びました。これを耳にして、ペリーは自分のオランダ語通訳ポートマンに助けを求めました。ですから、日米間の最初の会談はオランダ語で行われたのです[1]。翌1854年、林大学頭とペリー提督の間で行われた条約交渉は、日本語からオランダ語を介して英語へと訳され、また英語からオランダ語を介して日本語へと訳されました。鎖国政策の時代、オランダ人と中国人だけが日本との貿易のために入国を許されていました。このため、日本語とこれらふたつの言語を翻訳する通訳が長崎にいたのです。オランダ語通訳のひとり、本木庄左衛門は、1814年に6000語を収録した最初の英和辞典を作りました。

　幸いなことに、今日、日本の通訳は150年前よりも語彙が豊富です。おかげで意思の疎通が容易になりました。しかしながら今日でも、ある言語を他の言語に訳すことは、同じ学問分野においてですら、困難なことがあります。

　'archival science'（アーカイブズ学）という単語とその概念の両方を考えてみると、私たちの間にもうすでに問題があります。みなさまの学会「日本アーカイブズ学会」は英語ではJapan Society for Archival Scienceと表現されます。しかし、ほとんどの北米とオーストラリアのアーキビストにとって、'archival science'という言葉は非常に縁遠く、彼らの語彙に含まれていません。彼らはarchival theoryまたは　archives studiesと呼ぶでしょう。逆に、ヨーロッパ大陸と南米の多くのアーキビストは、archival scienceという言葉を*archivistica, archivistique, archiviologia, archivology*の同義語と考え、自分たちの行っていることをarchival scienceと呼ぶことをためらわないでしょう（Cook 2001, p.12）。私の疑問は、「みなさんは私が理解しているのと同じようにこの用語を理解されているのだろうか、みなさんのarchival scienceは私のものでもあるだろうか」ということです。日本のアーカイブズ関係者の間でさえも、アーカイブズ学、文書館（もんじょかん）学、記録史料学という異なる

考え方があるようです。私たちは互いに理解しあっているでしょうか。あるいは、みなさんの言語と私の言語で、私たちは 'archival science' をどう理解しているでしょうか。

　ここで私の定義をさせてください。アーカイブズ学（archival science）[訳注2]は社会的・文化的コンテクストにおける記録の特徴と、時を超えて記録がいかに作成され、使用され、選択され、移管されるかを研究します。文書館学（archival administration）は、私の考えでは「何を」「どのように」ということを追究しますが、アーカイブズ学は「なぜ」を追究します。科学（science）とは、一般に認められた考え方の適切さや今日的意味を問うことであり、絶えることなく思索し、実験し、発明し、変化し、そして進展し続けるものなのです（Ketelaar 2000）。

　詩人エリオットの言葉で言い換えれば：アーカイブズ学は

　　……抽象［を恐れない］
　　ただ思索の世界においてのみ
　　絶えざる可能性としてとどまるもの

なのです。

　未来の時は過去の時の中にあります。それゆえに、まず、アーカイブズ専門職もしくはアーカイブズ専門分野の発展について概略をお話します。続いて、社会が現在と将来、アーキビストに何を期待するのかについて考えます。現代の情報通信技術（ICT）の役割についても、やや詳しく触れるつもりです。それから、アーカイブズ学と、「ビーイング・デジタル」（*Being Digital* デジタルであること）へと進みつつある社会がアーカイブズ学に何をもたらすかについてお話します。私はデジタル化（*digitization*）と記憶化（*memoralization*）という言葉で定義されるふたつの発達過程を区別します。デジタル化がアーカイブズ学におけるパラダイムシフトをもたらし、記憶化への社会の幅広い関心がアーカイブズ学に新しい課題を与えました。私的な記憶と公共の記憶のつながりについて述べた後、アーカイブズ学のグローバル化について何らかのお話

をして終わりたいと思います。

1. アーカイブズ専門分野の発展

オランダのムラー（S. Muller）、フェイト（J. A. Feith）、フラン（R. Fruin）による *Manual for the Arrangement and Description of Archives*（アーカイブズの編成と記述のためのマニュアル）は、たいていの場合、近代アーカイブズ学の出発点と考えられています（Muller, Feith and Fruin 1940, 2003）。セオドア・シェレンバーグ（Theodore R. Schellenberg）は、「アーカイブズ学への世界的な貢献から見れば、文書館学について書かれた最も重要なマニュアルは、おそらく三人のオランダ人アーキビストによって書かれたものだろう…」と述べています（Schellenberg 1956, p.12）。シェレンバーグがオランダのマニュアルについて言及する際に archival science（アーカイブズ学）と archival administration（文書館学）という語を使ったことに注目してください。Archival administrationは、国際文書館評議会の辞典によれば、「アーカイブズ機能に関わる政策、手順、問題についての理論的および実務的研究」（Walne 1988）となっています。「理論的および実務的」研究なのです。カナダのアーカイブズ学研究者テリー・クック（Terry Cook）によれば、オランダのマニュアルの重要さは、ヨーロッパのアーカイブズ理論を集大成したことと、アーカイブズ取扱いの方法論を明示したことにあるとされます（Cook 1997, p.22）。ですが、私は三人のオランダ人への賞賛をいくぶんか減らしたいと思います。このマニュアルはアーカイブズ学上の理論を提示しているのではなく、学問的に正当な現象学的アプローチによって開発された方法論を提示したものなのです。これらの方法論は100の規則で定められました。ムラー、フェイト、フランによれば、この100項目の規則は、もしうまく動機付けられればアーキビストたちの議論の俎上にのぼっていいものでした。しかし実際には、規則は犯すことのできないドグマと見なされ、アーキビストの道具のはずが聖書になってしまいました。つまり方法論が教義（ドクトリン）になったのです。実はマニュアル自体、第24項で「新しいアーカイブズのドクトリンの要件」について書い

ています。1910年のフランス語版では(これを使った人の中に有名なイギリスのアーキビスト、ヒラリー・ジェンキンソン Hilary Jenkinson がいます)、この部分は「新しいアーカイバル・サイエンスの要件」と訳されています。しかしドクトリンはサイエンスではありません。ドクトリンは別の解釈を許さない原理主義者であり、批判を嫌います。また注釈を盛んにしますが、自由で独立した研究を奨励することはありません。それでも、ドクトリンはアーキビストの専門職化に一役かっています。オランダのマニュアルは、多くの翻訳がなされたことでわかるように、オランダ国内だけでなく、今日に至るまで世界各地で役立ってきました。アーカイブズ実務の法則化、標準化、ならびに規則は、アーキビストの専門職化のために重要です。アーキビストが養成あるいは文字通り「訓練される」(disciplined)際に、学問の一部門としてのアーカイブズ専門分野 (the archival discipline) が必要なのです (Thomassen 1999a)。専門分野や専門職化は、さらに、特有の専門的言語、特別なトレーニング、そして独自の倫理綱領など多くの要素を持っています。

　社会の変化の結果、専門分野も変化します。アーキビストは自らのためでなく、社会における使命を果たすために専門的職務に従事しています。アーカイブズは作成され、利用され、管理され、保存され、そして、そう、廃棄もされます。なぜなら個人や組織、社会がそれを有用で必要なことだと判断するからです。したがって、社会はくり返しくり返しアーカイブズの専門分野に課題を与えます　—いつの時も、どの場所でも、さまざまな方法で。

　ちょうど200年前の1804年、ドイツ人ヨセフ・アントン・エック (Josef Anton Oegg, 1762-1819) が、*Ideas of a Theory of Archival Science*（アーカイブズ学理論の構想）(Oegg 1804) を出版しました。「実務構築とアーカイブズならびに記録の取扱いの指針を示す」という副題から明らかなように、この本は実践面に焦点を当てたものでした。それは体系的に叙述されてはいましたが(これがエックの「科学的」が意味するところですが)、経験主義的なアーカイブズの知識でした。アンシャン・レジームのヨーロッパにおけるアーキビストは実務的な仕事をし、ひとつの行政機関の中で働いていました。アーキビスト

が求められた知識は行政上の法律知識で、エックが書いたような実践的マニュアルが、そのような知識をアーカイブズ編成のために提供しました。当時、アーカイブズにおける科学的な関与は古文書学（diplomatics）に限られていました。古文書学は、文書の真偽を区別するための学問でした(Delmas 2001)。フランス革命の後、多くのアーカイブズは法的な証拠としての機能を失いました。それらは作成当局ではもはや用のない、あるいは管理もされない歴史的物体となり、特別なアーカイブズで管理されるようになりました。これはアーカイブズ作成当局の外にある機関で、他の政府機関の古い記録を管理し、その仕事は特別に任命された文官「アーキビスト」によってなされました（Woelderink 1975）。厖大な古いアーカイブズの山は、こうして歴史著述の情報源となっていきます。アーカイブズのフォンドは編成され、記述されなければなりません。この実務的な必要性が、記述論的な文書館学の発展をもたらしました。

第一次世界大戦の戦中と終戦直後、行政が拡大しいっそう重要になるにつれて、文書量は厖大に膨れあがりました。アーキビストはこれを評価選別とファイル作成方法の改善で乗り切ろうとしました。これもまたテイラー的な科学的管理の影響下にありました。アーカイブズの実利的な側面が再びアーキビストの使命の一部になります。アーキビストの仕事の領域拡大がアーカイブズの知識の拡大を余儀なくし、国によっては新しい専門分野である「記録管理」の発展をみました。アーキビストの領域は次第に広がり、文書サイクルのすべての段階を含むようになります。アーカイブズの知識も同様に広がります。

1970年代から新しい課題がもたらされました。アーキビストの教育的な仕事、資料保存のためのケアの拡充、視聴覚アーカイブズです。また90年代、情報社会とともに電子アーカイブズが視野に入ってきましたし、「ペーパーレス閲覧室」（1988年のパリ国際文書館大会当時はまだ夢でしたが）もインターネット上で形になりつつあります（Ketelaar 1989）。

2. 社会がアーキビストに期待するものとは

現在の時と過去の時とは
ともにおそらく未来の時の中にあり、
未来の時も過去の時の中に含まれていよう。
……
ただ時を超えてのみ時は克服される。

　今日、社会がアーキビストに期待するものは何でしょう？　世論調査などから、私たちは、少なくともヨーロッパでは一般市民がアーカイブズを記憶と歴史に関連づけて高く評価していることを知っています（Elgey, Rémond and Wieviorka 2002）。矛盾するようですが、ほとんどの人々にとってこの肯定的な認識は、アーカイブズ機関を訪れるという直接の経験にもとづいているわけではありません。一般市民はアーカイブズを集合的記憶の一部であり、過去について学ぶための情報源と認識しています。これらのアーカイブズの機能は重要ですが、アーキビストの使命の一部を構成するにすぎません。21世紀のアーキビストは、記録がアカウンタビリティと記憶のための証拠として作成され管理されるよう保証するだけでなく、社会が未来を確信できるように、アーカイブズを確実に保存しなければなりません（Ketelaar 2002b）。

　アーカイビング（archiving）とは、記録とアーカイブズの作成と管理から使用までのすべての活動であり、すなわち、人の活動と経験の真正な証拠を、時を超えて伝達することを意味します（Ketelaar 2002a）。時を超えた証拠の伝達。アーカイブズ、図書館、博物館はすべて「記憶ビジネス」の仲間で、「過去の時の中に含まれる未来の時」を保全します。しかし、アーカイブズが他のいずれの記憶機関とも異なる点は、アーカイブズが保存する個人や組織の記憶、そして集合的記憶が、主として文化遺産という観点からは定義されないことです。つまり、それらはレコード・コンティニュアム（「記録連続体」＝後述）の証拠性の軸に位置づけられます。記録は、証拠、アカウンタビリティ、記憶の

間の関係を内包しているのです。

　証拠なしにアカウンタビリティも記憶もありません。アカウンタビリティと記憶は記録の中にあります。なぜなら記録は証拠だからです。単なる行為の証拠や法的な意味での証拠にとどまらず、記録は何らかの歴史的事実の証拠でもあります。歴史的事実とはすなわち、行為自体の一部であったり、行為を通じて追跡されうるものであったり、あるいは、記録の中、もしくはそのアーカイバリゼーション（archivalization）[訳注3]とアーカイビングのコンテクストの中に含まれるものであったりします（Ketelaar 1999）。記録はある行為の証拠として役目を果たすとともに、外部の組織記憶や個人記憶の中でも証拠としての役目を担っています。どちらも証拠であって、一方ではアカウンタビリティを、他方では記憶を支えているのです。

　21世紀におけるアーキビストの使命について社会が抱く期待の変化は、現代の情報通信技術が場所、時間、媒体の制約を無くしたことにより、激しくなっています。期待の変化は、新しい可能性を提供してくれますが、新しい課題をも突きつけます。アーキビストは現代の情報通信技術を使うことなしに使命を遂行することができません。これはしかし、アーキビストが情報通信技術の専門家に変わることを求めるものではありません。アーキビストは情報通信技術をどのように使うか知る必要がありますが、もっと重要なことは、現代技術のアーカイブズ専門分野における戦略的意味合いと、社会的・文化的実践に与える影響を理解することです。情報通信技術の社会的影響について論じている多くの著者の中からひとりだけ名前を挙げましょう。ニコラス・ネグロポンテ（Nicolas Negroponte）です。彼の著書 *Being Digital*（ビーイング・デジタル＝デジタルであること）は1995年に遡りますが、今でも読む価値があります（Negroponte 1995）。ネグロポンテは、現代の情報社会では私たちは、もはや主としてアトム（原子）を提供する仕事をしているのではなく、ビットを提供する仕事しているのだと強調します[訳注4]。アーキビストとアーカイブズ機関にとっては、「ビーイング・デジタル」はデジタル文書の保存と提供以上の意味を持っています。つまり、アーカイブズを人々と結びつけるための技術的・文化

的課題が課せられているのです(Ketelaar 2003)。アーカイブズ機関は、個人・組織・社会の記憶と物語が経験でき、またそれらが交換され、豊富に蓄積される公共空間として、新しく作り替えられることになるでしょう。これを達成するには、新しい製品とサービスをめざす目標志向の企業家的転換が必要です。その戦略は、場所としてのアーカイブズがすでに行っていることの単なるデジタル化に留まってはなりません。

3. 「ビーイング・デジタル」(デジタルであること) のアーカイブズ学

アーカイブズは、社会の発展に伴って性格も地位も変化しています。アーカイブズ学もそうです(Delmas 2001)。そしてちょうど、アーキビストの使命の変化につれてアーカイブズの知識が発展したように、アーカイブズ学はさまざまな段階を経てきました。ヘルマン・ルムシェッテル (Herman Rumschöttel) が、これらの発展をまとめています(Rumschöttel 2001)。彼は、[アーカイブズの知識が] 17、18世紀に国家の必要に応じて政治や法律を志向する方向をたどった道筋を論じています。それから、19世紀と20世紀前半の、アーカイブズ学が歴史の補助的な学問分野だった段階について述べ、90年代に発展した機能的アーカイブズ学について報告することで締めくくっています。この発展は今も続いています。アーカイブズ学にとって、「ビーイング・デジタル」(デジタルであること)へ移行中の社会とは何を意味するのでしょう。私は、「デジタル化」と「記憶化」という言葉で定義できるふたつの発展過程を区別したいと考えます。

4. 「デジタル化」─アーカイブズ学におけるパラダイムシフト─

デジタル化は、アナログ情報、例えば紙の記録やアナログビデオのデジタル複製と見ることができます。しかし、デジタル化には「生まれながらのデジタル」記録も含まれます。これらのデジタル記録─すなわち人の活動と経験の真正な証拠─を、時を超えてどのように伝えればいいのでしょうか。

記録を利用する時、その形態、内容、構造は、記録を受け取った時、または

記録が特定の業務過程で作成された時の形態、内容、構造と同じでなくてはなりません［図1］。構造とは、文書（またはアーカイブ）の要素と要素の間の論理的なつながりです。また形態は、文書の構造とレイアウトの両方を示す外見のことです。紙の記録では、内容、構造、形態は、文書とその物理的な配置の中に物理的に表されています。しかしデジタル記録は、内容、構造、形態を、物理的媒体の中や上には持たず、デジタル情報（digital representation）の中に持ちます。これが発生装置となって、文書を可視化するさまざまな方法が生まれるのです（Simons 2002）。さらに、デジタル文書には物理的な文書にはない別の制限があります。他の文書へのリンクが張られていることや、簡単に変換や改変ができることです(そういう訳で、デジタル文書を印刷することが保存の正しい戦略にはならないのです。プリントアウトしたものはデジタル文書の特徴的な機能性を欠いてしまうからです)。オリジナルはもはや存在しません。なぜなら、（何らかの媒体やスクリーン上、あるいはプリントアウトのかたちによる）［デジタル文書の］記録や表現は、オペレーティング・システムとアプリケーション・ソフトウェアによって生み出された代替物や複製に過ぎないからです。デイビッド・リービ（David M. Levy）が述べるように、デジタル資料とは、デジタル情報とそれから作られる知覚可能な形態の両方からなるも

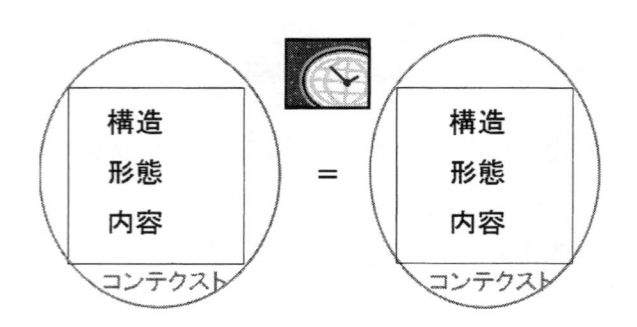

図1　記録とそのコンテクストの内容・形態・構造を、時を超えて再構築可能にする

のです。デジタル情報は、エンドレスな印刷を可能にする一種の「印刷の鋳型」です。デジタル文書の知覚可能な形態は「いつでもその場で即時に作られる」（Levy 2001, p.152）というわけです。言い換えれば、ISO 標準 15489 が求める「真正な記録の、時を超えた技術的・知的保全を図ること」とは、記録の内容、形態、構造を、時を超えて再構築可能にすることに他なりません。

　デジタル時代における「オリジナルの消失」は、アーカイブズ学を大きなパラダイムシフトに向かわせます。科学が現象を既存の通説的概念で説明できなくなると、私たちはいつもトーマス・クーン（Thomas Kuhn）のいうパラダイムシフトを持ち出します。ちょうどプトレマイオスの天文学がコペルニクス的転回を経験したように、ニュートンのパラダイムがアリストテレスの力学に取って代わったように、アーカイブズ学は、紙と羊皮紙の世界で通用した概念だけではもう間に合わなくなっているのです。その対象は、もはや、オランダのマニュアルを援用して編成・記述できたような、論理的コンテクストと一部物理的コンテクストをも持った、形ある文書やファイルではありません。先に述べましたように、デジタル文書はそれだけで一個の物なのではありません。それはソフトウェアとハードウェアに依存するだけでなく、境界の外側に持つリンクにも依存します。テリー・クックが言うように、記録は「媒介され変化し続ける構造物」（Cook 2001, p.10）です。それは開いていて、また閉じていて、「膜のよう」です。私が「沈黙の物語」と呼ぶものを吸い込んだり吐き出したりすることのできる膜で、あらゆる記録活動の基底にあります（Ketelaar 2001）。

　デジタル化はアーカイブズ学に、新しいパラダイム、つまり新しい概念や理念や方法論を発展させるよう求めています（Thomassen 1999b）。その新しいパラダイムは全く新しいものでなくても構いません。なぜならまさに、「未来の時は過去の時に含まれる」からです。クーンが指摘するように、新しいパラダイムは

> 概念的に、また意図的に、伝統的なパラダイムが使っていた語彙と装置を多く組み込む。しかし新しいパラダイムは、借りてきた要素をそれまでと同じ方法でほとんど使わない。新しいパラダイムの内では、古い用語、概

念、実験は互いに新しい関係になる（Kuhn 1996, p.149）。

　したがって21世紀のアーカイブズ学は、これまでと同じように伝統的な事実や出来事のように見える現象を研究し、伝統的な用語さえそのまま使うことになるでしょうが、概念的には全く異なります。「オリジナル」はオリジナルではなく、「記録」は記録ではなく、「保存」「アクセス」「利用」も私たちが知っていた保存、アクセス、利用ではありません。この意味で、私の最初の質問をご理解していただけたかもしれません。あなたのアーカイブズ学は私のものでもあるでしょうか？

5. 「記憶化」—アーカイブズ学の新しい課題—

しかし、時の中においてのみ薔薇園の中の瞬間が、
………
記憶に残されうるのだ、——過去と未来にまきこまれてだ。
ただ時を超えてのみ時は克服される。

　アーカイブズ学が従来の方法で続けられないもうひとつの理由があります。これが、私が社会の「記憶化（メモラリゼーション）」と呼んでいるものです。
　私たちは「アーカイビング社会」に住んでいます。「これほど記録され集められる時代も、またこれほど記憶することを強いられる時代もかつてなかった」（Gillis 1994, p.14）のです。ピエール・ノラ（Pierre Nora）によると、社会は保存とアーカイバリゼーションという宗教を得ました（Nora 1996, p.8, 11）。私はこれを記憶化と呼びます。なぜならそれは厳密な意味でアーカイブズを集める以上のことを含むからです（Ketelaar 2002a; Ketelaar 2003）。人々は文書や物、オーラルヒストリー、古い写真を集め、また自分のルーツへのつながりを求めて人や場所を訪れます。そうすることで、彼らは個人的な趣味に携わっているだけではありません。個人と家族の生きた歴史は、より大きな枠組みの、地方や地域そして国の歴史の一部を構成するとともに、政治、宗教その

他の社会集団の歴史とアイデンティティの一部でもあるのです。

　アンドレアス・ハイッセン（Andreas Huyssen）は最近の「度を越した自己の博物館化（ミューゼアライゼーション）」と「西洋の文化産業による記憶の市場化の成功」を非難しています（Huyssen 1995; Huyssen 2000, p.25）。私は彼の悲観主義に同調しません。むしろ記憶化は社会のポストモダン気質が現れたものだと思います。ハイッセン自身、こう述べています。

> 今日、把握と理論化が必要なことは何かといえば、博物館と広義の展示文化が場を提供し、意味の多様な物語を語れるようにする、まさにその方法である。現代のメタナラティブ[訳注5]が・・・説得力を失い、より多くの人が他の物語を見聞きしたいと強く望んでいるこの時代にあって。また、アイデンティティが、自己と他者の間の多層で終わりのない交流を通じて形成されるようになり、家族・信仰・人種・国家といった枠組みの中でアイデンティティが確立されるのが当然だとは考えられなくなってきた、この時代にあって（Huyssen 1995, p.34）。

　この観点は、カーネギー・メロン大学で行われた、分配された記憶をめぐる実験結果に一致します（Werkhoven 2003）。さまざまの場所から来た、さまざまな人々の個々の経験は、ひとつの集合的経験へと合成することができます。こうして、ひとりの記憶は他の人の経験を利用できるのです。記憶は本人の経験に限定されなくなるでしょう。例を挙げましょう。ある同僚が私に集合的記憶に関する本を推薦するよう頼みました。私には薦めたい本がありました。私は心の中でその本の色や大きさを「見る」ことができました。ところが、著者の名前さえも憶えていたのに、題名を憶えていませんでした。それで、私はあるインターフェイスを使いました。amazon.comです。著者名を入れることで、そのウェブサイトは本の題名と写真を見つけ出してくれ、それでその本を薦めることができました。誰がこの本を「憶えて」いたのでしょうか？　私自身もamazon.comも、単独では憶えていることができませんでした。両者が共に分配された記憶のシステムに関わったのです。

6. 私的な記憶と公共の記憶を結びつける

　記憶の合成というこれらの考え方が、アーカイブズ学の新しい課題につながることがありうるでしょうか？　実のところ私は、アーカイブズ学は、記憶化に対する社会の幅広い関心の上に構築されるものであり、なぜ、どのようにして、個人の記憶をアーカイブズ機関や博物館、図書館の記憶と結びつけうるのか、解明しなければならないと信じます。そのような結びつきは必要です。なぜなら、私的な記憶がアーカイブズになるためには、デリダの言葉を借りれば、どこか外部の場所、自己の外側の空間に委ねられなければならないからです。「アーカイブの公共性はアーカイブの概念の一部である。なぜなら、アーカイブはまさに［そのようなものとして］そこにあるからだ。人はアーカイブを自分の内側に持つことはできない。それはアーカイブではない」（Derrida 2001, p.48）。アーカイブズ学は、「さまざまなコンテクストにおいて記憶が意味するものをよりはっきりさせるだけでなく、個人の記憶と社会の記憶との違いに敏感になるよう」求められているのです（Hedstrom 2002, p.31-32）。

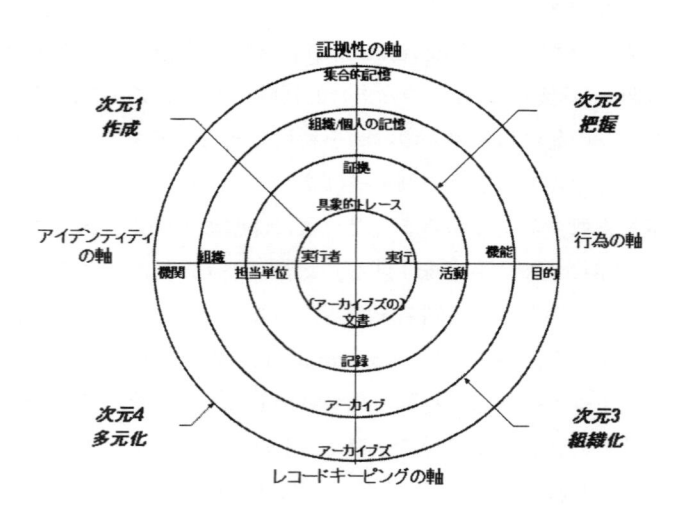

図2　マッケミッシュによるレコード・コンティニュアムモデル

オーストラリアのアーカイブズ学研究者フランク・アップワード（Frank Upward）とスー・マッケミッシュ（Sue McKemmish）によって作成されたレコード・コンティニュアム（記録連続体）モデルには、四つの次元があります［図2］。次元1で記録が作成され、次に把握され、3番目に組織化されます（Upward 1996; Upward 1997; McKemmish 1997; Upward 2000）。レコードキーピングの次元4は多元化です。すなわち、この次元でアーカイブズは「個人や団体が社会の中で制度上与えられている目的や役割について、その社会的・歴史的・文化的な集合的記憶を提供するため、周囲の枠組みに取り込まれることになる」（McKemmish 1997, p.203）のです。この次元において、アーカイブズ学は「［アーカイブズが］基本的証拠性を維持し集合的記憶として機能するための、社会的・文化的委任」の問題を考えます。テリー・クックが言うように、

　　次元4における社会的価値とコミュニティの期待が、内側の三つの次元を形成する過程で中心的な影響を持つ、あるいは持つべきである（Cook 2000）

のです。

　多元化の次元で、私たちは記録やアーカイブズが組織体の記憶として、あるいはビジネスや社会機能（次元3）に関する個人記憶として、どのように作られるかを「基本的には『外側』からのぞきこんで」（McKemmish 1997, p.203）います。さらに深く、私たちは真正な記録化された証拠の作成を見ます（Ketelaar 2002b; 2003）。次元4は、次元3と2を通って、次元1へと反響するのです。このモデルは概念的には理にかなっていますが、私たちはまだ、すべての次元を取り囲む全体的な方法でこのモデルをテストし実行する方法を見出していません。アーカイブズ学は、したがって、社会の記憶化というより広いコンテクストの中で、レコード・コンティニュアムを研究するよう求められています。私たちは記録から、また記録を通じ、レコード・コンティニュアムの次元1、2、3を超えて、そして最終的にはアーカイブ・によって、新しい展望を見出さなければなりません（Ketelaar 2001）。私の呼ぶ「社会的・文化的アーカイブズ学」において、私たちは、

> 記録と文書が人間のさまざまなことがらの中で果たす役割を理解するよう
> 努めなければならない。また、私たちは記録と記録作成のより大きな意味
> を回復するよう努力しなければならない（O'Toole 2002）

のです。

「記録のコミュニティ」を見ることは、コミュニティを「記録作成主体として、また作成される記録にコンテクストを付与する記憶の枠組みとして、両方から」見ることを意味します（Bastian 2003, p.3-4）。記録のコミュニティとは、

> コミュニティ内において、人や組織間の行為や相互作用の多層的な積み重ね
> によって生み出される、あらゆる形態の記録の集合体（Bastian 2003, p.5）

と考えられます。

デリダは、すべての意味を差異と遅延のふたつのプロセスから作られるものとして考えます。意味は決して完全に提示されることはありませんが、あるものとないもの、そして見えるものと見えないものの相互作用を通して構築されます。見えないものは過去の中に、そしてアーカイブズ、図書館、博物館の隠れた場所に置かれています。また作成者と「アーカイブする人（archiver）」によって作られた見えざる言説の中にもあります。しかし私たちは、来館者や利用者も考慮しなければなりません。彼らが直に見ることで、ハイッセンが指摘するように、物体にオーラが与えられるのです（Huyssen 1995, p.31；Engel 1999, p.150-151）。

7. アーカイブズ学のグローバル化

> 足音が記憶の中でこだましている
> われわれが辿らなかった廊下をとおり
> われわれが開けたことのない扉の方へ
> 薔薇園の方へと。私の言葉もこだましていよう
> こんなふうに、あなたの心の中で

アーカイブズ学は、人々が意味を理解する際のさまざまな異なった方法を考慮する比較科学とならなければなりません。あなたのアーカイブズ学は私のアーカイブズ学と同じである必要はないのです（Ketelaar 1997）。

　私たちすべてが知っているように、グローバル化は社会に大きな影響をもっています。アーカイブズの専門分野もまたグローバル化しています。今日、時間と場所が障害と考えられることはめったにありません。デジタル記録は物理的な境界も距離も知りません。アーカイブズの専門分野では、標準化が世界的な規模で着実に広がっています。これは、アーカイブズの専門分野が世界中どの国でも同じ課題に直面しているということではありません。ひとつの国で有効だった解決策が、常によその国にうまく取り入れられることを意味するものでもありません。

　シェレンバーグによれば、「『アーカイブズ』という語には、他のすべての定義に優るような、また改変なしに受け入れなければならないような、最終的なあるいは究極の定義はありません。定義は各国で必要に合わせて変更されうるものです」（Schellenberg 1956, p.15）。このため、最近のISO標準15489は「アーカイブ」を定義することを控えています。すべての社会は、アーカイブズの使命とアーカイブズの専門分野をそれぞれの方法で決定し、それぞれ自分たちの「アーカイブ」の概念を守ります。

　同じことはアーカイブズ学にも有効です。私たちが国際誌*Archival Science*を3年前に創刊したとき、ピーター・ホースマン（Peter Horsman）とテオ・トマセン（Theo Thomassen）と私は初号にこう書きました：

> ［本誌は］　さまざまな異なる文化がアーカイブズの理論や方法論や実務に与える影響を認識し、世界各地の異なる伝統を考慮するとともに、これらさまざまな伝統における概念や考え方や姿勢の相互交流と比較とを促進します。

　アーカイブズ学は、さまざまな伝統における概念や考え方や姿勢を丁寧に研究し、交流と比較を行うことによってのみ繁栄することができます（Ketelaar

1997)。私はみなさまの学会、日本アーカイブズ学会が、日本で、また世界中のアーカイブズ学研究者の仲間たちと共に、この研究と交流に貢献されることを心から願っています。鎖国はもうありませんし、オランダだけが日本と通信する特権を持つ時代でもありません。アーカイブズ学に境界はないのです。

参考文献

Bastian, Jeannette (2003), *Owning Memory: How a Caribbean Community Lost its Archives and Found Its History*. Libraries Unlimited, Westport Conn. and London.

Cook, Terry (1997), "What is past is prologue: A history of archival ideas since 1898, and the future paradigm shift", *Archivaria*, no. 43, 17-63.

--- (2000), "Beyond the Screen: The Records Continuum and Archival Cultural Heritage", in: L. Burrow (ed.), *Beyond the Screen: Capturing Corporate and Social Memory. ASA Conference 2000*, Australian Society of Archivists, s.l. 1-18

(http://www.archivists.org.au/sem/conf2000/terrycook.pdf).

--- (2001), "Archival science and postmodernism: New formulations for old concepts", *Archival Science*, vol. 1, 3-24.

Delmas, Bruno (2001), "Archival science facing the information society", *Archival Science*, vol. 1, 25-37.

Derrida, Jacques (2001), "Archive Fever. A seminar...". in: Susan Van Zyl and Verne Harris (eds.) ,*Refiguring the Archive*, David Philip Publishers, Cape Town, 38-80.

Elgey, Georgette, René Rémond and Annette Wieviorka (2002). *Les Français et leurs archives : actes du colloque tenu le 5 novembre 2001 au Conseil economique et social, Palais d'Iena*, Fayard, Paris.

Engel, Susan (1999), *Context is everything: The nature of memory*, W.H. Freedman and Company, New York.

Gillis, John (ed.) (1994), *Commemorations: The politics of national identity*, Princeton University Press, Princeton.

Hedstrom, Margaret (2002), "Archives, Memory, and Interfaces with the Past", *Archival Science*, vol. 2, 21-43.

Huyssen, Andreas (1995), *Twilight memories: Marking time in a culture of amnesia*, Routledge, New York.

--- (2000), "Present pasts: Media, politics, amnesia", *Public culture*, no. 12, 21-38.

Ketelaar, Eric (1989), "Exploitation of new archival materials", *Archivum*, vol. 35, 189-199.

--- (1997), "The Difference Best Postponed? Cultures and comparative archival science", *Archivaria*, no. 44, 142-148 (http://cf.hum.uva.nl/bai/home/eketelaar/difference.doc).

--- (1999), "Archivalisation and archiving", *Archives and Manuscripts*, vol. 27, 54-61.

--- (2000), "Archivistics Research Saving the Profession", *American Archivist*, vol. 63, 329-330.

--- (2001), "Tacit Narratives: The Meanings of Archives", *Archival Science*, vol. 1, 143-155.

--- (2002a), "The Archive as a Time Machine", *Proceedings of the DLM-Forum 2002: @ccess and Preservation of Electronic Information: Best Practices and Solutions, Barcelona, 6-8 May 2002*, INSAR European Archives News (Supplement VII), 576-581
(http://cf.hum.uva.nl/bai/home/eketelaar/Timemachine.doc).

--- (2002b), "Empowering Archives: What Society Expects of Archivists", in: S. Lloyd (ed.), *Past Caring? What does Society Expect of Archivists? Proceedings of the Australian Society of Archivists Conference. Sydney 13-17 August 2002*, Australian Society of Archivists, Canberra, 11-27.

--- (2003), "Being Digital in People's Archives", *Archives and Manuscripts*, vol. 31, 8-22 (http://cf.hum.uva.nl/bai/home/eketelaar/Beingdigital.doc).

Kuhn, Thomas S. (1996), *The structure of scientific revolutions*, 3rd ed., The University of Chicago Press, Chicago and London.

Levy, David M. (2001), *Scrolling forward. Making sense of documents in the digital age*, Arcade, New York.

McKemmish, Sue (1997), "Yesterday, today and tomorrow: a continuum of responsibility", in: P.J. Horsman, F.C.J. Ketelaar and T.H.P.M. Thomassen (eds.), *Naar een nieuw paradigma in de archivistiek. Jaarboek 1999 Stichting Archiefpublicaties 's-Gravenhage*, Stichting Archiefpublicaties, 195-210.

Muller, S., J.A. Feith and R. Fruin (1940, 2003), *Manual for the arrangement and description of archives*. Translated by Arthur H. Leavitt. The H.W. Wilson Company, New York 1940, reprinted with a new introduction by Horsman, Peter, Eric Ketelaar, Theo Thomassen, and Marjorie Rabe Barritt. Society of American Archivists, Chicago (first pubished as Handleiding voor het ordenen en beschrijven van archieven. Erven B. van der Kamp, Groningen 1898).

Negroponte, Nicholas (1995), *Being digital*, Knopf, New York.

Nora, Pierre (1996), "General Introduction: Between Memory and History." in: P. Nora (ed.), *Realms of Memory: Rethinking the French Past [on the jacket: The Construction of the French Past]*, vol. I. Conflicts and Divisions, Columbia University Press, New York.

Oegg, Jos. Ant. (1804), *Ideen einer Theorie der Archivwissenschaft. Zur Leitung der Praxis bey der Einrichtung und Bearbeitung der Archive und Registraturen*, Carl Wilhelm Ettinger, Gotha.

O'Toole, James M. (2002), "Cortes's Notary: The Symbolic Power of Records", *Archival Science*, vol. 2, 45-61.

Rumschöttel, Herman (2001), "The Development of *Archival Science* as a Scholarly Discipline", *Archival Science*, vol. 1, 143-155.

Schellenberg, T. R. (1956), *Modern archives: principles and techniques*, University of Chicago Press, Chicago, Ill.

Simons, Jan (2002), *Interface en cyberspace. Inleiding in de nieuwe media*, Amsterdam University Press, Amsterdam.

Thomassen, Theo (1999a), "Archivists between Knowledge and Power. On the independence and autonomy of archival science and the archival profession", *Arhivski Vjesnik*, vol. 42, 149-167 (http://www.archiefschool.nl/docs/thomarch.pdf).

--- (1999b), "The Development of *Archival Science* and its European Dimension", in: *The Archivist and the Archival Science. Seminar for Anna Christina Ulfsparre...* , Landsarkivet, Lund, 67-74 (http://www.archiefschool.nl/docs/thomdeve.pdf).

Upward, F. (1996), "Structuring the records continuum, part one: post-custodial principles and properties". *Archives and Manuscripts*, vol. 24, 268-285.

--- (1997), "Structuring the records continuum, part two: structuration theory and recordkeeping" . *Archives and Manuscripts*, vol. 25, 10-27.

--- (2000), "Modelling the continuum as paradigm shift in recordkeeping and archiving processes, and beyond - a personal reflection". *Records Management Journal*, vol. 10, 115-139.

Walne, Peter (1988), Dictionary of archival terminology : *English and French, with equivalents in Dutch, German, Italian, Russian, and Spanish =Dictionnaire de terminologie archivistique*, K.G. Saur, Munchen ; New York.

Werkhoven, Peter (2003), *Multimedia door een sleutelgat*, Vossius Pers, Amsterdam.

Woelderink, B. (1975), "De geschiedenis van het archiefwezen in Nederland in hoofdlijnen". *Verslag en bijdragen rijks archiefschool 1972-1973 1973-1974*, Rijks archiefschool, Utrecht, 61-90.

訳 注

訳注1　日本語訳は、平井正穂・高松雄一編『イェイツ、エリオット、オーデン』(筑摩世界文学大系71、筑摩書房、1975年) によった。

訳注2　エリック・ケテラール氏の指示により、次の用語は原則としてそれぞれカッコ内の日本語に訳した。archival science (アーカイブズ学)、archives (アーカイブズ)、record (s) (記録)、archival administration (文書館学)

訳注3　「アーカイバリゼーション」(archivalization) とは、2004年4月23日の学習院大学におけるエリック・ケテラール氏の特別講義 "Social and Cultural Archivistics in a Multidisciplinary Framework"(学際研究としての社会的文化的アーカイブズ学) によれば、「あるものがアーカイビングに値するかどうかを決める、意識的または無意識的な選択 (社会的および文化的な要素によって決まる)」と説明されている。

訳注4　「アトム」も「ビット」も微細なものだが、ここではアトムは物質としての「もの」を、ビットは「デジタル情報」を表していると思われる。

訳注5　「メタナラティブ」(metanarrative) とは、エリック・ケテラール氏の訳者への口頭説明によれば、「聖書のような誰でも知っている古くからの有名な話」のこと。

原 注

1) http://www.japan-society.org/commodoreperry_p2.html

第Ⅰ部

アーカイブズを学ぶ

2. アーカイブズ学入門

テオ・トマセン
（石原一則訳）

初出：

（原著）Theo Thomassen. A first introduction to archival science. *Archival Science*, Vol. 1, 2001, p. 373-385.

（翻訳）『アーカイブズ学研究』No. 2, 2005, p. 4-16.

■著者紹介

テオ・トマセン（Theo Thomassen）

ライデン大学（オランダ）より歴史学の学位を取得。ハーグのオランダ国家総合文書館（General State Archives，現・オランダ国立公文書館）にて1796年（革命期）以前の中央政府公文書の専門官を務めた後，オランダ・アーカイブズ教育研究所（Archiefschool, Netherlands Institute for Archival Education and Research）の教授・所長を歴任。現在，アムステルダム芸術大学（Amsterdam School of Arts）の博物館学部であるラインワート・アカデミー（Reinwardt Academy）のアカデミー長。

1996年—2000年には国際文書館評議会（ICA）のアーカイブズ専門家養成研修部会（Section for Archival Education and Training）の部会長を務めた。1998年にはオランダにおけるアーカイブズ学の教育・研修への功績により，オランダ王立協会・アーキビスト部会（Royal Society of Dutch Archivists Society）より表彰を受けている。

要　旨

　本稿は教育を目的として、まず簡潔で基礎的なテキストであることを意図して書かれている。叙述においては一貫して、アーカイブズ学の中心概念の定義と解説をこころがけた。論争スタイルはとらず、また制度化されていない視点からは距離を置いている。これは、或る特定の理論を支持あるいは拒否するのではなく、全体的な概観を示すという目的からである。したがって、読者にはこれを、新しいアーカイブズ学のマニフェストとしてではなく、多様な着想や視点が総合されたものとして読んでいただきたい。仮に小論に新しい点があるとしたら、それは一貫性と統合性をめざした叙述スタイルにあると思う。アーカイブズ学の入門という性格から、注は付けていない。

　キイワード：アーキビスト教育、アーカイブズ理論

1. アーカイブズ学

　アーカイブズ学の中心概念は学としての記録の概念であり、そして学としてのアーカイブの概念である。記録が何であるかは多くの人が知っている。大抵、誰でも家の中に記録を持っているし、大半の人々の日常生活は、雇用者や不動産会社、公証人や電力会社の記録に残されている。そして人々はまた、アーカイブについての基本的な観念をも持っている。その量の大小や公私の別、または企業に帰属するものかあるいは政府機関に帰属するものかということに拘わらず、人々はアーカイブを個人や団体そして家などが自らの記憶を支えるために蓄積させる記録のコレクションである、と思っている。

　日常の生活では、こうした漠然とした理解で十分であろう。しかし、アーカイブズのプロフェッションの世界においては、記録やアーカイブという用語は厳密に定義されていなければならない。どんな種類のドキュメントやコレクションがそれに含まれるのか、またどんな点において他の種類のドキュメントやコレクションと区別されうるのか、アーキビストは正確に認識していなければならない。アーキビストはアーカイブ（あるいは記録保管システム）とは何

か、それはどんな機能を持ちその根本的な事柄は何であるのか、そしてこれらの根本的な事柄は相互にどのような関わりを持っているのか、記録やアーカイブズの質はいかにして確かめられ評価されうるのかなどの問いに対して、明瞭な回答を用意していなければならない。アーキビストは記録保管システムを樹立させるために、またそれを分析するために、そしてそれを伝えるために、これらを理解していなければならないのである。

　われわれは記録を過程連係情報（process-bound information）であると考えている。つまり記録は、相互に関連した複数の業務過程によって発生し、またこれらの業務過程によって構造化され、記される情報である。そしてそれと同じ方法をたどるとき、情報は業務過程のコンテクストに基づいて取り出せるのである。この幾分抽象的な作業上の定義を考察するには、われわれはさらにそれを検討の場に置いてみなければなるまい。

　記録は、ドキュメントの形式で取り出せる情報である。換言すれば、情報として独立して機能しうるデータの最小単位である。ドキュメントの形式で取り出せる情報のすべてが、記録であるとは限らない。記録はその作成の理由によって、他のドキュメントと区別される。意識的な収集活動の産物である図書館の蔵書とは異なり、記録は自らを発生させた過程に結びついているという事実を共通に持っているのである。

　記録は過程連係情報である。言い換えれば、記録は複数の業務過程を起源とし、それらと結びついている情報である。ひとつの業務過程は、ひとつの任務またはその一部が実行される組織の形式である。企業の場合は、それをビジネス過程という。そして、その過程は中核になる部分と支援部分とに区分できる。中核過程は、その組織の目的の達成、例えば消費者への商品やサービスなどの供給を直接目指す中核任務に形式を与える。支援過程は、中核任務を支援する任務に形式を与える。ビジネスにおいては、人事管理、財務管理、情報管理、施設・資産管理などの管理過程は、すべて支援過程である。

　記録は相互に関連した複数の業務過程に結びついている。相互に関連した複数の業務過程は、組織の使命の完遂という同じ目標に向かう。組織のアーカイ

ブや記録作成者を、密着したひとつの全体の内に組み入れるものが、組織の使命であり、そしてそれを支える複数の業務過程である。

業務過程を管理する行為主体は実行者と呼ばれる。誰もが実行者でありうる。組織(政府機関、団体、企業)や組織の一部(部局、部署)の一員としてだけでなく、家族や個人として。

業務過程、実行者と記録との絆は、記録作成者と記録とのつながりよりも強く密接である。記録は機能に従うのである。例えば、もし企業が分割されその一部が売却されるか、あるいは独立するとしたら、一般に記録は分割される部分や独立する部分、というよりむしろ切り離される機能に付随して移動する。情報と作成組織とのつながりは切断されるが、情報と業務過程とのつながりはそのまま維持されるのである。

2. 記録の機能

情報は、別な時またはしばしば別の場において、再利用されることを想定して記録される。業務過程から派生した情報は、元と同じ業務過程のコンテクストの中で別な時、別の場において取り出せるようにしておくために、それらの業務過程に結びつけられている。

記録は、人や組織そして社会の記憶として機能する。人は思い出すために、そして思い出させるために、あるいは思い出してもらうために記録を保存しておく。組織は、組織を運営するために、組織自体の説明責任のために、そして自らの歴史を刻むために集団の記憶を必要とする。社会はそれ自体としては記録を作成することはないが、記録の作成と保存を促す。結局、組織が良好に運営され、個人や組織が自らの行為に説明責任を持ち、永続的な文化的価値を保持する記録が時間を超えて保存されることは、社会にとって重要な意味を持つ。

記録は組織にとって第一に実務管理を支援するものである。情報を業務過程に結びつけておくことは、これらの業務過程に不可欠なコミュニケーションの連続性と機会とを保証する。仮に記録がないとしたら、業務過程を共に形成している個々の行為や処理は、互いに調和を失うばかりか、業務過程も相互に調

和を欠いたものになるだろう。もし記録がないとしたら、企画立案はただちにその場かぎりのものになってしまう。また、もし記録がないとしたら、次のような問いに満足のいく回答は用意できるだろうか——われわれは何をどのようにして作らねばならないか。これを行うためにはどんな手段が可能か。どのようにしてそれを使うか。どんな合意がなされてきたか。どんな責任がとられ、どのような結果になったか。われわれはどんな商品やサービスを提供することができるか。これらの製品やサービスは、設定されている基準に合致しているのか、など。

　記録は事業が遂行されたこと、そして事業が効率的かつ効果的に遂行されたことを確認させるばかりでなく、その事業が完了したか、またどのように遂行されたか、ということについて第三者の調査を可能にすべきものでもある。また、記録は挙証説明責任の行為主体としても機能する。信頼するに足る記録は、意思決定や権利や義務について、信頼できる証拠を含んでいる。もし記録がなければ、個人や私的・公的団体は、実施義務のある行為や処理を実際に行ったか否か、あるいはそれらの行為や処理は、効率性、合法性、善良なる管理者の注意義務の原則に照らしてなされたか否か、またそれらがなすべきであると思われていないことをなしたかどうか、という評価は不可能になるだろう。信頼性のある記録は、当事者や組織を、自らの組織内部においても当事者間においても相互に説明可能なものにし、また供給者や顧客あるいは社会に対しても、自らを説明可能なものにするのである。

　個人や組織もまた記録を作る。忘れ去られたくないからである。かくして日記や写真帳、来客名簿などが、自らの歴史を後世に残すために大切に保存される。この文化的・歴史的機能は時として、過去を想起させるものとして意識的に作られたわけではない記録にもあるとされる。時間を経ることによって証拠としての役割を失った記録のごく一部が、文化遺産の一部としてまた歴史研究の素材になりうるものとして認められるゆえに、保存される。

　この文脈において、記録の一次的機能と二次的機能との間にひとつの区別がなされる。記録の一次的機能は、実行者がそれらを作成するときに始めから意

図した機能であり、特に証拠としての機能である。一次的機能においては、記録はアクティブな役割を演じる。それらが社会的な関係を記しそして規定するからである。記録の二次的機能は、一般的には実行者が始めから意図していない機能であり、記録の一次的機能が果たされた後に獲得される機能である。例えば、文化的・歴史的機能であり、歴史研究の素材としての機能である。

3. 記録の機能と形式との関係

　われわれは個々の記録の内的構造を、記録を構成する要素と要素の間にある関係として記述しうる。この内的構造は、形式とも呼ばれる。ひとつの記録の形式がその記録の機能を良好に反映していれば、その記録は記されている行為の証拠として良好な役割を果たすことができる。そして、われわれは物理的形式とインテレクチュアルな形式または内的な構成（記録されたデータ間の論理的関係）とを区別している。或る記録の物理的形式は、フォーマット、ページ数、情報媒体の性質、書体などといった物理的特徴の全体である。一般に、機能と物理的形式は相互に関係し合う。紙に記された出来事は羊皮紙に書かれた出来事とは異なった種類のものであるし、また鉛筆で書かれているものと印刷されているものとは異なる地位を持つ。

　記録のインテレクチュアルな形式とは、記録された情報が構造化されるときのその様式である。記録のインテレクチュアルな形式は、資料形式と移行段階とに分けられる。記録の資料形式は記録が編集されるときの様式であり、それもまた機能に依存している。同じ機能を持つ記録は、しばしば類似した資料形式が与えられ、多くの場合同じ形式が完全に複製されたものとなる。非公式になにかを書いてメッセージを伝えたいと思う人間は、私信かメモを書く。書かれた事柄に証拠としての力を与えたければ、正式な証書を作る。オフィシャルにコメントしたければ、正式な報告書や議事録を書くだろうし、或る組織の会員になりたければ入会申請書を書くということをするだろう。記録の移行段階は、記録が成立していく過程において、例えば案文作成から伝達文までの間に通過する過程の局面である。われわれは下書き、案文、議事メモ、清書などを

伝達文とは区別する。それらはすべて同一の過程において異なる機能を持つ。これらの過程の各段階にあるものの中では、伝達文のみが伝送されることが多い。そしてその信頼性を示すために、時には印璽や署名によって正当性が付与される。

　記録されたデータ間の論理的な関係が、情報媒体上のデータの位置を決める。手紙は、レターヘッド、日付、いくつかの陳述、署名などの順番で構成される。これはインテレクチュアルな秩序であると同時に、物理的な秩序でもある。物理的な秩序とインテレクチュアルな秩序が異なる場合もある。デジタル・ドキュメントにおいては、それは恒常的に起こる。コンピュータはデータ間の機能的関係を考慮することなく、ディスクの使用可能なセクターにデータを記入していく。記入されたドキュメントが読めるのは、データが論理的な関係を伴ってスクリーン上に現れるようにするコンピュータ・プログラムがあるからである。

4．アーカイブズの機能と構造との関係

　われわれはひとつのアーカイブを構成する複数のドキュメント間の関係を、アーカイブの外的構造と呼ぶ。そしてこうしたアーカイブは業務過程を刻印する機能を持っている。その機能は、アーカイブの論理的・機能的構造が業務過程の構造を的確に反映していれば、如実に示される。

　ある任務を実行しようとする者はすべて、任務を効率的かつ効果的に行うために必要な情報を速やかに得ようとする。商品やサービスを供給することが義務である従業員は、その製品についての製造情報を必要とする。検査業務を行う係官は、製造過程についての情報を必要とする。人、資金、権利を管理する者は誰でも、具体的な契約の証拠を必要とする。そして最終的な責任を持つ者はすべて、組織全体の事業実績についての情報を必要とする。アーカイブと蓄積された記録の構造が、その機能を反映していれば、必要とされる情報はより的確にそしてより迅速に見いだされうるのである。

　アーカイブの構造は論理的且つ機能的次元を持つと同時に、物理的な次元を

も持っている。アーカイブの物理的構造とは、その構成要素の物理的な秩序である。この秩序はアーカイブの機能の反映でありうる。保険証書や抵当権設定証書は机の一番上の引き出しにしまわれるだろうし、給与明細書は時系列にファイルされ、運転免許証は財布の中に入れておかれるだろう。また、物理的構造は実際的な必要性によっても決められる。株券は金庫の中に、古い成績表は屋根裏部屋の箱に、そしてデータ・ファイルはパーソナル・コンピュータのハードディスクに保管されるのである。

アーカイブズにおける記録の論理的構造あるいは編成（それは通常、シリーズに分けられ、シリーズ内でファイルに分けられ、ファイル内で個々のドキュメントに分けられる）は、これらのアーカイブズを構成する記録間の論理的且つ機能的関係の反映または表象である。その論理的構造は物理的構造と同一であることもありうる。例えば同じ業務過程を記している記録のすべてが、同じ戸棚の同じ棚に置かれるように、である。しかし、これが一般的にあてはまるわけではない。物理的に分離しているものが論理的に調和共存し、またその逆も真であるということがありうる。デジタル・データ・ファイルに関する（例えば住所録などの）論理的構造は、通常では物理的構造（媒体におけるデータの場所）と同一ではない。

物理的構造と論理的構造が一致しないこと自体は、必ずしも問題になるということではない。記録の物理的な場がどこであろうとも、それを指示するものがあれば、記録の機能と記録相互の論理的関係とによって、記録が代替されることは可能である。このような代替物は検索手段と呼ばれ、それは情報について記述された情報によって構成され、アーカイブをアクセス可能な状態にするものである。検索手段は、電子的な形式で作られていれば、アーカイブの物理的構造よりもはるかにフレキシブルである。それらは業務過程のあらゆる変化に適合するよう修正することができる。

5. 記録の機能と記録作成のコンテクストとの関係

形式と構造に加えて、アーカイブズ学を分析する第三の概念がある。それは

コンテクストである。この概念もまた論理的な視点と物理的な視点から見ることができる。

　アーカイブズ学において、作成のコンテクストはしばしば論理的な意味で使用される。つまりそれは、記録がどのようにして発生し、どのように構造化され、そしてどのようにして取り出されるか、ということを直接決める環境要因である。これらの環境要因は、機能と組織の点から定義されうる。機能的コンテクストは、その組織の使命であり、使命を完遂するために組織が始める任務であり、そしてそれらの任務を遂行するために展開される活動である。組織的または手続的コンテクストは、組織の構造であり、実行者と実行者の相互作用であり、そして活動を遂行するときの方法を決定付ける業務過程の配置である。

　物理的または物質的コンテクストは、ドキュメントが保管されている場所と保管に用いられる物質とによって構成される。この物質的コンテクストは第一に、物理的な保管を支え、そしてそれぞれに適した見やすさを支える。それはまた意図的にしろ偶然にしろ、ドキュメントの価値または重要性の度合いを示す。例えば、権利証書は金庫に保管され、銀行の取引明細はファイルに、大学の学位は立派な箱に入れて、資格証明書は額に入れて壁に、最近の恋文は寝台の横にある引き出しの中、という具合である。

　記録は作成のコンテクストが考慮されることがなければ、適切に理解されることはない。それゆえに作成のコンテクストに関するデータもまた、記録がその一部分を構成している情報システムに、同じく含まれていなければならない。実際には、記録の物理的または物質的コンテクストに関連したデータについても、同じことが目指されなければならないのである。

6. 記録保管機能と記録保管システム

　組織内部の任務の分化はそれ自体で、情報が気ままに作成されたり組み立てられたりする原因となる。それゆえに、それぞれの形式についてフォーマルなルールがいささかも無いところでは、一枚の給与明細書や値札は全く違ったものに見えることになる。一つの業務に関するドキュメントがひとつのファイル

に揃えられる一方で、複数の意思決定が何冊もの会議録に記されたりする。

　組織がよりフォーマルで複雑なものになるにつれて、制御されていない情報の流れや気ままに組み立てられた記録は、より大きな障害になる。（コミュニケーション手段としての）記録が業務過程との関わりで、自ら持つ支援機能を十分に発揮できるようにするためには、ドキュメントの流れを規定する措置がとられる。その基準は、どのドキュメントを記録として認め、どれを記録とみなさないかということを決めるためのものである。つまり、送付されてきたパンフレットやバースデイ・カードは、注文票や会計士の手紙と一緒にはされないのである。組織自体が作成する記録には、その機能と真正性の証拠を明瞭に施すため、予め決められた形式が与えられる。そして、同じ業務過程から発生したドキュメントが互に関係付けられその関係付けが維持されて、容易に取り出され利用されるようになるために、ドキュメントの流れが規定されるのである。

　おそらく後者の点が最も困難な課題であろう。実際には、同じ情報が様々な業務過程で利用される。そして、以前に発生した情報は後になって、全く違う目的に利用されることもある。そのため、アーカイブをそれぞれ意図的に構造化するもの、すなわちそれぞれのファイリング・システムは、複雑な現実内容を単純化したものとなる。業務過程は相互に重なり合っているものだが、ファイリング・システムを規定する基準は、できるだけそうした曖昧さを排除するものでなければならない、ということである。

　組織がどのような規模であっても、記録を利用する時の容易さと信頼性はレコードマネジャーの任命と記録担当部署（registry）の設置によってのみ保証される。その両者は記録保管システムを維持し、記録を良好な秩序に保つものでなければならない。そして、組織の他のスタッフ全員が日常の仕事のために必要とする情報を、迅速に提供するものでなければならない。その結果、レコードマネジメントは組織によって認知された新しい業務過程に、つまり体系的なレコードキーピングという業務過程になる。それは、もはや記録を直に構造化するといった既成の業務過程ではない。つまり、アーカイブそれ自体を構造化

することやアーカイブへのアクセスを可能にする検索手段の構造化は、もはや業務過程の内に現われている組織活動の直接的な再現ではなく、組織活動について管理運営上から行う解釈なのである。より規模の大きい組織においては、こうした解釈は効果的な情報管理を確約するために必要になる。しかしながらそれは往々にして、支援すべき業務過程の構造をいくばくか反映させるだけのアーカイブの論理的構造へと導くこともある。それもそこから起因する情報管理についてのありとあらゆる良くない結果を伴って。情報の構造は、現実の業務過程とはほとんどまたは全く関係のない情報構造化についての一般的な概念によって、その大部分は定義されうる。国際十進分類法のような一般的な分類をある程度応用することは、ひとつの事例として役立つであろう。

　一般に、レコードマネジャーはアーカイブズの構造を、組織内の業務過程に可能な限り合致させようとする。記録を管理する歴史の過程においては、様々なシステムが記録をファイリングするために生みだされてきた。こうした管理方法はそれぞれの組織の或る固有なタイプに合わせられて、統治の個々の伝統に適合している。伝統的な専制君主（例えば中世の王）は、行政立法活動を独占して行い、その証拠として特別な登録簿（registers）に記録した公文書（diplomas）を発給している。アンシャン・レジーム以後の代議制組織である団体評議会は、折衝の後にはじめて行政立法活動を行う。かれらは上級監督者に対して自らの行為を説明しなければならないから、行為の証拠として証書を作成するだけでなく、これらの行為に先行して意思決定の過程をも採択記録に記す。（19世紀の立憲政府において）政府官僚が自由裁量権を任されると、かれらの意思もまた記されるようになる。そして、それらは主題別ファイルのシリーズが年代順に編成されたアーカイブズを派生させる原因となった。民主制であれ全体主義制であれ、現代の官僚機構はあらゆる事象を記していく。言い換えれば、それは巨大なケース・ファイル・アーカイブズを作り上げる。

　どんなファイリング・システムを選択するかは、その業務過程の性質や複雑さによって決められるが、業務過程の安定度やその規模、またコミュニケーション技術のレベルと利用可能な知識、そして共同体の文化なども要因となる。

ファイリング・システムとそれに付随する一般的分類は近代官僚制の産物と言えるが、また莫大な情報量を効率的かつ効果的に管理する方法の複雑化、そしてゼロックス機器のような新しい装置の産物でもある。

7. 業務過程、情報過程そしてアクセスビリティ

業務過程に結びついた情報は、また必然的にそれ自体がひとつの過程のような特質を持つ。

ビジネスが遂行されている間は記録の機能は変化するし、その結果、形式もしばしば変化する。移行段階も移っていく。署名することによって、手紙の下書きは正当なドキュメントになる。ひとつの記録は、ひとつの資料形式から次の形式へと進化しうるのである。例えば、権力がひとつの処理を加えることによって、要請を法令に変えることができるように、である。ファイルは同じ業務過程の連続性（例えば、準備、履行、評価）を支えるであろうし、また他の業務過程にも利用されうる。ファイルはそれらが編まれている間にも、付け加えられ、整頓され、そして再編成される。ファイルの機能が変化する間は、他のドキュメントやファイルとの関係も同じように変化する。

シリーズ全体も機能において変化しうるし、その結果、構造においても変化する。ヨーロッパ諸国において洗礼や結婚や葬儀に関する登録簿は、教会に属する機能にもとづいて作成され構造化されて教会アーカイブズに組み入れられてきたが、人口登録簿の先例としての新しい機能が加わり、公文書（public records）に組み入れられるようになった。

通常、アーカイブズにはアーカイブズを派生させる業務過程ほどダイナミクな変化は起こらない。時間が経過するにしたがって、アーカイブズの物理的構造は徐々に業務過程を的確に反映するものではなくなってくる。初期の構造を保つアーカイブの構成要素は通常古くなって最新の状態ではなくなり、しばらくたてば現在の業務過程の構造にもとづいて取り出すことは不可能になる。仮に、非現用記録と現用記録との間の構造の相違がシリアスな問題になるのであれば、それに関わる問題を解決すべく、いくつかの手段がとられなければな

るまい。こうした状況で、最初のそしておそらく当然の処置法としてアーカイブの物理的な再編成が行われるとすれば、記録をその発生した業務過程のコンテクストから切り離すことで、記録を容易に非コンテクスト化し現在の他の業務過程と連結させることができるが、それは必然的に記録の持つ意味を変えてしまう操作になるのである。

　現代世界では、使命や機能そして業務過程は変化しているものであり、またその可能性がある。そして、機能や業務過程の変化を反映して、記録の編成や構造も変化する。その結果、ファイリング・システムの形式化された論理的構造は、これらの変化を反映させるために変更を余儀なくされる。変更されるファイリング・システムは、その時点でもはや適応していないものでありそのアーカイブは機能性を失っている。この機能性の喪失がこの上なく大きいとき、組織の必要性に合わせて進められる別な情報構造はより任意なものではあるが、同時により適切な特質を持つものになる（通常は、机の引き出しにある物理的構造の境界線内のことではあるが）。そして、究極的にはファイリング・システム自体が改定されるのである。

　最終的には、記録を生み出し、記録を使用してきた業務過程は、終了するものである。その時点から、最初の業務過程を表象するものとしてのアーカイブはその特質を失い、構造を変化させ、ついには混沌となる可能性を急速に増大させる。アーカイブの外部に存在する観点から再構成することは、アーカイブを歴史資料のコレクション以上のなにものでもないものに、容易に退化させるのである。

8. アーカイブズ学の目的と方法論

　アーカイブズ学はその目的、対象、そして方法論のゆえに他の学問とは区別される。アーカイブズ学の対象は過程連係情報である。それは、情報それ自体であり、またその情報を生み出し構造化するところの過程の両者である。アーカイブズ学の目的は、アーカイブズの質の樹立と維持である。それは言い換えれば、記録とそれを生み出す業務過程そしてそれらの相互の絆を、最高度の可

視性と永続性とを伴って樹立させ維持させることである。アーカイブズ学の方法論は、一方では記録された情報の機能とその形式との関係の分析であり、記録であり、維持である。他方では、記録された情報の構造とその出所に関わるコンテクストとの関係の分析であり、記録であり、維持である。

　アーカイブズの方法論は(アーカイブズ理論から引き出され統合された原理と手順とを通して)、記録保管システム、つまり記録の適切な保管、利用、検索に不可欠な機能的要件の樹立の基礎を示し、また評価選別の方針を正当化する基礎、記録を物理的にもあるいはインテレクチュアルにも制御する細心で効率的なシステムの基礎、そして記録の効率的かつ効果的な検索と利用のための基礎を提示するものである。とりわけそれは、記録の利用可能性(availability)、見読性(readability)、完全性(completeness)、妥当性(relevance)、表象性(representativeness)、話題性(topicality)、真正性(authenticity)と信頼性(reliability)を保証することによって、過程連係情報の正当な質の維持を目的にしているものである。

9. アーカイブズの方法論

　アーカイブズの方法論は、過程連係情報の正当な質を樹立し、維持し、分析するための一連の道具を提供している。それは記録と記録を生み出す業務過程との絆を生じさせ、評価し維持するために使用される。また、それは業務過程において記録にその役割を演じさせ、そしてその役割の分析を目指している。

　過程連係情報の質は、内容データとその派生過程とを結ぶ絆の、質と安定性に依存している。内容データがその出所のコンテクストの中で、適切な形式と適切な構造において取り出され分析されうるときのみ（言い換えれば、内容データがそれに相応したメタデータに連結されているときのみ）、現れる情報は意図された質を持つことができる。

　形式、構造そしてコンテクストは、内容の意味を変えるために、ときとして意識的に操作されることがある。しかし形式や構造やコンテクストはまた、意図的な介在がなければそれらが構成しそれらが意味を与えている内容データか

ら、分離してゆく傾向を持つ。信頼性のある情報は信頼性のない情報となり、高い質を持つ情報は低い質の情報に退化する。つまりアーカイブズはドキュメントのコレクションに退化し、証拠は単なる書かれたものに変貌し、ドキュメントはまとまりのないデータとなる。

　もし上述のような過程を避けようとするならば、一方で内容データとその形式の関係を維持しなければならず、他方でこれらのデータが作成されるコンテクストと構造の関係も維持しなければならない。あるいは、そこに発生した変化を慎重に記さなければならない。

　これはひとつの記録のレベルでの、形式の尊重を意味する。そしてこのことは、古くから古文書学の領域である。アーカイブのレベルでは、これは構造(原秩序の原則) と作成のコンテクスト（出所原則）の尊重を意味する。形式と構造そして作成のコンテクストを尊重することは、内容データ間の関係、記録と記録との関係、そして記録とそれを派生させた機能や過程との関係の維持を意味するのである。

10. アーカイブズの方法論の応用：ボトムアップ方式とトップダウン方式

　形式、構造そして作成のコンテクストは、記録をひとつの記録として構成し維持する特定のデータを指す概念であり、また記録の内容を解釈する枠組みを示す特定のデータを指す概念でもある。アーカイブズの方法論は、これらの概念を使用して記録の作成と解釈の双方を支えるのである。

　アーカイブズの方法論の応用では、われわれはあらゆるシステムと同じように、ふたつの方法から選択することができる。ひとつはアーカイブをその構成要素から接近する方法であり、もうひとつはそれが現に作用しつつある、または作用してきた機能からの方法である。前者は古典的な方法であろう。ひとつのアーカイブはひとつの物理的な物とみなされる。ひとつのアーカイブにおける記録とその編成の分析を通して、アーカイブ全体や相互関係の内に洞察を加え、アーカイブを派生せしめた業務過程に迫ろうとする試みである。この方法

は特に、過去に作成され量的にも限られている古典的な情報媒体からなるアーカイブの分析に、今なお用いられている。

　現在のアーカイブズの方法論は、分析の出発点として出所に関わる(言い換えれば機能的、組織構造的)コンテクストが、よりふさわしいという立場を取ることが多い。したがって、はじめにその使命、機能、任務を分析し、実行者や彼らの権限そして業務過程を調査する。記録保管システムはこのモデルを基礎にしてデザインされるか、または再構築される。この機能分析手法は古典的記述手法よりも幅が広く、動的なアーカイブあるいは現在作成されつつあるアーカイブ、量的に膨大なもの、そしてデジタル・アーカイブズなどの分析に適している。それらは一つひとつの記録ごとに分析することが不可能なものなのである。

　古典的記述手法と現代的機能分析手法は互いに正反対の方法であるが、対立関係にあるものではなく、両者は共に帰納的(ボトムアップ)方法および演繹的(トップダウン)方法に役立つ。トップダウン方式はボトムアップ方式を排除するものではなく、前提にしているのである。業務過程とそれらの関係性を調査することによって、作成されたはずの記録について予測が可能になるであろうが、しかしその予測が適正であるか否かを表すものは、実際の結果だけである。反対に、アーカイブの物理的構造を再構築することによって、アーカイブが生み出した業務過程の組織についての予測が導かれる。しかしこの予測が妥当であるか否かは、業務過程自体の分析によって検証されなければならない。このふたつの方法は補足し合うものとして用いられなければならない。アーキビストだからといって、他の人間と同様に想像力の限界を超えて見ることなどできないのである。アーキビストもまた、予見に囚われる身なのである。

11. アーカイバル・リサーチ

　アーカイブズについてのリサーチとは、関係についてのリサーチである。言い換えれば、データおよび記録とコンテクストの要素との関係についてのリサーチである。単に形式的な関係が対象にされるのであれば、例えば形式的な

規約によって規制されるひとつのシステムは、所与の環境の内でどのように作動するか、というような疑問に答えなければならない場合には、このリサーチは形式的な結論をもたらしうるであろう。他の場合においては、アーカイブズ学はひとつの解釈学であろうとする。関係の解釈を志向するのである。記録やアーカイブズは現実世界の代用物などではない。事務員や秘書たちが、彼らの主人が書くことを望んでいると思われる方向に大なり小なり従って、自分たちの世界を書きつつ心に描いた事柄の、その表象以外のなにものでもない。多くの場合、記録やアーカイブズは、現実内容を離れたところで表象するものでさえない。それは混ぜ合わされ、ばらばらにされ、コンテクストから切り離された、単なる表象の残滓に過ぎない。この観点から見れば、アーカイバル・リサーチは、記憶がいかにして保持されてきたかということについての問いだけではなく、記憶はいかにして形成され、そして記憶はどのような作用を及ぼしてきたか、という問いをもおそらく含むものであろう。

〔原 注*〕

この「入門」はこれまで何度か改訂されてきたが、最初の版は1995年8月に執筆された。オランダ・アーカイブズ教育研究所における教育やトレーニングに関する種々のプログラムをサポートできるような、アーカイブズ学の基礎的なテキストを作る必要性があったからである。このテキストは、研究所の同僚たちと十分な論議を経て、1995年から1996年にかけての課程で使用された。それ以降、アーカイブズ教育研究所の学部学生、卒業生、大学院の各レベルの課程やその他研修プログラムなど、大半のアーカイブズ学課程で使用されている。最初の版の構成は、最新版である本稿を含めて後からできたすべての版に受け継がれている。さらに、研究所内外の学生や同僚たちとの議論の成果は、テキストのいたるところに現れている。この最初の英語版はほとんど共同による作品と言ってよいと思う。テキストを作るにあたっては、多くの同僚から意見をいただいた。特にペーター・ホルスマン(Peter Horsman)、ハンス・ショイアコーゲル(Hans Scheurkogel)、エリック・ケテラール(Eric Ketelaar)、ヘルマン・コッペンス(Herman Coppens)、そして英語版にコメントしていただいたケント・ヘイワース(Kent Hayworth)、の各氏にお礼を申し上げる。しかし、この版も含めてすべての版の最終的な責任が執筆者にあることはもちろんである。なお、オランダ語版が既に出されているが、それは次のとおりである。

> Theo Thomassen "Een korte introductie in de archivistiek", in: P.J. Horsman, F.C.J. Ketelaar en T.H.P.M. Thomassen (red.), Naar een nieuw paradigma in de archivistiek ('s-Gravenhage, 1999), pp.11-20.

第Ⅰ部

アーカイブズを学ぶ

3. NARAとともに
──わが戦略計画と成果

ジョン・カーリン
（小谷允志、古賀崇訳）

初出：
（原著）John W. Carlin. Along with NARA: my strategies and accomplishments. 『レコード・マネジメント』No. 50, 2005, p. 12-19.
（翻訳）『レコード・マネジメント』No. 50, 2005, p. 3-11.

■著者紹介

ジョン・カーリン（John W. Carlin）

1940年生まれ。1962年にカンザス州立大学を卒業後、酪農業に携わる。カンザス州議員、州議会下院議長を経て、1979-82年にカンザス州知事を務める。その後、ウィチタ州立大学（カンザス州）大学院の客員教授（行政学担当）、技術研究開発会社の社長・最高経営責任者を経て、1995年5月、第8代NARA長官に就任。2005年2月に退任した。

1987年、カンザス州立大学より博士号を取得している。

米国国立公文書館・記録管理局（National Archives and Records Administration: NARA）第8代長官として、私が経験したこと、および経験から学んだことのいくつかを皆様と分かち合う機会を頂き、喜んで［執筆を］お引き受けする次第です。私はとりわけ、日本の同僚たちから、このように執筆を依頼されることを嬉しく思いました。私はこれまで、公共機関の職員として、あるいは民間企業人として、日本を何度か訪れました。私は心底、日本が大好きになり、またここで多くの友人を得ました。NARA長官として、また国際文書館評議会（International Council on Archives: ICA）に携わった者として、私は日本のアーカイブズ・コミュニティを代表するリーダーシップに常に感銘を受けてきました。私たちはお互いの経験から学び、功を奏したもの、そうでなかったものから恩恵を受けることができると思います。

　正直に申し上げると、1995年6月、NARA長官に任命された時、私はこの仕事の本当の領域に関してほとんど考えを持ち合わせていませんでした。しかし、この仕事に就任して約10年を経て、米国のNARAの陣頭に立つことは、私がこれまで携わってきた仕事の中で、最も素晴らしく、最もやりがいがあり、最も複雑で、そして最高の仕事であると気づきました。たいていの人は、国立公文書館はワシントンにあると思っているでしょうが、実際にはこの機関は物理的には分散化しています。すなわち、ワシントンDC地区には2つの主要なアーカイブズの建物があり、全米中18箇所に連邦レコードサービスセンターがあり、さらに11の大統領図書館[訳注1]（まもなくニクソン図書館の追加により、12館となります）があります。

　NARAの物理的所有物のもつ膨大な規模は、他に類を見ないほどです。アーカイブズとしての所有物だけでも、**200万立方フィート**に近い文書記録、**220万冊**の地図・海図、**280万部**の建築・技術図面、**920万枚**の航空写真、**123,000巻**の動画フィルム、**33,000部**のビデオ記録、**178,000部**の音声記録、**740万枚**の静止画、および**7,000点**のコンピュータ・データセットがあります。第二アーカイブズである［メリーランド州］カレッジパークの施設には、［総延長］**500マイル**以上の書架があります。以上に掲げたものとは別に、大統領図書館にあ

る何百万もの資料や、連邦機関のためにNARAレコードセンターに保存される1,800万立方フィート以上におよぶ記録もあります。

NARAの責務の範囲には様々なものがあります。アーカイブズやレコードセンターに関するサービスに加えて、NARAは各［政府］機関に対し、記録管理のガイダンスやサービスを提供しています。法令によって、NARA長官は全連邦記録の廃棄の承認に対して責任をもっています。NARAは、政府記録の機密区分指定やその解除を監視する情報セキュリティ監視部（Information Security Oversight Office: ISOO）とならび、新しい記録、たとえば新しい連邦法、規則、規制、行政命令、大統領声明、政府活動の公告といったものに関する最新情報を発行する連邦公報部（Office of the Federal Register）を運営しています。NARAはまた、州や地方の記録、およびアメリカの著名人に関する文書の出版に対して助成を行う全米歴史出版物・記録委員会（National Historic Publications and Records Commission: NHPRC）をも運営しています。

最後に申し上げますと、政府記録の維持、管理や、記録へのアクセスをめぐる問題は、複雑なだけでなく、物議をかもし、人の目に触れやすい問題となりうるのです。NARAは1990年代半ばまでに、伝統的なフォーマットをもつ記録に関する問題を取り扱っただけでなく、新しい技術や電子記録がもたらした新たな課題や機会に取り組みました。そして、多くのアーカイブ機関と同じように、NARAは伝統的に財源不足で、事業の急速な拡張や変化に対処する資源をほとんど持ち合わせていませんでした。申し上げましたように、私は1995年時点では仕事の重大さを正しく認識していなかったのです。

NARA長官として私が下した最も賢明な決断は、間違いなく、就任数週間後に行ったものです。それは、戦略計画策定プロセスに着手することであり、それは新たな戦略計画の中に描かれた、NARAの戦略的方針に基づくものでした。［一般的に］戦略計画というのは、ある組織の方針を定め、その組織がどのようにしてその進むべき場所にたどり着けるかを提示し、書き記すものです。NARAにおいては、戦略計画を策定することは目新しいことではありませんでした。その計画を真剣に受け止めることが新しいことだったのです。私は最初の時点

から、私自身がこの戦略計画に直接関与し、策定される計画が我々の将来の道しるべとなることを明確にしました。従来の計画策定の仕事は主に［下級の］スタッフが行っており、上級管理職からの賛同・協力はないままでした。その結果として、計画はしばしば「絵に描いた餅」でしかありませんでした。今回は、私は上級管理職に対し、リーダーシップ・チームとして一緒に働くこと、すなわち自分個人の担当分野のためというよりはNARA全体のために一緒に働くことを要請しました。

　我々は計画策定を完了するのに1年余りを費やしました。我々は計画策定のための仕事を「戦略方針（Strategic Directions）」と呼び、この仕事を支援するためにNARA全部署の中から最も才能あふれるスタッフ数名を選び、チームを作りました。我々は、150回以上にわたる集中的会議(focus session)にNARA全部署のスタッフを参加させ、また計画の進展に際し、関心をもつ外部のグループに、その計画に関する提案やコメントを行う機会を与えました。NARAが21世紀に向けて前進するためには、組織として様々な変化を経験することが必要だ、という認識のもと、私はこの戦略計画を10年計画として策定し、それに1年ごとの更新を加える、と決心しました。こうして、私の最優先課題は1年おきに変わるものではない、ということを人々は理解することができたはずです。

　結局、最終計画に掲げられた戦略の多くは、従来の計画に存在していたもの、あるいはそこで前面に押し出されていたものでした。私は答えを出すことよりも、リーダーシップを発揮すること、コミュニケーションの重要性を理解すること、優先順位に関する難しい決断を望むことに重点を置きました。計画策定のために幅広く仕事を行うにおいて、決断力は重要です。それは、同意を取り付ける必要性のあまりに、際限なく遅れをとることや成果を腰砕けなものにするのを避けるためです。同様に重要なのは決定理由を伝えることです。もし人々があなたに同意しなかったとしても、決定理由を伝えることによって、その選択の背後にある理論的根拠を人々が理解しうるからです。

　戦略計画策定の第一歩は、NARAの進むべき方向を定め、今後の到達目標や戦略の策定を導くための、使命とビジョン（mission and vision statement）

の制定でした。我々は使命とビジョンにおいて、国立公文書館が「私たちの民主主義の基盤となる国民の信託財産である」と明言しました。国の記録保管者としてのNARAの役割は、書かれるべき歴史のために記録は現代から世代を超えて入手可能であることを保障する、という点にはとどまりません。州、地方、国家のレベルを問わず、民主制におけるほとんどの政府アーカイブズと同様、NARAは個人の権利や資格を保護する記録を保存しつつ入手可能な状態にし、また人々が自身のために政府活動の記録を検証することを可能にしているのです。個人の権利、政府職員の行動、および国家の経験を文書化するのに必要不可欠である記録への継続的アクセスを保障すること、それこそがNARAの任務なのです。我々はそのことを使命の声明の中で次のようにまとめました。「NARAは市民および公務員（the Public Servant）のために、また大統領、議会、裁判所のために、かけがえのない証拠に対する常時アクセスを保障します。」

　個人の権利の保護および説明責任を果たすという役割は、私にとっては、政府アーカイブズを独自なものにしています。政府のある部局にとって他の部局に説明責任を果たさせるため、また一般の人々にとって政府に説明責任を果たさせるためには、記録は絶対に不可欠なものです。一個人が財産権や市民権といった権利を主張するためにも、記録は絶対に不可欠なものです。私の在職期間を振り返り、この公文書館に所蔵された記録が重大な論争における責任の所在を明らかにするために何度使われたか、もしこうした記録が保存され利用可能な状態に置かれることがなければ歴史はどれだけ変わっただろうか、といったことを考えると驚嘆せずにはいられません。さらに、記録が紛争を収めたり要求を裏付けたりし、それが報道されることはないものの個々の市民にとって大きな影響を与える、という比較的小さな出来事は数え切れないほどありました。

　この10年の経験の後、この計画、とりわけ使命とビジョンの策定状況を振り返ると、こうした文書の［使命とビジョンの］部分がどれだけNARAとその業務に大きな影響を与えたかを見て取ることができます。長期間にわたり、我々の内部・外部でのコミュニケーションの多くの場面でこの使命とビジョンを中

心に据えること、またこのメッセージにこだわりそれを何度も繰り返すことによって、我々が正しい方向にとどまることができただけではなく、多くの人々が政府の記録や国立公文書館の重要性、およびそれが私たちの民主主義社会に果たす役割について教えられたのです。

　使命とビジョンの制定の後、私は「戦略方針」チームのメンバーとともに国中を旅し、NARAのスタッフや利害関係者から話を聞き、議論しました。これにはとても時間がかかったのですが、非常に価値のあることでした。私はスタッフから直接に意見を聞かなければなりませんでしたし、スタッフは我々が真剣にこの計画に取り組んでいることを分かってくれました。これらすべてを踏まえ、我々は1996年秋に戦略計画の初版を策定しました。この計画では優先事項を定め、戦略を確認し、高い期待値を設定しました。我々は、経験や新たな進展が生じるにあたり、本計画を継続的に見直し変更に付すこととなるであろう、と分かっていました。また、政府による監督によって3年ごとの見直しが必要となることも分かっていました。しかし、我々は［具体的］方策のレベルでいくつかの変更を行ったものの、その大部分において、中核となる原則、方向性、戦略はそのまま残したのです。［とは言え］我々は、まさに最初の計画改訂において、ひとつの重要な変更を行わなければなりませんでした。最初の計画において、我々は効率性の理由から各地の施設の多くを統合することを打ち出しました。その時点で、これは政治的に非実用的であることが判明し、最初の計画見直しの際にこの案は削除されました。本案はこの時点で我々の誤りでしたが、快く変更を認めたことにより、おそらくNARAのリーダーシップ［をとる人々］は自信を増したはずです。

　我々は本計画を利用するつもりだと述べましたが、実際に利用したのです。本計画は、すべての意思決定および予算要求の指針となりました。他の重要な体験の話に移る前に、我々の使命とビジョンとそこから生じた計画が、我々のスタッフや関係者とのコミュニケーションのみならず、行政府や議会での意思決定者やそのスタッフとのコミュニケーションにおいても、いかに重要であったかを強調しておきたいと思います。我々の役割が、歴史と同様に権利と説明

責任にもつながっていると明言することは、我々の使命を実行するのに必要な財源を獲得するのに、まさに実用的な利益をもたらしました。もし歴史のことだけを語るのであれば、財源獲得の緊急性を打ち出すのは困難ですし、行政府や立法者が多くの競合的な優先課題に直面している予算緊縮の状況においてはなおさらでしょう。[そうなると]より財政基盤が不安定な他の文化機関と同じような扱いをされてしまいがちです。ずっと先のことだけではなく今の状況に密接したかかわりをもつような、権利および説明責任に関する記録の問題を明言することにより、相手方が進歩派であろうと保守派であろうとよりよく受け入れてくれる、と気づきました。現在の紛争の解決のために記録が頻繁に使われること、また湾岸戦争の復員兵に対する法的給付の保障といった基本的権利のために記録が使われることを議会や行政府のメンバーに想起させることで、予算獲得の訴えに説得力をもたせることができました。こうした訴えは、NARA全体にとっての、また電子記録アーカイブズ（Electronic Records Archives）の開発にとっての追加予算の獲得を首尾よく達成するのに、大きな影響を与えたものと信じています。

　私がNARA長官の職を引き継いだ頃、この官庁は2つの問題を抱えており、もしその解決に取り組まなければ国立公文書館の未来に甚大な影響を与えかねない、というのが容易に見て取れました。この問題というのは、あらゆるフォーマットをとりつつ激増している記録を保管するためのより広く、より良い場所の必要性と、電子記録を取り巻く多くの問題に対処する必要性でした。アーキビスト全員がご存知の通り、保存場所の問題というのは何も目新しいものではありませんでした。この点は、NARAの創設以来抱え続けてきた問題であって、より多くのものを保管するためにより広い空間を創設することによってのみ解決可能である（少なくとも、記録が長期的に、デジタル方式で保存可能となるまでは）と思われました。これまでの10年の間に、我々は、[保存のための]空間を著しく増やしただけではなく、各省庁（もしくは連邦記録を保持するあらゆる施設）が遵守しなければならない適切な標準を定めることによって、その空間を改善することまで可能にしたのです。それよりずっと複雑だったこと、

そして今でもより複雑なことは、デジタル［記録］に関する課題です。

　私が最初に直面したのを覚えている電子［記録］の問題は、電子メール、それもその記録としての位置付けについてでした。この問題は、実のところ、私の［NARA長官としての］指名承認をめぐる公聴会において熱心な関心をひいたことでしたし、公益団体によって訴訟に持ち込まれた案件の一部でもありました。在職して間もない頃、私はスタッフが内部で対立していること、また彼らの多くが電子メールは記録ではないと信じていることに気づきました。やがて我々は、電子メールは記録であるとする立場を取ることとし、この問題に終止符を打つことにしました。終止符を打つことにしなかったのは、電子メールをどうやって保存し、どうやってアクセス可能にするか、という点です。私が思うに、「ボーン・デジタル」である電子記録の保存とアクセス化の手段という問題は、今日のアーカイブズが直面する最も戦略的な課題でありましたし、現在もその通りと言えます。

　我々がこの問題への取り組みを始めるにあたり明らかだったのは、新たなアプローチを確定し、必要とされる技術的解決策への資金的な援助をしてくれる、新たなパートナー探しをしなければならない、という点でした。国立公文書館だけでは、技術を我々が必要とするものに変えていくような資源も影響力も持ち合わせてはいなかったのです。また明らかに、記録の長期保存の問題は、アーカイブズ機関のみにかかわる事柄ではありませんでした。これは、世界中の企業、政府、その他の機関が直面している、レコード・キーピング上の重要な課題なのです。そこで我々は、同様の問題を抱える他の個人や組織がもつ、専門的知識や情報源を活用する戦略を採択しました。我々は支援を求めて、我々の専門領域外にある他の専門分野を見てみました。そして、我々を支援できる人たち、特に、財政的支援が可能である人たちに対し、問題点をより上手に説明しなければならないと気づいたのです。

　電子記録アーカイブズ（Electronic Records Archives: ERA）は、長期間にわたり電子記録を保存、管理しアクセスを提供するという課題に対する、我々の戦略的な応答でした。ERAの目標は、電子記録が価値を有するものである限

り、特定のハードウェアもしくはソフトウェアに依存することなく、あらゆる種類の電子記録を保存し、入手可能な状態にすることです。技術というものには拡張性があるので、他の政府機関、図書館、大学、その他の機関によって利用が可能です。**1998年以来、NARAはERAの開発のために多くのパートナーと一緒に仕事を進めてきました。不測の事態がなければ、NARAはこの秋にERAを構築する企業を選定するでしょう**[訳注2]。この取り組みにおける私の役割は主としてコミュニケーションをとること、つまり、政府の内外においてこの問題を認識させ、問題解決に必要な資源を得るために訴えることでした。事実、国立公文書館およびそのスタッフが成功した点のひとつに、電子記録が引き起こす長期的なレコード・キーピングの脅威にさらされる、政府や企業の人たちへの教育という役割があったと言えます。

　この戦略計画の初期にはほとんど関心が集まらなかったものの、最終的には非常に重要だと信じるようになったのは、公共へのアウトリーチ活動です。法律で定められた我々の使命と義務を実行する上で空間的、技術的課題に直面する中、公共アウトリーチに焦点を当てた戦略としてはわずか2つしか盛り込みませんでした。それは、物理的に、また電子上で行われ得る巡回展示を創設すること、および、我々の出版物と展示物に対する電子上のアクセスを拡張することです。しかし、社会がアーカイブズをどう捉えているか、という点が、アーカイブズの使命の遂行に必要な国民の支援を得るためのカギとなる、と信じるようになりました。この点は、**2002年の国際文書館円卓会議（International Conference of the Round Table on Archives: CITRA）**にてお話しさせて頂きました。

　我々は戦略計画の一部として、ワシントンDCにある国立公文書館の建物の大改修に着手しました。そこには、主要なビルシステムを更新し、障害者向けのアクセスを改善し、そして合衆国の自由憲章、すなわち独立宣言、憲法、権利章典の展示収納方法を改良し、来館する幾世代にもわたる人々のためにこれらの保存を保障する、という点が含まれます。私は必要な資源を得るために改修計画を策定し宣伝活動を行ううちに、別の懸念を感じました。**1952年以来、自由**

憲章を見るために毎年約100万人の人々が国立公文書館の展示室（Rotunda）を訪れていました。私が気づいたのは、訪問者たちのほとんどが、自分たちがどのような場所にやってきたのか、この憲章が今日、自分たちにどのような影響を及ぼしたのかを知ることなく、さらには展示室の壁の向こう側［の見えないところ］にある何百万という記録にはなおさら気づかぬまま、公文書館を後にしていくということでした。今回の改修は、新しい展示収納方法のもとにある憲章を訪問者に見せるだけではなく、それ以上の何かを行う機会を我々に与えているのだ、と私はとっさに気づいたのです。私は何をやりたいのか、はっきりとは確信してはいませんでした。しかし、この自由憲章を国立公文書館にある他の記録すべてと結び付けたかったし、公文書館を訪れる人々に、自分たちの生活にとって記録がいかに重要であるか、そしてその記録は我々の施設およびオンラインで利用されるためにあるのだ、ということを分かった上で、公文書館を後にしてほしかったのです。そのために、2つのことをやる必要があると気づきました。つまり、この取り組みを指導する博物館専門家を見つけ出さなければなりませんでしたし、真のパートナーとして国立公文書館基金（National Archives Foundation）からの支援を得なければなりませんでした。本件は［国からの］予算で割り当てられた資金では成し得ないものだったでしょう。その代わりに、資金は、国立公文書館基金の尽力を通じて、民間の財源から獲得しなければならなかったのです。

　私は幸運にも、国立公文書館基金の構築に真のリーダーシップを喜んで発揮してくれる、民間の人々を見つけ出すことができました。これらの人々は、公衆のNARA、アーカイブズ、および記録に対する重要性の認識を高めることに貢献する、民間のパートナーシップであります。この基金のリーダーは、専門職としての開発スタッフ組織を形成し、必要とされる民間資金をタイミング良く集めるための熱意と技術をもたらしてくれました。私はまた、我々のビジョンを概念化しつつそれを実行に移す技能をもつ博物館専門家を雇用しました。「国立公文書館の体験（National Archives Experience）」は我々の努力の成果なのです。「国立公文書館の体験」に含まれる要素は、［まず、］改修された展示

室において新しい展示収納方法のもとにある自由憲章に加えて、奥行きのある最新式のシアターでの憲章の展示があります。ここでは、NARAに収蔵された映像やドキュメンタリー映像の映写を行い、図書に関する講義や会議の場としても機能します。さらに、新たな特別展示ギャラリー、収蔵品と関連をもつ新しく魅力的なギフトショップがあります。そして私の考えでは最も重要な要素として、「国民の貴重品保管庫（Public Vaults）」と名付けられた新たな常設展示があります。「国立公文書館の体験」に加えて、我々はいくつかの大きなアウトリーチのための努力を行ってきました。そこには、「アメリカの原資料（American Original）」という巡回展示や、U.S. ニュース・アンド・ワールドレポート社[訳注3]との共同企画であり、アメリカ史において最も重要な記録として人々が投票したものを展示する「国民投票（People's Vote）」が含まれます。

　お分かりになる通り、コミュニケーションはあらゆる試みにとって非常に重要であると私は信じています。他の何にもまして、過失が生ずるのは、コミュニケーションの不具合に起因するものと考えられます。コミュニケーションにおいて自明なことのひとつは、メッセージを何度も繰り返す必要性です。戦略計画プロセスはそれ自体が、コミュニケーションを実行することでした。私が行ってきたすべてのコミュニケーションにおいて、私は我々の戦略計画に示された使命とビジョン、および我々の戦略的な方向性や優先事項と一貫性を保つよう努めました。そして、大きなプロジェクトのすべてにおいて、コミュニケーション戦略を明確にしました。コミュニケーション戦略を明確にすること、およびメッセージを何年もの間にわたり首尾一貫したものにすることは、［クリントン政権、ブッシュ（子）政権の］2期にわたる行政府および議会から増加する財源への支援を獲得し、また政府内における記録管理の重要性に対する行政府・議会の認識を高めるために、非常に重要なことでした。そしてそのことは、NARAを新たな方向性へと導いていくために、スタッフや関係者の支援を得るためのカギでもありました。

　もちろん、コミュニケーションは好ましい発展を促進するだけではありませ

ん。誤りというのは起こりうるわけであり、論争は政府アーカイブズ運営にとって無関係の問題ではないのです。こうした状況にぴったりの解決策なんてありませんし、黙ったままの方がより賢明だということもあります。私が在職した10年の間に、コミュニケーション上の難題を引き起こし、論争の的となるあらゆる種類の問題がありました。しかし、いかなる場合においても、我々がどれだけ上手くいったかというのは、事実の把握をどれだけ完璧なほど正確に、またタイムリーに行ったかにかかっていたのです。

　私は在任中、いかなる成功をもたらすのにも重要と思われる要因として、いくつかの[種類の]聴衆に焦点を当てました。その最初はスタッフでしたが、それが就任初年度のほぼ丸々1年をNARA全体にわたる戦略計画への従事に費やし、表彰セレモニーとともに「国立公文書館の現状」に関する年次演説を行うことにした理由なのです。また、私は我々のスタッフにとっては最初に私からのメッセージをどんなものであろうと受け取ることが重要だ、と信じていたのです。[とは言っても]私は彼らに、朝刊に出ているような論争的な話題のことを最初に聞いて欲しくはなかったでしょう—もし私がそのように振る舞えば、彼らと共有できる話題ではあるのですが。我々はまた、定期的かつ継続的なかたちで、利害や関係をもつ人々とコミュニケーションをとることに努めました。私は報道媒体への働きかけも行いましたが、それはNARAや記録に関する事柄について彼らに伝え続けることが、彼らがその時点でこうした情報を[報道用に]利用しないとしても重要である、と実感したからです。行政府や議会のメンバーとコミュニケーションをとり、そこでのスタッフと関係を構築することの重要性については、すでにお話しした通りです。そして最後に申し上げますと、国立公文書館について一般の人々とコミュニケーションをとることを優先課題としました。それは、政府の記録を市民のために保有しておいても、その記録が自分たちの利用のためにあるということを人々が知らなければ、何の意味もないからです。

　良好で戦略的なコミュニケーションの重要性については、どんなに強調してもし過ぎることはありません。しかし、コミュニケーションは非常に難しい作

業なのです。コミュニケーションのためには、伝えたいメッセージを明確にし、そのメッセージを保つ必要があるのです。そして、アーカイブズ専門家たちの中でだけ、内輪の話をするのではだめなのです。あなたがやりたいこと、それをやる理由、そこで意図している成果について助けてくれるような人たちに対して伝えることが、絶対に必要なのです。

　在職期間はある組織を新たな方向へ成功裏に導くためのもうひとつの要素であり、それはまさに国立公文書館に当てはまると気づきました。私の就任最初の年に政治学者たちが私に告げたのは、あなたがNARAに起こそうとしている変化は成就しないだろう、なぜなら政府の官僚制の中にいる政府の役人達がそんな変化を許さないからだ、ということでした。彼らが言うように、待つことがそんなに長くなければ、変化を望むリーダーが去って行くのを待つのを好む、というのが人間の本質です。連邦政府機関の長については首のすげ替えが頻繁に起きることを考えると、変化がほとんど生じないのが普通であるというのは不思議ではありません。我々は10年にわたる計画を開発したので、私は最初に意図したのではないにせよ、その期間中はこの職位にとどまるようにすべきだ、と決心しました。我々が成し遂げた進歩は、私が長官の職をすぐには去らず、また優先事項が変わったりしなかった、という事実といくぶんかは結びついていると私は実感していますが、その実感は時間と経験だけがなせる業だったのでしょう。何かを大きく変えるということは、たとえ十分な支援と協力があったとしても、時間のかかることなのです。

　私はすでに、「国立公文書館の体験」という取り組みを主導してくれる博物館専門家を雇用することの重要性について述べました。アーカイブズ機関を技術による変革のさなかへと導くのに、スタッフ配置の問題は非常に重要だと気づきました。私が公文書館にやって来た時から今日に至るまで、業務に専心し、打ち込んでくれるスタッフを見つけられて私は幸運でした。NARAのスタッフはこれまで私がかかわってきたスタッフの中で、最も使命感に燃えたスタッフなのです。しかし、現代のアーカイブズ機関にとっての課題に取り組むには、新たな技能、とりわけ技術面での技能が必要とされました。我々はこのことを戦

略計画の中で認識し、スタッフが様々な新しい技能を身につけ、継続的な学習に取り組めるようにする必要性をその計画の中で確認しました。我々はまた、マネジャー（管理者）よりもむしろ、リーダー（指導者）を育成しなければならない、とも述べました。管理能力は多くの場合、現状維持のための監督を行うのには理にかなっています。しかし、環境を変えるには、革新、危険をいとわない冒険心、決断力、外の世界の人々と対話する能力—これら、すなわち、リーダーシップを特徴づける素質が要求されるのです。

　私が着任した時、NARAは主に、入門レベルのアーカイブズ・スタッフを雇用し、内部育成プログラムを通じて彼らを育成し、内部で昇進させていました。しかし、我々は新しいスキル、新しい考えを持ち合わせる人々をもまた必要としていたのです。当然、この課題においては、アーカイブズの専門領域からばかりでなく、他の専門分野からも新たな人材を獲得する一方で、既存の労働力を動機づける必要性とのバランスを上手くとることが求められました。私が在職した10年の間に、国立公文書館で経歴を積んだ多くの職員が成長し、ますます多くの責任を引き受けるようになりました。同時に、我々の技能を補強するために、他のアーカイブズや他の専門領域での経験をもつスタッフを増員しました。そして、［内部で］経歴を積んだスタッフと［外部からの］新たなスタッフを混在させることが、NARAを新たな方向へと前進させるのに最も効果的である、と気づきました。私は幸運にも、NARAにおける既存の才能を見つけ出し、また新たな技能をもったスタッフを加えることができました。そのことで、我々は包括的な戦略計画を策定できただけではなく、それを実行するのに大きな進歩を達成できたのです。

　私は、この10年間にNARAスタッフによって成し遂げられた仕事を、とても誇りに思っています。この機関は今後10年間にわたって前進し続けるでしょう。私は本稿を国立公文書館退任後の間もないうちに、そして私自身の人生の大きな過渡期のさなかに書いています。［退任後さらに］時間が経過していれば、その他の話題についても、それをよく考えるための時間をかけた上でお話しできたかもしれません。私はある普遍的なものを確信しています。それは、私

が直面してきた試練のほとんどは世界中の同僚や友人たちもまた直面していることだ、ということです。だからこそ、私たちの経験を共有し、互いに学びあうことが重要なのです。私にとっては、世界中の仲間が最新の技術とともに成し遂げ、共有した仕事から確かに得るものがありましたし、お互いから学ぶ努力を広げない以上は弁明の余地はありません。米国NARA長官としての私のいくつかの経験を分かち合う機会を頂けたことに感謝するとともに、皆様ご自身のお仕事にとって益するところがあれば幸いに存じます。

訳　注

訳注1　大統領退任後、その大統領の記録を保管・整理するために設置される施設。
訳注2　2005年9月にロッキード・マーチン社が選定された。
訳注3　週刊総合誌の U. S. News & World Report などを発行する出版社。

第Ⅱ部

アーカイブズの歩み

4. 現在の歴史を生きた記憶として刻印する
――アーカイブズ評価選別の新しい視点

ジャン＝ピエール・ワロー
（塚田治郎訳）

初出：

（原著）Jean-Pierre Wallot. Building a living memory for the history of our present: new perspectives on archival appraisal. *Journal of the Canadian Historical Association*, Vol. 2, 1991, p. 263-282.

（翻訳）『レコード・マネジメント』No. 50, p. 51-73.

■著者紹介

ジャン＝ピエール・ワロー（Jean-Pierre Wallot）

1935年生まれ。1954年、モントリオール大学卒業。ジャーナリスト生活の後、1961年よりモントリオール大学はじめ多数の大学で教鞭をとる。19世紀初頭のカナダ史の研究により、1965年にモントリオール大学より博士号取得。

モントリオール大学副学長（1982－85年）を経て、1985－1997年にカナダ国立公文書館館長、1992－96年に国際文書館評議会（ICA）会長を務める。またカナダ文書館評議会（Canadian Council on Archives）・初代会長（1985年）、カナダ王立協会会長（1997－99年）をはじめ、国の内外で要職を歴任。現在はオタワ大学客員教授。

120余の論文と10冊程度の著作をなす。主要著作は以下の通り。
Un Québec qui bougeait (1973), *Patronage et pouvoir dans le Bas-Canada* (1794-1812) (with Gilles Paquet, 1973), *Les Imprimés dans le Bas-Canada* (with John Hare, 1967), *Évolution et éclatement du monde rural* (with Joseph Goy, 1986)

要 旨

　この論文では、アーキビストや歴史家が今日直面している実践と理論にかかる諸問題を考察する。情報は現代社会にとって相当な重荷になっている。そのうえ情報を支える媒体は複雑多彩、かつ脆弱である。これらが原因でアーキビストの記録選択の方法や保存される記録の性質は急激に変化しつつある。この論文は、アーキビストたちの仕事のやり方に大きな変革をもたらした新しい考え方を概括したものである。また、同時に、カナダ国立公文書館（National Archives of Canada）の公的記録にかんする現在の戦略も明らかにしている。

　　　　　記憶を失えば、国も人と同じように耄碌する。
　　　　　　　　　　　　　ノースロップ・フライ（Northrop Frye）[訳注1]

序

　歴史研究者集団のなかからさまよいでて、といっても貴重な資料を手にいれることができる「近在（hinterland）」にいるのですが、そこから「仲間のところ（home）」にもどるときのわたくしの喜びは大きなものです。しかし、わたくしにはこの隣りあった二つの世界のどちらにも完全に属していないのではないかという分断されたような、中途半端な思いもあります。第二の専門家集団、つまりアーキビスト集団のことですが、それと第一の集団とのつながりを否定することはできません。第一の集団に属する者のおおくが［わたくしと］同じように［隣の世界に］さまよいでた経験をもっておりますが、ジャン＝クロード・ロバート（Jean-Claude Robert）カナダ歴史協会元会長が述べたように、逆の道をたどる者もおります。われわれはいま情報時代のなかで社会経済、文化、そして技術などの変化に追いかけられていますが、昨年、かれは大会演説のなかで、情報時代がひきおこした、乗り越えなければならない重大な障害を

指摘しております[1]。いまは技術革新によるコミュニケーションの時代であるといわれていますが、これは誤りです。いまはきわめて理解しにくい時代、知識が専門別に細分化され専門職が壁で仕切られている時代、大音響で耳が聞こえなくなった人が経験するような静寂（loud silence）の時代であります。なぜこのようなことをいうのかといいますと、支えとしてたよりにしていた技術がいつのまにか変化してしまうので、雪崩のように押しよせてくる大量の情報を体系化し、コントロールし、検索し、情報を受入れやすい形に改めることが簡単にはできない時代だからです[2]。

最近、あるユーモアにたけた人が、歴史家は「紙のうえのできごとの証人である！[3]」と言っておりました。この嫌味な人は、歴史家とアーキビストは、まるでそれがしきたりであるかのようにほこりまみれの紙のうえを這いずり回っている、と歴史家とアーキビストを揶揄しているのです。実際のところはクリストファー・ヒル（Christopher Hill）[訳注2]が述べているように、歴史家は、なにが起こったのか、その原因はどこにあったのかを明らかにする「困難な仕事」をしているのです[4]。この知の冒険を成功させるために、歴史家は過去の豊かな鉱脈を掘りあて、過去の姿をたくみに再構築し、澱のように無秩序に積み重ねられて堆積している古文書に生命をよみがえらせるのです。

これはどこか別のところでも述べたのですが[5]、歴史を知るには、人は過去を「追体験（relive）」しなければなりません。何千、それどころか何百万にものぼる言葉や数字や図像を丹念に調べ、過去の知を断片的に理解したとしても、それで歴史がわかったことにはなりません。人は、五感、感性、悟性、情熱、そしてときにはあたりまえの日常生活を超える体験に畏怖を感ずるひとりひとりの個人なのであって、抽象的な精神ではないのです。複雑で［有機的な］統一体なのです。歴史は、過ぎ去ってしまったひとびとやできごとの生命を失った燃え殻でもありませんし、また、理路整然としたいろいろな行為が［絶対的な］「時間の地図」のうえにつけたただの引っ掻き傷でもありません。歴史は、われわれをいま存在している場所に連れてきて、さらに遠いところに連れていってくれるつぎつぎに繰り広げられる手に汗をにぎるできごとが複雑に織りなされ

た繊細な生ける織物（tissue）なのです。われわれの現在は過去からもたらされたもので、その流れから外に飛び出すことは容易ではありません。したがって、歴史を学ぶということは、一つの様相、あるいは別の様相を目を凝らして眺めるといったことを超越したものを意味しています。歴史を学ぶということは、作用している力、相互に影響をおよぼしあっているひとびと、あるいはグループ、そしてまた、時と場の観念、周囲を取り巻く環境、個性あるひとびと、そのほか、目に見えない「呼吸」が無意識のうちに生命を動かしているように、機械的なものを超えたすべてのことを一つの確かなビジョンにまとめあげる取り組みを意味しているのです。この総合的な感性は、単なる言葉や数字という、いわば乾ききった知識や知性にもとづく純粋な概念構成からは得られないのです。細心の注意をはらっていろいろな媒体のなかから選びだした［裏付けとなる］文書が純粋な概念構成につけ加えられることによって初めて作りあげられるものが理想なのです。

　過去を探求する文書には、現世の岸辺にたまたま漂着した遺留品といったものが少なくありません。大部分は火災、洪水、害虫、事故から、あるいは廃棄処分されることが決まっておりながら、それを免れてなんとか生き残ってきた文書なのです。そうでなければ、どなたかの気まぐれによって、あるいは必要があって、私的ないし公的な性格をもつ個人的および集合的権利を記録するものとして受け継がれてきたものです[6]。われわれは、このような乱暴なやり方による選別ではなくて、将来の歴史家のために、社会とそれを構成する要素をできるだけとりこんだ総合的な視点にもとづいた方法によって、細分化された現代の記録の基盤を統合する策を講じなければいけません[7]。このアプローチは「トータル・アーカイブズ」［の考え方を導入する］必要性を示唆しています[8]。昔にくらべれば、歴史家は、「遠い過去のできごとの状況（retrovisions）」を確かなものにする文書（フォンド）グループを、アーキビストと情報科学の分野にいる仲間たちが、記録された当時の現実と記録作成母体をできるかぎり理解できるように余分な文書を取り除いて集成した資料から探しだすように変わってきているのです[9]。

われわれの時代の歴史的経験を未来に向けてきちんと体系化しておくことは、アーキビストにとってやりがいのある重要な仕事です。この仕事は、それ自体に追求する価値があるのですが、それは単にある特定の研究テーマに、なにか別の研究論文や説明をつけ加えるというようなものではなくて、それを超えるものなのです。それはこの仕事が次世代の歴史家を育て、20世紀後半を理解するのに必要な、豊かで、幅広い、十分な文書の基盤を作りあげるからです。明日にむかってひとびとの「記憶の連続性」[10]を確かなものにするために働くことは、未来に向かう軌道のなかにみずからを投じることなのです。わたくしが館長をしているカナダ国立公文書館の仕事が実を結ぶのは、20年後、50年後、あるいは100年後のことでありましょう。［たとえ、そのような先になろうとも］このことが十分に理解されて、仕事がおこなわれるならば、文書館の仕事は個人的努力とこの学問の領域をはるかに超えたところで妥当性をもち続けることになるでしょう。それがアーカイブズの世界で働くものの喜びの主な源になるのです。

　昨年のカナダ歴史協会における会長演説で、ジャン＝クロード・ロバートはアーキビストと歴史家が現在直面しているもっとも重要な問題を二つ指摘しました。［第一は］幾何級数的に増大していく大量の文書、［第二は］まだ標準が決められていない脆弱な媒体、あるいは標準があってもどんどん変わってしまう脆弱な媒体の蔓延でした。したがって、適宜標本抽出法を用い、［文書を］大量に減らして、歴史的に高い価値をもっている文書の一部を保存する必要があるというわけです。ロバート氏は、多くの歴史家が史料批判を歴史の補助学問と考え、史料批判をアーキビストにまかせて、その分野からは一歩後ろに身をひいている、と批判しています。ロバート氏は、歴史とアーカイブズの二つの専門職の間に横たわる頑迷で、ときには疑ぐり深い関係（必ずしも個人と個人の間にそういうものがあるわけではないのですが）を嘆いて、歴史家とアーキビストはアーカイブズ遺産を現世代から未来の世代へ確実に引渡せるようにより緊密に協力し、できるかぎり補完関係を強化しなければならない、と呼びかけたのです[11]。

わたくしはこの論文を、具体例を適宜示しながら、われわれが現在直面している実践的および理論的問題を詳細に検討することから始めようと思います。第1節では、カナダ国立文書館の所管事項を考察し、次いで「情報時代」、あるいは情報社会から生みだされる膨大な量の文書に取り組んでいるアーキビストが直面する重要問題——これは1992年9月にモントリオールで開催された第12回国際文書館会議（ICA:International Congress on Archives）でのテーマでもありました——を詳細にみてみたいとおもいます。第2節では、アーカイブズ科学のさまざまな理論と実践がしめした道筋を考察します。第3節では、カナダ国立公文書館の公的記録にかんする現在の戦略を明らかにし、電子記録やオーディオ・ビジュアル記録などの現代の媒体が引き起こす特殊問題について論じます。この論文はカナダ国立公文書館の経験と公的記録にかかるものではありますが、カナダの現実と国際的な現実を鏡に映しだしたものでもあります。

第1節

　この論題にかかわる諸問題に入る前に、カナダ国立公文書館の具体的な目的と使命について触れるのが有益ではなかろうかと思います。国立公文書館は、政府の一部門としてカナダ政府の活動にかかわる重要な記録情報を安全確実に守ります。すべての媒体におよぶ記録情報は現存の役所の実務に欠くことのできないものであるとともに、組織の連続性にとっても必須のものであります。この業務は、通常、記録情報管理（あるいは記録管理）と呼ばれております。他方、国立公文書館は文化機関として、すべてのカナダ人の国のアイデンティティ感覚を守り、それを育んでおります。カナダ国立公文書館の使命はカナダ国立公文書館法（National Archives of Canada Act）（1987年）のなかで以下のように具体的に述べられています。

　　次の各項を行うことにより、国民（nation）とカナダ政府の集合的記憶を保存し、権利の保護と国のアイデンティティ意識を高めることに貢献する。
　　—　国の重要な公的記録および私的記録を取得し、保存し、閲覧に供すること、

ならびに邦政府機関と内閣の記録の永久保存施設としての業務を行うこと
— 連邦政府機関と内閣の（すべての様式とすべてのフォーマットにある）記録の管理を円滑にすること
— カナダのアーカイブズ機関と国際的アーカイブズ機関の支援と発展のため、指導的役割の一部を担い、その役目を果たすこと

　あまり珍しい話ではないのですが、さらに先に話を進める前に、昔の貴重な経験をお話しさせていただきたいと思います。わたくしがはじめて1960年の秋に当時の Public Archives of Canada 訳注3 に参りましたとき（それより前の1957年にほんの短い間仕事をしたことがありますが、それは別として）、総督やその他の植民地の役人とロンドンにいる本国の上司との間に交わされた公文書の要約を1890年代の「公文書館報告書（Reports on Public Archives）」から抜き書きして、それをカードにしたものを用意してきました。アーキビストの同僚が昼の休憩時間に棚の間をうろうろするのを許してくれましたので、関連資料が納められている箱を見て歩いたのですが、箱に格納されている文書の記述がまったくないものや検索できるような記述がないものがありました。1968年の終わりから1969年にかけて、わたしはケベック州公文書館（Archives nationales du Quebec）にいましたが、識別票（identification label）に誤りのあるものを見つけて報告することを条件に、勤務時間後、一箱ずつ自由にフォンドや史料群を見ても良いという許可をもらいました。わたしはそのときにこう考えておりました。「アーキビストの数が少ないから自由気ままに歩き回って文書を探すことができるぞ！　なんとまあ、ありがたいことか。」

　ところが、そのうちにこれはもっとも非効率なやり方だということがわかってきました。このやり方は専門的な研究に携わる少数のエリート学者の役にたつのかもしれませんが、何千という研究者に対応できるようなやり方ではありません。そのうえ、文書を正確に見つけ出す手だてがほとんどないのです。概要目録（summaries）には、それを作成した人が関心をもった項目は示されてはいますが、そのほかの重要な項目（themes）は抜け落ちているのです。出所

はわからないし、脈絡の記述もありませんでした。わたくしの場合、英国軍の管理運営、作戦、カナダにおける経費の入り組んだ関係を解きあかすのに12年かかりました。それもCシリーズの1,600箱以上の史料を読んでのことです。軍の財政を解きあかすのには15年以上かかりました。おかげでわたくしは、絵の一部のような万華鏡の断片をとりあげて—ほとんど互いに関係はないのですが—それらをある種のコラージュに仕立て上げたのです。これは熟練の技による歴史と呼ばれました。膨大な量の文書を調べた後に、（結局のところほんのわずかの文書しか役に立たないのですが）やっとのことである制度、ある組織、ある過程、そして特定の人間の社会関係のネットワークのなかでの役割といったものの構造と機能を再構築することができたのです。それは整理され、体系化された過去の文書に正しくアクセスするというようなものではなくて、じつのところ、未知の文書のなかをとびまわっている、若いころのまぶしいような日々でありました。そのうえ、研究しているのは遠い昔の時代の過去のことだったのです。ですから記録は比較的少なく、それも大部分は文字に書かれた（textual）ものでありました。

　現在では、連邦政府の有力な一機関の目的、機能、プログラム、手続き、事例をある程度まで理解できるようになるには、［その機関のあらましがわかる］ガイダンスがなければ、その機関の記録のなかをたくさんの人がさまよわなければならないでしょう。カナダ連邦警察を例にとれば、殺人から小さな交通違反にいたるまで毎年380万にのぼるケース・ファイルを作成していますが、その記録の分類項目はおよそ400にもなります。その半分はアーカイブズとしての価値があるのです。また、関連する電算システムが3つあります。カナダ公安情報局からは毎年1千箱以上の文書が公文書館に移されてきますが、それでもそれは最終的に移管される記録のうちのごくわずかな部分でしかありません。また、カナダ雇用・移民委員会には職員が2万7千人以上おり、日々6万件以上の業務を処理しています。保存のために寄託（submission）手続きをすすめているのは記録のたかだか3分の1にしかすぎません。これらの記録は、紙に記録された文書では、総括件名簿（central registry）とケース・ファイル（年々

3百万以上のケース・ファイルで、直線にすると10万フィート)、[電子記録では、]国に23の関連電子記録システムが、地方には108の電子記録システムがあります。そのほか50以上の業務を処理するマイクロフィッシュがあります。これらのうちあるものは姿を消したものもありますが、傾向としては毎年のように増加しています。さらに、これらの記録の一部はアウトプットされてカナダ統計局など23の関係省庁に配布されています。これは3つの役所のみの例で、実際のところ、かれらの活動の一部しか寄託されていません。ここではカナダ保健福祉省や雇用省のことにはあえて触れておりませんし、カナダ財政収入省税務局についても触れておりません。カナダ財政収入省税務局だけでわれわれの記録センターに毎年16万5千箱にものぼる箱を搬入してくるのです。

　アーキビストはあらゆるメディアにある莫大な量の情報にどのように取り組んだら良いのか、アーカイブズとしての価値のない情報や価値の低い大部分の情報(少なくとも95％以上の情報はそうです)を処分する一方、他方では、アーカイブズ価値のあるわずかな情報を発見し、取得し、それを安全に保存するのにはどうしたら良いのか、という問題があります。個人の記録と行政上の記録の間には[価値のある情報の]割合がかなり違うにしても、多くの民間組織の記録についても同じような制約があります[12]。

　つまるところ、情報社会には、意味のないもの、ほとんどが繰り返しのようなもの、膨大な日常のつまらないデータでいっぱいの記録、またそれだけ取り出したのでは意味のないものがわれわれにとって過大な負担となっています。このような資料のうち[つまらない資料は処分して]わずかな資料だけを業務計画、仕事の手続き、遂行した政策、政策の適用などの証拠として残すべきでしょう。実行している業務計画に地域的な差があればその旨を記述しておくべきでしょう[13]。社会とその構造、その推移、その営み、その変動を描き出すためにのこすべきものは、価値の高い情報でなければなりません。最後に、個人の文書ばかりでなく、市民と国の相互行為を介して[個人の生涯が]反映しているものがあれば、市民それぞれの生涯の文書化も無視してはいけません。個人にかかわるケース・ファイルや、遺言書や死後に発見される財産目録のよう

な法律文書などが取りまとめられた資料のなかには[14]、最近数十年の間［に登場してきた］新しい社会史の根拠となるものが見いだされる可能性があるからです。

　今日では、大量の情報に対処するのに十分な資金や知的資源が不足していることは言うにおよばず、スペースや機材も不足しています。［そんな訳で］カナダでもほかの国とおなじようにアーキビストたちは、もっとも高い価値のある文書のみを確保するために評価と選別の基準を用いております。同時に、大量の情報を上手に処理し、より広い分野の研究者たちが自由に使いこなせるように記述標準の整備もすすめております。資料を1点ごとに記述し、索引を作成するようなことは、ますます減っていくことでありましょうが、膨大なものを図式化することは可能ですし、それを調査する方法を大まかな道筋で示すことはできるでしょう。

第2節

　過去の記録を評価し、選別し、取得し、記述することは、その記録を研究者の利用に供するための四つの輪を鎖状につないだものと考えることができます。この四つは、理屈のうえではべつのことがらですが、大きなフォンドとその出所についての方法論の最近の動向をみますと、この四つはまとまって同じ方向に向かって流れているといってよいと思います[15]。この四つは（保存や利用とともに）いずれもアーキビストの基本的な活動なのです。この活動はアーカイブズ理論として定着しており、［アーキビストが取得した］技（art）と［アーキビストが］守らなければならない原則（disciplinary principles）に依拠したものなのですが、おおくの歴史家にはこのことが良く知られていないのです。これは不幸な状況です。といいますのは、選択の受益者となるものも犠牲者となるものも上流が決めてしまうのに、歴史家は鎖の輪の最後につくことになってしまうからです。

　1991年のカナダ・アーキビスト協会年次総会は、「アーカイブズの評価と取得：記憶を選択して刻印する」をテーマに選んで、今日の理論と実践の問題を

提起しました。現在おこなっているような、伝統や社会的価値、そしてより意識的なアプローチに根ざした評価がアーキビストの唯一の最重要な活動だということであれば、このテーマはもっとも適切なものでした。この10年の間、おおかたの歴史研究者は社会理論や歴史理論を一時棚上げしてきたように思えます[16]。それとは対照的に、アーキビストたちはさまざまな理論や実践について熱い議論を重ねてきました。しかし、アーキビストが[評価などの]決定を「客観的」なものにしようという努力、いいかえれば、主観を客観化させようという試みは、実のところ1960年代から1970年代に流行した科学的かつ客観的歴史の議論を思いおこさせるものです。テリー・イーストウッド（Terry Eastwood）を引用すると、アーキビストは「文書について知り得たことから」どのようにして「文書の永続的な価値を推測」するのでしょうか？[17] 確かなものはなにもないし、アーキビストの仕事がかなり主観性を帯びたものであることは、だれもが承知していることです。それだからこそ、以前にも増して、[アーキビストは]どうしてそのような選別をしたのかということの理由づけ（rationalization）とドキュメンテーションをよくおこなう必要性があるのです[18]。ある批評家は次のように述べています。

> アーキビストのあいだでも、社会の構成部分の配置（configuration）と意味にとって「複雑性（complexity）」は厄介な一つの固有の条件（condition）であるから、「複雑性」は社会の歴史的ドキュメンテーションの考古学（archeology）にとっても厄介な固有の条件なのだ、という解釈が次第に主流になりつつある。いまわれわれは、記録分析者あるいは記録評価者として、われわれ自身とわれわれの先人たちの社会の文書遺産（documentary heritage）を理解する記号解読（encodation）、紐帯（linkage）、準拠（reference）、そして構造をまたがる機能の「受粉（触媒）」作用（cross-structural and functional "pollinations"）が数多く存在することを受け入れているのである[19]。

ヨーロッパでは、1920年代から1940年代までもっとも有力であった歴史学派は、当時活動していたアーキビストたち—かれらは歴史研究者でもあったの

ですが——の経験と実践の方法は、どれが価値のあるものかを直観的に見分けるのに十分であると決めてかかっていました。もちろん、アーキビストたちは、当時の常識から影響を受けて形成された個人的な価値観や政治的価値観に信頼をおいていたのです。その後、形式にもとづいて評価する方法が生まれました。国の記録はそっくりそのまま（in toto）保存する価値があるということです。1960年代に入ると、そっくりそのまま保存するような方法をとることができなくなり、アーキビストたちは、役所や機関を相対的重要性によって順位付けをしたのです。社会主義諸国のアーキビストたちは、基本的な真実の核心を唯物的弁証法や歴史唯物論に見いだしたと主張していました。いいかえれば、東ヨーロッパでは階級闘争や階級連帯を描いた記録のみがアーカイブズとして価値のあるものと判断されていたのです。それ以外の記録は当然「真実でないもの」となり、したがって価値のないもの、少なくとも理論的にアーカイブズとしての関心をひかないもの、として廃棄処分の宣告を下されていたのです。

この時期に、思想面で多くの潮流が現れてきました。1970年代初期、ドイツでハンス・ブームス（Hans Booms）が、［記録が作成された時代と］同時代のひとびとと記録作成者が重要と判定したできごとの年代記に根ざしたドキュメンタリー・プランを立てることを提案しました。このプランの基本は、評価の過程で記録を生みだしていた管理構造を分析することと、記録を生みだしていた脈絡と出所を知ることにあります。しかし、これらを調査し、さらに記録作成機関とそのほかの機関との結びつきなどを調査したとしても、アーキビストはかれが生きている時代の社会のなかで育てられているのだから、アーキビストは自分自身を評価［対象の］記録が作成された時代の価値観にどっぷりと浸からなければならない、というのがブームスの結論なのです（ブームスはいまでもそのように主張しております）。いいかえれば、アーキビストも歴史家と同じように手探りで客観的主観性（objective subjectivity）を追い求めているのです[20]。

ほかの人たちは、一次価値や二次価値、すなわち証拠価値、情報価値、［コピーにはない原本のみがもっている］本来的な価値（intrinsic value）、そし

て法的価値や財務的価値などの管理価値などの複雑で興味をそそられる理論をさらに掘り下げて研究していました。さらに重要なものとしては、出所と[出所や原秩序によらず機能の関連性や地域の関連性を中心にして記録を整理しようという]関連性（pertinence）という二つの概念を考究していたのです。この二つの概念は、実践上の意見の相違というよりも理論上の意見の相違なのですが、カナダ・アーキビスト協会（ACA[Association of Canadian Archivist]）大会においてはしばしば対比されて[論じられて]いました[21]。イーストウッド（Eastwood）は、論争の対象となっている利用／ニーズのみで価値を決定する評価理論を提案するということさえしたのです[22]。

　　記録を生みだした社会とその社会の価値観を明らかにすることをアーカイブズに期待するのであれば、唯一可能な[アーカイブズ選定の]評価基準は、ある特定の脈絡のもとでの利用しかありえない。もちろん、[評価に]推測（suppositions）はつきものなのだが、それは価値を測る行為の一環なのである。要するに、われわれが所有しているアーカイブズ、あるいはこれから取得できるアーカイブズが、引き続いて役にたつ、あるいは将来役にたつのかは、経験にもとづいて推定するか、あるいは利用したという証拠にもとづいて推定し、分析しているのである[23]。

したがって、客観性は利用したという証拠にかんする対応についての明快で論理的で説明的な[論証から]生まれてくると言えるでしょう。アーキビストは、評価するとき、「人類がアーカイブズを利用してきた経験の蓄積から把握したものを組み合わせて」一般の人たちが「いま、ここ」で考えつく脈絡以上に大きな脈絡のなかに評価する事例をあてはめることができるようにするのです[24]。

記録の様式と機能をいくぶんでも脈絡分析と結びつければ、アーキビスト以外のひとたちでも記録の内容を容易に把握して理解できるようになります。ですから、記録が作成された時代と同時代のひとびとから見られていたそのままに記録を蘇らせることがアーキビストの主要な責務なのです。記録の様式は、当然、記録の機能を示します。これは、とりわけ中世の古文書の場合にそうな

のですが、残存する文書の形式をみて機能を推測していた昔の古文書学につながるものです[25]。しかしながら、電子記録の場合には、この様式もシステムの機能的意図に比べればその重要性は低くなります。いまでは、機能面からのアプローチは東ヨーロッパの一部の国でもとりいれられ、評価する以前に、アーキビストたちは様式、制度、業務範囲すべてにわたる要覧(catalogue)を作成するようになっております。組織は大きく変化しても機能はそれほど変わりません。したがって、形態(patterns)をはっきりと見極めなければなりません。内容で判断するとあまりにも主観的になってしまうので、内容で判断してはならないのです。他方、機能や形式はかなりの程度までその内容を決めることになります(dictate)。少なくとも行政機関や司法機関の場合にはそうです[26]。その結果、現在では、アーキビストたちは記録評価に際して、研究対象になりそうな内容を探し求めて記録を一つずつめくっていくようなことは少なくなり、記録自身よりも記録作成者の機能をより包括的に評価することによって、また、研究に利用できそうだということではなく、記録作成の過程によって評価をするようになっているのです。

「制度機能分析[27]」というものもあります。わたくしがポパー(Popper)[訳注4]風の制度アプローチが歴史研究を容易にすると信じているといっても、これはわたくしが名付けたのではありません。ここでいう制度とは、人間が社会のなかで生きていくうえでひととひとの間の関係、たとえば、習慣、法律、家族制度(family arrangement)、民間企業、政府組織といったもの、いわばもっとも広い意味で、社会の再生産を確実にしていくためのひととひととの間のさまざまな取り決め、を意味します[28]。このアプローチでは、制度の主要な機能をアーキビストは理解しなければなりません。それは、単に「目録」を作成するというようなことではありません。記録の将来の利用を勘案し、生き残った記録を調査し、理論的な網の目から必要な情報が欠けていればそれを推測し、そしてすべての制度的な活動を理解し、解釈するというアプローチなのです。

第3節

　つぎに、とてつもなく大量にある連邦政府の記録にかんするカナダ国立公文書館の評価方法についてこの簡潔な論文のなかで触れることにしたいと思います。最近まで、われわれは、ほとんどの場合[求められればそれに対応するという]受け身のものでありました。価値のある記録を移管するときは、通常、役所の職員とアーキビストの間の個人的なツテによって行われていました。文書を鑑定し(identify)、評価し、国立公文書館長の決裁を得て処置を決める、すなわち、廃棄するのか、あるいはアーカイブズとして保管するのかという記録のスケジューリング機能はうまく働いていませんでした[29]。役所は、大量の低い価値の記録を処分し、スペースを空けて経費を節約しようという、[いわば]みずからの必要に迫られてスケジュールを提出してきていたのです。そのうえ移管してくる記録はつまらない機能や業務計画を扱ったものばかりで、写真、図表や図面、オーディオ・ビジュアル、コンピュータの記録などのほかの媒体との結びつきについての記述もなにもない、文字による記録(textual records)ばかりでした。アーキビストたちは、ほとんど価値のない記録、あるいはせいぜいあっても副次的価値しかない記録の処理に追われ、しかも、ほかに複製があるのかないのか、あるいは、ほかとの関連性についての知識もほとんどないまま、あるいは全くないままに取り組まされて、価値の高い貴重な記録に関心を寄せる機会はほとんどなかったのです。

　このような状況は、本年[訳注5]、政府記録の取得戦略5カ年計画が打ち出されたことによって変わりました。(カナダの重要な民間の記録の取得戦略にかかわることがらは別の問題でありますし、ここで議論するにはあまりにも複雑であります[30]。)われわれは、政府各機関のもっている機能が政府や社会のなかでどの程度の重要性を有しているのか、各機関の情報管理の状況、過去にわれわれが[各機関から]収集した記録の特性などにもとづいて法律上所管している150以上の関係省庁および政府機関に優先順位をつけたリストをつくりました。まず、永久保存の価値のある記録を大量に作成する可能性がもっとも高い役所の業務

計画、機能、プロセス、そして業務にかんする記録の今後5年間の段取りを定めた計画を、関係省庁の協力を得て作ります。(といいますのは、業務を良く知っているのはかれらだからです。)この方法は[各省庁の部分部分を全体との関係性で理解するという]全体論的（holistic）なものであります。すなわち、どのような媒体であれ各省庁が保有している情報はその機関の資源として統合された全体として調査します[31]。そして最も高い価値のある記録が識別されて（identification）、確実に保存されるように総合的なレベル（global level）で取り扱われます。具体例をあげれば、カナダ雇用・移民委員会の50以上にのぼる業務計画の場合、記録の評価は、プログラムや内部組織の構造からおこなうのでなく、機能面からおこなうのです。重要なことは、あらゆるレベルでの記録の価値を考慮するのではなく、その役所のもっとも適切なレベルで最善の記録を選ぶということにあります。この場合でも、ほかの場合と同じように、国立公文書館は紙のファイルではなく、電子記録システムの一部あるいは全部を保有するのです。

　次いで、記録の廃棄処分の決裁をする前に、記録作成機関、業務計画と活動、あらゆる媒体にある多くの情報、情報の流れとデータバンクとの間の関連を記載した処理案（proposal）を作成します。この作業（process）は簡単ではありませんが、国立公文書館の各部局・部門を代表するチームの協力を得ながら、当該省庁が行います。そのおかげで、われわれアーキビストたちは、時間と能力を評価に集中することができるようになります。その見返りは、われわれや調査員にとってきわめて大きいといえます。記録は、廃棄されるか、あるいはアーカイブズとしての価値があれば、同意を得て国立公文書館に移管されるかのどちらかです。移管された文書をさらに選別をすることもあります。このようにしてボトムアップ・アプローチからトップダウン・アプローチへ切り替えたのです。この[トップダウン・アプローチ]は、アーカイブズ理論にしっかりと根ざしたものでありますが、省庁と記録があまりにも多いため、手持ちの[人的・物的]資源で対応しきれなくなったことにもよるのです。

　ここで評価作業の考察に戻ります[32]。われわれは、全体論的な脈絡から[評

4. 現在の歴史を生きた記憶として刻印する　　97

価する]視野を採りいれることによってはじめて、現在の情報の急増とそれによって引き起こされる「憂うべき事態」を解決することができるのではないでしょうか。われわれは、信じがたいほどの大量の生のデータ、事実の情報（facts）、数字（figures）を抱え込もうとするのではなく、「それぞれのひとの精神（mind）や経験から生みだされる［知］、無関係のなかから重要なものを区別する［知］、価値を判断する」知に専心しなければならないのです[33]。われわれは、木を見るのではなく、森を見なければなりません。アーカイブズの用語でいいかえれば、単なる「事実の情報」や生のデータを見るのではなく、出所、秩序、相互関係、そして脈絡を見なければならないのです[34]。テリー・クック（Terry Cook）は次のように述べています。

　　アーカイブズ学やアーキビストの日常の仕事のなかでもっとも重要なことは、単なる情報の追求ではなく、知の追求だ、ということである。要するに、アーカイブズ記録にあらわれてくる出所、フォンドの尊重、脈絡、推移（evolution）、相互関係（interrelationship）、秩序といったキーワードは、単に名前、日付、主題、そのほかなんであれ脈絡を欠いた「情報」を効率的に検索するものではなく、認識と「知」にかかわる感覚器官であることを意味しているのである。（［単なる情報であっても］さまざまな目的に有用であることを否定するものではない。）[35]

　特定の研究者の特別なニーズに応えることがアーキビストの第一の目的や役割ではないのです。森の生態や意味を読み解き、それを実地に調査する方針をたてることがアーキビストの第一の目的であり役割なのです。研究者のニーズに対する責務はその役割を果たすことによってまっとうできるのです。ときには掘り出しものがあって、その結果、研究者のニーズに応えられるということもありましょう[36]。1988年にパリで開かれた国際文書館会議（International Congress on Archives）で、エリック・ケテラール（Eric Ketelaar）は次のように述べています。「情報をひきだす営みは、論理や解析でできるような単線的な過程ではありません。アーキビストも研究者とおなじように全体論的で、直感的で創造的な鋭い理解力を働かせるのです。常に、試行錯誤をかさねつつ、

問いを練り直し（refine）、別の形で問い直し（reformulating）、そしてそれを解決することができるような…十分な…知識と、深い学識のある仲介者（mediator）でなければならないのです。[37]」このことは多くの歴史家にとっても同じです。[情報を]評価し、その因果関係を明らかにする説明をつくりあげる歴史家の問題群（problématique）、言いかえれば、歴史家の系統だった問いの網の目がなければ、そしてまさに歴史家といえるような歴史家がいなければ、事実の情報［そのもの］には何の意味もありません[38]。

　アーキビストは構造的に体系化された全体論な視野をもって資料（material）にアプローチするのです。カナダ・アーキビスト局[訳注6]の記録史料記述標準ワーキング・グループ（the Working Group on Archival Descriptive Standards of the Bureau of Canadian Archivists）がアーカイブズにおけるフォンドの重要性を強調して「カナダのアーキビストは、記録の様式や媒体の如何にかかわらず、所蔵する記録群をフォンドのレベルで記述し、索引をつける（index）ことを優先しておこなうことを勧告する[39]」と最初に勧告したのはこういう理由だったのです。記述は、全般的なものから個別（particular）へと進められるので、アーキビストはエネルギーを主としてフォンドに焦点をあてることになりました。そもそもフォンドが記録の物理的単位であろうと、あるいは（フォンドは、物理的にはたくさんのバラバラな要素（supports）にある記録によって構成されるかもしれないので）後述するように、概念的存在であろうとも、フォンドは「ダイナミックで体系的なシリーズの……コレクションである。シリーズはファイルから構成され、ファイルはアイテムから構成される[40]」とされています。ここで重要なことは、一つ一つの資料（item）、あるいはそれぞれのシリーズは全体との関連のなかではじめて十分に理解されるということです。たとえば、若い人たちの夏期行事（summer program）といっても、それだけではきわめて限られた意味、あるいは限られた情報価値しかもっておりません。しかし、それがほかのいろいろなプログラムや政府あるいはカナダ雇用・移民委員会の政策や目的と関連がつけられると大きな意味と情報価値をもつようになるのです。このようなことから、フォンドがアーカイブズ記述の焦点の中心

4．現在の歴史を生きた記憶として刻印する

になるのです。逆に、（Cシリーズにある軍需品ファイルのように）包括的な脈絡の記述から切り離されているファイルやアイテムの場合は、ほとんど理解できません。ことによると、ほかと関係のない有益で特別な情報が出てくるかも知れませんが、そのようなことは別にして、（切り離された）個々の文書は歴史の過程を理解するうえでほとんど役に立ちません。

　この理論的方法が、これまでの行き当たりばったりで、断片的で、調和を欠いた、しばしば偶然に頼るような評価方法を捨てさせることになったのです[41]。アメリカでも「マクロ評価」を重視する「ドキュメンテーション戦略」を採用するようになりました。「ドキュメンテーション戦略」は、ある特定の記録グループの評価を行う前に、まず第一に社会における機能を調査し、理解しようとするのです[42]。前に述べたハンス・ブームス（Hans Booms）が提案した［ドキュメンタリー・プランは］、野心的なものとはいえないものの、現実的で、［アメリカのドキュメンテーション戦略と］おなじようにフォンド、出所、脈絡を強調しております[43]。

　歴史家が［時間的な因果関連を記述する］物語から［いろいろな現象の絡み合いの相互関連を記述する］絵画的描写（tableaux）に次第に方向を変え始めたのと同じように、アーキビストも社会の枠組みモデル（societal template）を評価の中心に据えていこうという試みを始めています。もちろん、主観的で、熟練の技とすらいってもよいような評価の本質を完全に取り除くことはできません。［むしろ］主観性を完全にとりのぞくことができないことを神に感謝しなければなりません。なぜなら、絶対的な理論と科学の冷徹な本質が歴史に不可欠な人間的要素の息の根を止めてしまうからです。ヒュー・テイラー（Hugh Taylor）は、「これは客観性や合理性を超えた、右脳が司る想像の源泉に通ずる一種の『メガ・ブラウジング』である[44]」と述べています。アーキビストたちが、記録利用の可能性について推測することは［以前と比べて］はるかに少なくなっていますが、それでも歴史家には次の10年の研究動向を予想してもらいたいという強い要請があるのです。アーキビストたちは、むしろ、取得した記録が今日の社会の価値観、形態（pattern）、機能を反映しているのかどうかを

判定する基準について、また古い記録については記録作成者と同時代の社会の価値観、形態、機能を反映しているのかどうかを判定する基準について考えるようになっています。わたくしは、一部のアーキビストのように、ある記録グループの利用可能性について、歴史家の知見を排除しようとは思いませんし、アーキビストに一層の協力をしなければならなくなっている記録作成者の知見を排除しようとも思いません。いまのところ、とどのつまりがグローバルな見解になるからです。

　とにかく、これとは違う議論をしようと思っても、多くの歴史家たちは変化しつつある場のなかにおかれているのです。おかれている場は過去においても変化していました。［いまでは］かれら自身が全体論的アプローチ（holistic approach）を採用しています。ときには、公開されている記録の内容から、記録の脈絡、言語の型（linguistic patterns）、記号（signs）とその象徴（symbols）に方向を変えているのです。これは記録が明らかに語っているものを超えた証拠的価値と呼ばれています。この点で、歴史家とアーキビストは共通の脈絡にもとづく視野を共有しているのです。

　　過去の記録を管理する社会のシステムや社会的なメタファーや神話に埋め込まれた思考の型、言葉と論理の力、潜在的な構造の影響、価値に対する意識、こういった「言説」の本質に対する新しい関心は、まさしくアーキビストが管理している記録の出所、脈絡、記録管理の環境、電子記録システムの論理データモデル、そしてその記録のもともとの「秩序」や形態を解き明かそうとするアーキビスト自身の学術的研究とおおいに通いあうところがある[45]。

　今日では、概要目録（general guides）や検索手段（finding aids）は、記録を作成した個人、あるいは機関の歴史のあらましを説き明かし（establish）、機能と活動を分析し、そして記録を原秩序にもとづき目録（list）にし、あるいは記述しています。主題別、日付順、地域別などの配列にしたりはしないのです。もちろん、記録作成母体が意図的にそのような分類にしようとしていた場合は別です[46]。

電子記録は特有の利点も問題点も抱えています[47]。良い面をみれば、アーカイブズの収蔵庫はまえに触れたトップダウン（top-to-bottom）の方法を採用して、機関、団体、個人のすべての（あるいは、ほとんどすべての）記録を調査すれば、その関連性、重複性、相補性（complementarity）、そして電子記録を正確に洗いだすことができ、紙の記録を大量に廃棄できるようになるでしょう。カナダ雇用・移民委員会の相互に関連した複雑な記録の流れをアーキビストがわかるようになるのには何年もかかったのです。いまでは、［紙のファイルにすれば］何マイルにものぼる分厚いファイルの中に収められているおおきな成果が期待できる資料（material）のほとんどを、データバンクに収蔵しているデータファイルのなかのいくつかの断片（snapshots）のなかに蓄積し、必要な箇所を細密画のような複製にすることができるのです。また、長期間を要する個別のプログラムやその下位にぶら下がっているプログラムのひとつひとつを綿密に評価するというようなほとんど不可能な仕事は、統合的にみることによって手をださなくてもすむようになります。情報の流れは互いに交錯していますが、それが交差する箇所で、われわれは食べられる魚すべてをアーカイブズの水門で一網ですくいとれるのです。

　しかし、電子記録には、われわれを困惑させる固有の難しい問題もあります。第一に、複雑なデータベースは、二つ、あるいはそれ以上の数の省庁や支所の仕事のために稼働していますから、データファイルを分割することはアーカイブズに大きな問題を引き起こします。したがって、出所と秩序をそのままの形で導入することはできません。第二に、電子記録はどだい不安定で、高い費用をかけて維持していかなければすぐその機能が自然に低下してしまうことです。また、［システム］設計（design）のなかで［意図的に］消されてしまうこともあります。とくに再利用可能なテープにある記録はそうです。また、偶然の事故（たとえばフロッピー・ディスクは電子や静電気にきわめて鋭敏に反応して損傷してしまうことがあります）、取り扱いが不適当であったり、温度や湿度の管理が悪かったりすれば消えてしまうし、時間の経過によっても消えてしまうことがあります。第三に、電子記録を作り、アップデートし、利用させる技術

的ツールは、たとえそれが汎用コンピュータ（mainframe）であってもマイクロ・コンピュータであっても、スタンドアローンであってもネットワーク・モードであっても、ハードウエアとソフトウエアは、たちまちのうちに陳腐化し、更新されるという不安定な状況におかれており、その結果、多くの記録の再生ができなくなるということがおこります。第四に、国立公文書館の技術では処理できないきわめて大きなデータバンクがあるということです。そのようなものに、気象データやカナダ統計局（Statistics Canada）の巨大な記録データがあります。またカナダ環境省はクレイ社[訳注7]のコンピュータを稼働させています。その費用は30百万ドル以上にのぼりますから、国立公文書館がやろうとしてもできません。第五に、大部分の省庁、あるいは民間団体や個人が、紙、オーディオ・ビジュアル、大型コンピュータやマイクロコンピュータに記録、写真などのいろいろな形態で記録を作成していることがあげられます。したがって、フォンドがかりにさまざまな形に分割されていたとしても、アーキビストはフォンド全体を漏れなく展望する概念図をつくりあげなければならないのです。第六に、現代技術は、テキスト、グラフ、音声、イメージ、データなどの情報と同時相互作用をおこすばかりでなく、ハイパーメディア技術と組み合わされて、記録（そのほとんどは「バーチャル」なものでありますが）とつねに作り替えられていく新しい複雑な「文書」群との境界をはっきりしないものにしてしまうということがあげられます。最後に、電子化された事務所では、どのようなカテゴリーの記録をシステムのなかに保存すべきなのかをあらかじめ決めておくことが不可欠になります。そこに収める記録の内容について正確な知識がなくてもそうしなければなりません[48]。評価、編成、記述の問題に加えて、「原本」が存在するのか、あるいは著作権が存在するのかなど研究者が利用するときにでてくる難しい問題を綿密に掘り下げて調べることもできるでしょう[49]。
以上の［電子記録についての問題点］は、前に述べた評価理論を支えていたものをおもいおこさせます。紙に記された記録の場合においてすら、内容そのものは、評価基準のもっとも重要なものではないのです。このことは、理論的かつ歴史的問題を別にしても、評価のためにアーキビストは丹念に一つ一つの記

録に目を通さなければならなかったことを意味しております。しかし、そのようなことは現代においては、とくに電子記録の場合においては、まったく現実的ではないのです[50]。

　官民を問わずますます多くの情報が電子形式でしか読めないようになっています。にもかかわらず1960～70年代の電子［記録］遺産の大部分は確実に失われているのです。ことによると1980年代のものも失われているのかもしれません。記録は消滅したか、何の情報も生みださなくなっているか、現在利用可能な機器では機能しないか、あるいは対応するソフトウェアがなくなっているか、なのです。ここ数年、ジョン・マクドナルド（John MacDonald）が論じているように、膨大な量の情報が電子記録にとりこまれていること、記録自体が脆弱性をかかえていること、そして技術の変化とともにつねにアップグレードしていく必要性があることなどによって、これまで以上にアーキビストは「上流」で仕事をするようになっています。たとえば、記録を作成する前の段階で、もちろんそれは記録の具体的な内容そのものがわかるようになる前なのですが、［情報］システム開発のときに組み込むアーカイブズ基準の策定の仕事がそれです。アーキビストが機能の目的、組織の脈絡、データシステム・モデルによって明らかにされる内容の全貌に焦点を当てなければならない理由はそこにあるのです[51]。

　この1～2年のあいだである程度の改善がみられました。当初、わたしどもは電子ファイルを収蔵しても、国立公文書館ではそのファイルで仕事をすることもできませんでした。つまりアーキビストも研究者も、単に記録を処理するためだけなのに文書館外の施設に行かなければならなかったのです。もっとも、研究者のほうは記録をコピーしたテープを買い取ることができたのです。しかし、いまでは、ネットワークのなかで稼働しているマイクロコンピュータ［の水準も］あがり、ソフトウエアの設計も進歩したので、われわれは相当大きな量のデータをダウンロードでき、それをアーカイブズ環境のなかで処理することができるようになりました。このことがアーキビストのためになり、近い将来には研究者のためにもなればよいと考えております[52]。理論家のデービッ

ド・ベアマン（David Bearman）は、アーカイブズ収蔵庫は情報のハブとして活動すべきである、と主張しておりますが、それは正しいと思います。アーカイブズの収蔵庫の役割は、その［情報］体系の標準を発表し（in issuing standards of organization）、保存を確実なものにし、利用を容易にすることにあるのです。［情報体系の標準を整備］しなければ、カナダ統計局（Statistics Canada）のような大きな機関に、その機関に残しておく永久保存の価値がある電子記録の処理をまかせてしまうことになるのです。結局のところ、ここから重大なことが起きてしまうのです。［とりあえずのところは］価値ある資料が保存され、比較的安い費用でアクセスが可能になるでしょう[53]。しかし、数年のうちに国立公文書館の総合的な［記録］取得計画が始まって、それがうまく進んでも、［情報体系の標準を欠いているために、各機関が独自に作成した基準によって作成した記録をつかって］システムを稼働させるには、おそらく、相当小さな［情報］システムであっても莫大な費用がかかり、追加財源なしにはシステムを持ちこたえることができなくなってしまうでしょう。

　オーディオ・ビジュアル・アーカイブズ—これはムービング・イメージ[訳注8]と音のアーカイブズとしばしば呼ばれるのですが—それを取得し、収蔵庫に保存することはきわめて重要なことでありますが、これは難しいうえに費用がかかるように思えます。多くの国ではオーディオ・ビジュアルの記録を保存する特別な機関をつくって、研究者の利用に供しております。［しかし］カナダでは、この実施が妨げられています。その問題というのは「トータル・アーカイブズ」のコンセプト、伝統、そしてオーディオ・ビジュアルを含む各種の資料から構成されるフォンドを分割することの難しさにあるのです。映画と同じようにラジオ、テレビのプログラムは社会のなかに根をおろしています。社会は、レジャーから教育、スポーツから音楽、小説からニュース、図像、音などのすべてによって形づくられ、そして同時に社会がそれらに反映しているのです。最近おこったできごとについて本格的に研究しようとすれば、オーディオ・ビジュアルの資料なしに論文を書くことはもはや不可能になっています。将来の世代がわれわれの現在の姿をオーディオ・ビジュアルで知るようになるのは確

実です。また、[オーディオ・ビジュアルの]媒体は、アーカイブズ所蔵品の内容をより広く普及させることを可能にするのです。

しかしながら、オーディオ・ビジュアル資料に評価基準を採り入れることについてはいまだ幼年期の状況にあります。数ある問題のなかでもっとも難しい問題はオーディオ・ビジュアル資材の脆弱性ということです。操作する機器はつねにアップグレードしていかなければなりません。操作面の世界で広く受け入れられている標準といったものはありませんし、また、記録する資料の量が飛躍的に増大するにつれてその費用も爆発的に増加しています。デジタル記録がその一例です。すくなくともカナダ国立公文書館(そして、その問題においては、カナダのアーカイブズ界すべて)では、その真価を十分に発揮させることが困難な状況にあります。CBC[訳注9]の資料でまだ整理が済んでいないものを処理するだけでも数百万ドルを要するでしょうし、また、このさき3年間にわたって少なくとも年間百人規模の人手を要するでしょう。そんなことは不可能なので、いきおい選別基準はきわめて限定的で厳しいものにならざるを得ません。一部にとっては良いのかもしれませんが大部分にとっては悪いことなのです。失われるものは計り知れないほど大きいのです。オーディオ・ビジュアル資料をアーカイブズにするための国家的計画に、国や地方のレベルからの潤沢な資金による支援が得られなければ、カナダは10年か20年のうちに、過去の大部分について視覚面での記憶喪失者になってしまうでありましょう[54]。

むすび

そのほかにも数多くのアーカイブズの問題、たとえば、[1]記述標準の構築(development)、[2]カナダ国内の図書館をむすびつけたシステムとおなじようなカナダ・アーカイバル・システムの導入準備[55]、[3] 現在の[サービス]縮小の風潮のなかでも実施可能なサービス、[4] 国立公文書館の利用者のグループ別の分析、世界の文書館利用者の各グループ別の割合の分析、そして国立公文書館が自らの使命を達成するのに求められる、[所蔵]資源を利用者に確実に得られるようにする必要な支援方法[56]、そして[5]研究者に対するサービ

スなどを含めて国立公文書館の活動業務の一部を地方へ移管する可能性、などの問題をとりあげてもよいのですが、これらの問題はすでにほかの場で取り上げられている議論の領域を侵してしまうことになります。さらに、記録の選別と保存の点については明確、かつ十分に語られております。また、国内の文書館[57]、記録作成母体、関係国際機関や国の関係機関との協力関係の必要性についても、暗示的でありますが、十分に語られております。

　歴史研究者も受け継がれてきた文書遺産の価値を高めることと文書遺産へのアクセスについて、アーキビストと同じように支援していくことが絶対に必要です。歴史研究者は国立公文書館に最近設置された研究者フォーラム、カナダ歴史協会（Canadian Historical Association）の会員が構成している諮問委員会（Advisory Board）、また同協会のアーカイブズ委員会（the Committee on Archives of the CHA）に参加することができるのです。これらは公式の連携のしくみなのですが、歴史研究者とアーキビストの二つの社会が同じように抱いている長期的な関心をおたがいに［意見］交換しあう（crossfertilise）非公式な理論面のつながり（informal conceptual channel）も維持・拡大しなければならないのです。価値のない大量の記録が蓄積されると、研究を窒息させ、アーカイブズに対する投資も敬遠されることになります。他方では、取り返しのつかない貴重な歴史的文書化の損失はカナダ人の集合的記憶に断絶をうみだし、混乱と不安定感をもたらします。

　歴史研究者がみずからの関心事である特定の歴史テーマに光をあてる文書をみつけだすことだけで満足するとはわたくしにはとても想像できません。かれらが教育している次の世代に関心があることに間違いはありません。そうでなければ、子孫を増やすという基本的な本能を失っていることになってしまうからです。学位をもつ専門的歴史研究者と専門のアーキビストの数が増えていることは明るい将来を物語る現存する活力の証拠なのです。昨年のことですがジャン＝クロード・ロバート元会長は次のように述べております。「われわれの職業が過去を知るために働くことであるならば、われわれは同時に、後に来る人たちがわれわれと同じ仕事ができるように努めなくてはならない[58]」

アーキビストはどうかといえば、かれらは重い荷物を背負っているのです。かれらは集合的記憶の鍵を握っています。皮相的で、なにごとも「お手軽な」現在の世界のなかにあって、アーキビストは、いままで以上に、われわれの「記憶の家」にある宝を整備し、それをより良く利用できるようにして、多くのひとびとの目に触れるようにしていかなければならないのです。アーカイブズは過去にかかわることなのです。研究、取得、過去からの永久に価値のあるものの保存など、なによりも好きな仕事をするうえで、ほかに比べることができないような特権がわれわれスタッフに与えられていることを強く感じております。けれども、われわれアーキビストたちは将来にも目配りをしています。われわれの歴史、といってもかれらの歴史でもあるのですが、その歴史に対する問いの答を、われわれのこどもたちはどこかほかに求めることができるのでしょうか？　かれらにとって過去となる現在の重要な出来事の痕跡をどのようにしたら保存できるのでしょうか？　つまり、われわれはかれらにとっての過去である今を、歴史家とアーキビストという隣りあった専門職が協力して予言しなければならないのです。われわれが直面する最大の課題は、将来に対する大きな責務なのであります。

謝　辞
この論文を書くにあたりテリー・クックから解釈や多くの意見を頂きました。また、数多くの同僚からも意見を頂きました。ここに感謝します。誤りや遺漏があればわたくしの責任であることは申すまでもありません。

注・引用文献
1) Jean-Claude Robert, "Historiens, archives et archivists: un ménage a trios" *Journal of the Canadian Historical Association/Revue de la Societe historique de Canada* NS 1 （1990）: 3-16
2) この点にかんする無理解とそこから生ずる不安については、たとえばR.S. Wurman, *Information Anxiety* （New York, 1989）を参照。アーカイブズ専門職と歴史専門職の脈絡のなかでのこの「不安」についてはTerry Cookが"Rites of Passage: The Archivist and the Information Age" *Archivaria* 31 (Winter 1990-91): 171-76, "Viewing the World Upside Down: Reflections on the Theoretical Underpinnings of Archival Public Planning" *Archivaria* 31: 127-31のなかで提起している。情報を「なんでも記録されたもの」と定義したのは以下の文献である。Basil Stuart-Stubbs, "Whither Information," *Management of Recorded Information, Converging Disciplines. Proceedings of the International Council on Archives' Symposium on Current Records…May 15-17, 1989*, ed. C.

Durance (Munchen, 1990), 16. (以下 *Management of Recorded Information* と呼ぶ)。技術が情報世代と情報の利用に与えた影響についてはHugh Taylorが以下のすばらしい論文のなかで述べている。"Transformations in the Archives: Technological Adjustment or Paradigm Shift?" *Archivaria* 25 (Winter 1987-88): 12-25. 技術的支援の変化については、たとえばNational Archivesの内部報告書であるK. Hendricks, P. Begin and J. Iraci, *Research on the Preservation of Archival Records* (Ottawa, 1990), 5-11, および C. Durance and Jean-Pierre Wallet, "Normalisation des pratiques archivistiques aux Archives nationals du Canada" (1991年に [Jacques] Ducharme記念論文集の第1部に発表する予定)がある。[訳注：以下に収録。Carol Couture (dir.) La normalisation en archivistique: un pas de plus dans l'evolution d'une displine: mélanges Jacques Ducharme (Québec, 1992).]

3) Le Devoir (Montreal), 5 April 1991

4) Christopher Hill, The Century of Revolution (rev. ed., London 1969), 13. E.H. Carr, What Is History? (rev. ed., London, 1964) も参照。「あらゆる合理的な疑義を超越しうる事実というのは、それ自体が過去の記録に意味や分かりやすさを施さないという点で、ささいな存在に過ぎない。…図式的な認識が人間知性のもつ傑作 (chef d'oeuvre) である。」W.H. McNeil, "Mythistory or Truth: Myth, History and Historians," *American Historical Review* 91 (1986): 2より。また、「記録に語らせよ」というアーキビストの箴言は本当なのかといぶかしむ人もいるだろう。本当に記録がひとりでに語ることはあるのだろうか？

5) Jean-Pierre Wallet, "Letter to the Public" *A Place in History*, eds. Jim Burant et al.(Ottawa, 1991), i-ii. [カナダ] 国立公文書館の 1990 － 1991年報にも同様の点に触れている。

6) Jean-Pierre Wallet, "L'Historie, science de la vie" *Presentations [...] a la Societe royale du Canada, 1979-1980* (Ottawa, 1980), 33-47; Wallot, "De I'indiscipline historique et de la regulation des passes au present" Liberte 147 (June 1983) 57-62; Wallot, "L'histoire et la recherche du sens. Discours de reception a I'Academie canadienne-francaise" *Revue d'histoire de l'Amerique francaise* [RHAF] 37 (1983-84): 533-42.

7)「これからのアーカイブズはもはや時間が経過したあとに残っているものではなくて、人びとが後に続く人たちに利用してもらうべく予見しておいたものでなければならない。行動の時点において未来における記憶を考慮しなくてはならない。」第11回アーカイブズ大会でのフランソワ・ミッテランフランス大統領の演説。1988年8月24日 於：パリ（以下、ミッテラン演説という）

8)「トータル・アーカイブズ」の概念は、アーカイブズ収蔵館（歴史的なアーカイブズおよび現用記録を含む）による、さまざまな媒体に存在する、人類が努力してきたことすべてにかかわる公的記録と民間記録の取得と利用をさしたものである。これはカナダ国立文書館によって1970年に明確にされたものである。それ以来、この概念は世界の新しいアーカイブズに広く採用されている。W.I. Smith, "Total Archives: The Canadian Experience" *Archives et bibliotheques de Belgique* 57: 4 (1986): 323-46. この概念の推移についてはL. Garon, "Les documents non textuels et fonds d'archives" *Archives* 22 (Winter 1991): 29-39を参照。Terry Cookは、「トータルアーカイブズ」の概念の過度な適用、とりわけアーカイブズを媒体別に分割することにつながるような適用は、この概念の総括的な面を損なうことになると警鐘を鳴らしている。Terry Cook, "The Tyranny of the Medium: A Common on 'Total Archives'" *Archivaria* 9 (Winter 1979-80): 141-50参照。これが熱い論争を巻き起こし、Cook, "Media Myopia" *Archivaria* 22 (Winter 1991) 41-72で最高潮に達した。また、*Archives* 22 (Winter 1991): 41-72の、フォンドの尊重についての特集を参照。そのほかに *Le respect des fonds a tous les stades de la vie des documents*, actes du XXe Congres de l'Association des Archivistes du Quebec (AAQ), 1990を参照。

9) 現代の事情をふまえた戦略的評価については、ヨーロッパと北米のアーカイブズが、アーキビストに

よる広範な調査研究を基礎にした、相互に補完的な、さまざまなアプローチを発展させた。H. Booms, "Society and the Formation of a Documentary Heritage: Issues in the Appraisal of Archival Sources" *Archivaria* 24 (Summer 1987): 69-107参照。これは、もともとドイツ語で1972年に出版されたものが翻訳されたものである。また、H. Samuels, "Who Controls the Past?" *American Archivist* 49 (Spring 1986): 109-24も参照されたい。

10)「あなた方は世界の諸民族の記憶の継続に奉仕している。新鮮で情報に富んだ記憶がなければ、諸民族はかれらの文化を失うであろう。」Jean-Paul Ⅱ[ヨハネ=パウロⅡ世] to the Bureau of the ICA, in Observatore Romano, 31 March 1990.「あなた方が保存し利用に供しているのは世界の記憶なのだ。全世界のアーカイブズは過去の行為とその足取りの記録を保存することにより現在を照らし支配している。」(ミッテラン演説)。「記録は依然として公共機関、民間機関や組織が用いる基本的なツールである。記録は集合的記憶として奉仕し、アイデンティティを提供し、記録を作成した個人個人の生涯を超えて機能し続けることを可能にするのである。」F.B. Evans, "Records and Administrative Processes: Retrospect and Prospects" *Management of Recorded Information*, [前掲注2] 34.

11) Robert, "Historiens, archies et archivists…."[前掲注1] 著者はケベック市の司法アーカイブズにかかるタスクフォースに参画した。同タスクフォースは、おびただしいケースファイルの評価と標本調査についての啓蒙的な文書を作成している。Quebec, Comite interministerel sur les archives judiciaries, *Rapport du comite interministeriel sur les archives judiciarires* (Montreal, 1989). これを要約し英語版にしたものが1991年に発行されている。

12) このような仕事やアプローチの概略については*Management of Recorded Information*[前掲注2]に最新のことが述べられている。

13) D. Stacyは、1991年5月にバンフで開かれたカナダ・アーキビスト協会年次大会(Association of Canadian Archivist Annual Conference. 以下、1991年ACA大会という)で発表した論文"Archivist and Industrial Collections"のなかで、地方の記録がしばしば中央の記録と違いがあることを示している。1986年に[カナダ]国立公文書館は、地方で作成され地方に関係する記録は地方に残す、という原則を採用した。国立公文書館は地方分権化の本来の政策を実施する財源をもっていなかったが、1992～94のパイロット・プロジェクトを承認している。

14) ケベック市の司法ケース・ファイル(注11)を参照。また、以下の最近の2著作を参照。Terry Cook, "Many Are Called, But Few Are Chosen: Appraisal Guidelines for Sampling and Selecting Case Files" *Archivaria* 32 (Summer 1991) および *The Archival Appraisal of Records Containing Personal Information: A Ramp Study with Guidelines* (Paris, forthcoming 1991). [訳注：1991年に刊行済] ケース・ファイルの保存についてはJoy Parr, "Case Records as Sources for Social History" *Archivaria* 4 (Summer 1977): 122-36.

15)「アーキビストたちは記録を編成(organize)するとき、二つの原則に従う。第一は、出所原則で、それは所与の記録作成者の記録と他の記録作成者の記録と混合してはならない、と述べている。第二は、原秩序の原則で、記録のもともとのファイリングや記録が作られた事務所での分類系(アーカイブズが最初に受領した時の秩序ではない可能性もある)は可能な限り尊重されなければならない、そして／あるいは、再構築されなければならない。別の形にする、記録を、例えば地域や時代など研究テーマの領域により編成し組織することは記録自身のなかに意味されていた証拠価値をなくしてしまうのである。というのは、事実上、記録のなかに作り上げられた脈絡が取り除かれて、その結果、記録が持っていた重要な部分を消失させてしまうのである」*General Guide to the Government Archives Division* (Ottawa, 1991), 7. また、Wendy M. Duff and K.M. Haworth,"The Reclamation of Archival Description: The Canadian Perspective" *Archivaria*31 (Winter 1990-91), 31-32参照。また、イタリアで1990年9月のConfereza Internationale Universita Degri Studi de MacerataにおいてK.M. Haworthから提出された論文 "Reclaiming Archival Principles: The Future of Appraisal, Records

Management and Description in North America" を参照。E. Londoliniは、"La gestion des documents et l'archivistique" *Management of recorded Information* [前掲注2]、156-69のなかで、図書館の原則とアーカイブズの原則は両立しがたいこと、およびアーカイブズ科学と「記録管理学」の密接な関係を提案しながら、出所原則に触れている。

16) カナダで、Gilles Paquetとわたしは、とりわけポパーの概念と制度論アプローチをつかうように示唆しながら、理論的歴史的方法論についての議論が活発になるように試みてきた。Paquet and Wallot, "Pour une meso-historie du XIX siecle canadien" *RHAF* 33 (1979-80) 387-425; "Sur quelques discontinuities dans l'experience socio-economique du Quebec: une hypothese" *RFAF* 35 (1981-82): 483ffおよび517ff。*Le Bas-Canada au tournant du XIXe siecle* [...] (Ottawa, 1988) introd. このような議論がなされずに過ぎた数年間の後に、ポパー派の概念を導入することは、斬新な試みである。Nadia Fahmy-Eid, "Historie, objectivite et scientificite. Jalons pour une reprise du debatepistemologique" *Historie sociale/Social History* 24: 4 (May 1991): 9-34.

17) Terry Eastwoodの1991年ACA大会における基調演説 "How Goes It With Appraisal?", 4-5.「人類の生活から生まれる具体的な遺物、文学作品、自然科学のしわざのいずれもアーカイブズ文書のようには語ることはありません。アーカイブズはそれらがどのようにして生まれ、そしてなぜ生まれてきたかの理解を助けるために用いられるのです。実際のところ、多くの場合、アーカイブズを参照せずにその遺産や作品の歴史的なおおきさを理解することはできません。ですから、アーカイブズは過去の経験や活動の結果をさらに前進させる一つの手段であり、また現在おかれている制約を乗り越える一つの手段でもあります。」

18) G. Myrdal, "How Scientific Are the Social Science?" *Economies et societes* 6 (1972): 1473-90

19) 1991年ACA大会にR. Brownから提出された論文 "Modeling Acquisition Strategy at the National Archives of Canada: Issues and Perspectives for Government Records", 4. Candice Loewenも同じ大会に提出した論文 "Appraising Environmental Records in the Information Age" のなかで、同じように連鎖 (linkage) と相互連結 (interconnections) に言及している。

20) H. Booms, "Society and the Formation..." [前掲注9] および1991年ACA大会での第1全体会でのBoomsの講演 "Archives-Keeping as Social Political Activity".

21) L. Durantiは、ACA大会の締めくくりでこの点を指摘し、「アーキビストを、文化遺産を形成する責任を担う者、社会を「記録する者」と考えるのでなく、むしろ、この専門職を社会的支配力 (social forces) とひとびとの間の仲介者、まず第一に記録が作成された者と記録作成者との間の仲介者とみることにしたらどうであろうか?」とコメントをつけくわえた。Duranti, "ACA 1991 Conference Overview" *ACA Bulletin* 15: 6 (July 1991): 22-27, 参照。Basil Stuart-Stubbsは、電子記録の場合にこの仲介機能の効果が高くなる、と指摘している。Basil Stuart-Stubbs, "Whither Information?" *Management of Recorded Information* [前掲注2] , 22.

22) Eastwood, "How Goes It With Appraisal?" [前掲注17] ある程度、これはイギリスの国立公文書館 (PRO) のやり方であったのであろう。PROでは記録作成機関で4年以下しか保存されず／必要とされず／利用されなかった文書は受入れなかったからである。ここでの利用は、「アーカイブズに究極の正当性を付与する利用」という意味での文書に対するアクセスを意味するものではない。Gablrielle Blais and David Enns, "From Paper Archives to People Archives: Public Programming in the Management of Archives" *Archivaria* 31 (Winter 1990-1): 101-13.

23) Eastwood, "How Goes It With Appraisal?" [前掲注17]

24) [前掲注17]

25) L. Durantiは、この点を "Diplomatics: New Uses for an Old Science" *Archivaria* 28-33(Summer 1989からWinter 1991-92) という6回のシリーズの論文でたどっている。[訳注：その後、このシリーズは以下の単行本にまとめられた。Duranti, *Diplomatics: New Uses for an Old Science* (Lanham and

London, 1998）.]
26) J.P. Sigmond は 1991 年 ACA 大会で"Form, Function and Archival Value"というタイトルで講演し、この点を強調した。
27) Samuels, "Who Controls the Past?"［前掲注9］彼女は1991年ACA大会での講演"Improving Our Disposition: Documentary Strategy"で彼女の有名な「ドキュメンテーション戦略」の概略を説明した。こうしたさまざまな方法論についての概略はHaworth, "Reclaiming Archival Principles…"［前掲注15］を参照。
28) Paquet and Wallot, "Pour une meso-historie…"および"Sur Quelques discontinuités…"［ともに前掲注16］
29) 1991年ACA大会でEldon Frostから提出された論文"A Weak Link in the Chain: Records Scheduling as a Source of Archival Acquisition". 現在の「情報時代」は、記録のスケジューリング（records scheduling）が発展した時代とはまったく異なっている。媒体によって引き起こされる記録の分割、ケース・ファイルの増大といった問題がある。たとえば、アメリカでは2000年までにすべての連邦政府業務の75%が電子化されると予測されているが、これらの問題はなくならない。
30) Brown, "Modelling Acquisitions Strategy…"［前掲注19］
31) この手法は、財務省で1989年に制定されたManagement of Information Holdings 政策によって促進された。1991年5月にエドモントンで開かれた International Association of Social Science/Information Scienceに提出されたEldon Frostの論文"The National Archives of Canada and Electronic Records" 8-9参照。Diana Sangway は "Information Management Policy and Practice" (*Management of Recorded Information*［前掲注2］, 176-90.) のなかで、イギリスが1984年から実施した情報管理の政策と実践の発展を述べている。アメリカの場合は、K. Thibodeau, "Information Resources Management in Context and Contest" (*Management of Recorded Information*［前掲注2］, 191-205.) 参照。
32) この箇所はTerry Cookの発表した論文、なかんずく"Viewing the World Upside Down…"［前掲注2］ *The Archival Appraisal of Records Containing Personal Information*［前掲注14］、および"Mind Over Matter: Towards a New Theory of Archival Appraisal"に示唆を受けている。後者の論文は、1992年出版予定のACAがスポンサーになったHugh Taylorの記念論文集に発表されることになっている。［訳注：以下に収録。Barbara Craig, ed. *The Canadian Archival Imagination: Essays in Honour of Hugh Taylor*（Ottawa, 1992）.]
33) T. Roszac, *The Cult of Information*. Wurman の *Information Anxiety*［前掲注2］(32頁) のなかで引用されている。
34)「もし、将来の人類の役割の正しい見通しを失わないようにしようとするならば、われわれは単に木をみるだけではなく、ときには少しさがって眺望全体を見わたさなければならない。」E. Sandberg-Diment, "The Executive Computor: How to Avoid Tunnel Vision" *New York Times* 1987年3月15日号。Hugh Taylorによれば、「圧倒的な量で降り注いでくる情報量に対しては、内容を主題別に索引をつけることに集中してもどうしようもない」のであって、アーキビストが果たさなければならない困難な仕事は、「パターン認識なのである。」Taylor, "My Very Act and Deed: Some Reflections on the Role of Textual Records in the Conduct of Affairs" *American Archivists* 51 (Fall 1988): 468.
35) Terry Cook, "From Information to Knowledge: An Intellectual Paradigm for Archives", *Archivaria* 19 (Winter 1984-85). 知についての同じような主張は、Hugh Taylor, "Transformation in the Archives…"［前掲注2］13ffのなかにもある。かれの考えでは、Cookによって呼び覚まされたプロセスをR. Brownは「マクロ評価」あるいは「アーカイブズの脱構築」と呼んだ。それはこのプロセスが「ドキュメンテーションのアーカイブズ的―歴史的解釈に構造的アプローチと機能的アプローチが調和する」からである。これは次のような考えを基礎にしている。すなわち、「社会の配置

(configuration)と意味は、機能の構造あるいは構造の活動といった社会構造と社会機能との相互作用の営みに集中して研究することを通じて、徹底的に確かめることができるのである。」たとえば、このアプローチは「もともとの記録作成者や意図された構成要素が示唆するものを、より忠実に、意味あるところに、そして/あるいは、説明的にする文書の解釈的読みをおこなえるようにするために、政府情報の領域を、主たる推論的な記号化(encodations)と意味づけ(significations)へと引き下げ、管理フォンドあるいは官僚的言説へと引き下げ、主たるテキストに引き下げる。」Brown,"Modelling Acquisition Strategy…"〔前掲注19〕

36)「利用者は主題を探し求め、われわれは脈絡をみる。」L. Duranti, "ACA 1991 Conference Overview"〔前掲注21〕26.われわれは調査研究者を訓練するために1対1のサービスから、助けを借りずにできるより自立的な方向に移らなければならない。Blais Enns, "From Paper Archives to People Archives"〔前掲注22〕106ffおよびTaylor, "Transformation in the Archives…"〔前掲注2〕23参照。

37) 1988年にパリで開催された第11回ICA総会の第3全体会にE. Ketelaarから提出のあった"New Archival Materials". 14-15, 21 and 23.

38) Paquet and Wallot, "Pour une meso-histoire…"〔前掲注16〕392-393.

39) これは*Towards Descriptive Standards. Report and Recommendations of the Canadian Working Group on Archival Descriptive Standards* (Ottawa 1985), 55-56のなかで、カナダ・アーキビスト事務局の史料記述標準ワーキング・グループが勧告した重要な点である。この勧告はAd Hoc Commission on Descrptive Standards of the ICA: *Statement of Principles Regarding Archival Description… November 1990*で採択されている。Haworth, "Reclaiming Archival Principles…"〔前掲注15〕を参照。

40) Terry Cook, "Viewing the World Upside Down…" 129.

41) このアプローチはアーカイブズの記録をかたよった、そしてねじ曲げたものにしてしまった。このような見方はG. Hamの論説によって明確にされたが、その後、アーカイブズ評価の理論的再評価をしたG. Ham, "The Archival Edge" *A Modern Archives Reader*, eds. M.F. Daniels and T. Walch (rev. ed., Washington 1984) 326になって世にでている。

42) Samuels, "Who Controls the Past?"〔前掲注9〕

43) Booms, "Society and the Formation…"〔前掲注9〕

44) 1991年9月29日のHugh Taylorとの個人的な会話から。

45) Cook, "Viewing the World Upside Down…"〔前掲注2〕130. H. Glassie, *Folk Housing in Middle Virgnia: A Strucural Analysis of Historical Artifacts* (Knoxville, 1975). Regine Robin, *La societe francaise en 1789: Semur-en-Auxois* (Paris, 1970). Robin, *Historie et linguistique* (Paris, 1973). John Hare, *La pensee socio-politique au Quebec, 1784-1812, analyse semantiue* (Ottawa, 1977). Jean-Pierre Wallot, "Frontiere ou fragment du systeme atlantique: des idees etrangeres dans l'identite coloniale" *Historical Papers/Communications historiques* (1984): 1-29.

46) 例えば*General Guide to the Government Archives Division* (Ottawa, 1991)参照。

47) R.E.F. Weissman, "Virtual Documents on an Electronic Desktop: Hypermedia, Emerging Computor Environments and the Future of Information Management" *Management of Records*,〔前掲注2〕41ff. 「近い将来、文書は実際のところ、形態が複雑であるほか、テキスト、グラフィックス、イメージの維持が複雑である。また、純粋に電子的に記録された状態のなかに、音声、ヴィデオ、アニメーションがある。文書は、ハイパーメディア・ネットワークを通じてアクセスされた文書とリンクしたり、その一部を取り込んだりするようになるので、その定義はますます困難になってくる。」(51). 同書にある"Multisensory Data and its Management" 111, D. で、Bearmanはこうつけ加えている。「伝統的文書に対する挑戦のうちで重要な点は、文書が〔もっていた〕境界が〔コン

ピュータの]システムや利用者が参加してくる創造的なオーサリングのイベントに屈したことである。このようにバーチャル・ドキュメントが作成されるところでは脈絡のみがドキュメントの内容を理解できるのである。このことは文化の基本的な修正、すなわち人間を情報の書き手と考える見方からシステムのオーサーシップを受容することに変わらなければならないのであるが、このことはアーキビスト専門職のパースペクティブと一致する、とわたくしは主張したいのである。というのは、アーキビスト専門職のパースペクティブは、物理的な記録や記録の内容といったものでなく、記録の出所と記録の作成の脈絡に長いこと焦点をあわせてきたからである。」

48) 現在ではこのようなことはもはや理論的なところにとどまらない。たとえば、[カナダ]国立公文書館は貿易交渉局 (Trade Negotiation Office) のもつ、およそ300のマイクロコンピュータとメモリーサーバーにある電子記録を取得したのである。もし、この記録の移管が2〜3年遅れたら、この記録は失われていたであろう。1991年ACA大会に提出された D. Taylor-Monro, "The Acquisition of the Electronic Records of the Trade Negotiation Office: The Technical Implications" および Paul Marsden, "The Electronic Records of the Trade Negotiation Office amd the Effect of Automated Offices in Archival Acquisition" 参照。電子記録にかんするすべての問題は *Taking a Byte out of History: The Archival Preservation of Federal Computer Records. Twenty-Fifth Report by the Committee on Government Operations* (Washington, 1990) に良く提示されている。電子形式による記録についてのあらゆる種類の例示にあるとおり、この報告書は、政治、司法、国防、外交、軍人、文官、から科学、技術、管理、地勢にまで及んでいる(7-8)。C. Granstorm, "The Evolution of Tools and Techniques for the Management of Machine-Readable Data" *Management of Recorded Information* [前掲注2], 92-101 も参照。

49) Catherine Bailey は、彼女の "Archival Theory and Electronic Records" *Archivaria* 29 (Winter 1989-90): 180-96 のなかで、これらの困難性を要約している。Sue Garvel and J. MacDonald, *Appraisal Guidelines in the Machine Readable Archives Division* (Ottawa, 1981); Harold Naugler, *The Archival Appraisal of Machine Readable Records: A RAMP Study With Guidelines* (Paris, 1983); *Guidelines for the Scheduling of Data in Automated Systemes* (Ottawa, 1986); Taylor, "Transformation in the Archives…" [前掲注2] 16ff を参照。

50) Terry Cook, "Rites of Passage…" [前掲注2] および L. Duranti, "Diplomatics: New Uses for an Old Science (Part IV)" *Archivaria* 31 (Winter 1990-91)

51) かれの大量の論文を要約したものが最近でた J. MacDonald, "Organiser l' 'amont' d'un programme d'archivage d'archives ordinolingues" *Janus* 2 (1990): 37-42 である。MacDonald は次のように主張している。「アーカイブズが古文書的価値のある情報系アーカイブズの選別、収集、保存、普及という使命を果たすための唯一の開かれた道は、上流、に参画することである。すなわち、そこは情報システムが検討され、ついで [システムが] 構築され、またそれらの文書が作成され、さらに選別、保存、処分にかんする問題が議論されている競技場なのである」(37)。ついで、著者は、[カナダ]国立公文書館の内部での経験および公的部門および民間部門との協力の経験について触れている。同じ著者の著作として以下も参照。"The Archival Management of a Geographic Information System," (Dorothy Alhgen との共著) *Archivaria* 13 (Winter 1981-82); "An Approach to the Identification and Scheduling of EDP Data" *ADPA* 5: 1 (1985): 51-68; "Records Management, Closing the Gap" *Records Management Journal* 1: 1 (1989). また、*Taking a Byte* [前掲注48] も参照されたい。

52) Eldon Frost, "A Weak Link…" [前掲注29] passim. および "National Archives…" [前掲注31] 11

53) D. Bearman, "An Indefencible Bastion: Archives as a Repository in the Electronic Age" *Archival Management of Electronic Records* 13 (1991): 14-24. Bearman はアーキビストが規則、監査、司法への証拠の提出 (informing) などの面でより大きな役割を担い、収蔵の面での役割を少なくする

ことを主張している。かれの見解では、アーキビストは、もはや最後の手段としての役割を除外すれば、記録を取得する余裕はない、という。実際のところ、アーキビストは、貴重な記録を収蔵し、機関に保存されることを確実にし、アクセスを容易にし、新しい記録の作成を取り扱う、などなどの実務を達成するために記録を集める必要はまったくないのである。Bearman の過激な視点は G. Ham の "Archival Strategies for the Post-Custodial Age" *American Archivist* 44 (1981): 207-16 および "Archival Choices: Managing the Historical Record in an Age of Abundance" *American Archivist* 47 (1984): 11ff で予告されていたのである。

54) ここで問題となっている点についての優れた要約は、A. Garnier, "The Future of the Audio-Visual Age: Implications for Museums and Archives" *ACA Bulletin* (January 1991): 8-11、ならびに E. Dick が 1991 年の ACA 大会に提出した論文 "The Future of the CBC's Past: Archival Strategy for Broadcast Records"; Sam Kula, "Management of Moving Image and Sound Records" *Management of Recorded Information*, 76-82 を参照。フィルムでない「静止画像ビデオ (still videos)」や写真についてはどうなのであろうか？　この問題については、Andrew Rodger が 1991 年の ACA 大会に提出した論文 "The New Image Carriers: Problems of Acquisition" を参照。

55) 標準の検討に [カナダ] 国立公文書館を巻き込むことについては Durance and Wallot, "La normalization des pratiques archivistiques…" [前掲注2] 参照。情報技術の標準の必要性については Helen M. Wood, "Information Technology Standards: A Foundation for Data Management" *Management of Records* [前掲注2] 102-10 を参照。カナダのアーカイブズ体系の構築については Ian Wilson, "Towards a Vision of Archival Services" *Archivaria* 31 (Winter 1990-91): 91-100 and 98 を参照。

56) これら各種の問題に対するさまざまな見解については Wilson, "Towards a Vision…". [前掲注55] ; Blais and Enns, "From Paper Archives to People Archives…" [前掲注22] 参照。このなかで著者は、1対1のサービスをからレファレンス・ツールの向上により多く投資し、利用者が自主的に調査研究できるようにすることを提案している。Cook, "Viewing the World Upside Down…" [前掲注2] も参照。

57) National Archives, the Canadian Council on Archives, The Bureau of Canadian Archivists のあいだの協力関係についての詳細は *Annual Report of the National Archives of Canada*, 1988-1989 (Ottawa, 1989) の序を参照。

58) Robert, "Historiens, archives et archivists…" [前掲注1] 151.

訳　注

訳注1　カナダの文芸評論家 (1912 - 1991)。「神話批評」の方法論で知られる。
訳注2　イギリスの歴史家 (1912 - 2003)。イギリス革命の研究で知られる。
訳注3　National Archives の前身。
訳注4　イギリスの科学哲学者 (Karl Popper, 1902 - 1994)。「批判的合理主義」に立脚し全体主義の社会体制を批判した。
訳注5　1991年。
訳注6　カナダ・アーキビスト協会 (ACA) が 1976 年に設立。
訳注7　スーパーコンピュータの製造・販売業者。
訳注8　フィルムやテレビ、ビデオなどのデジタル媒体。
訳注9　Canadian Broadcasting Corporation (カナダ放送協会)。カナダの公共放送機関。

第Ⅱ部

アーカイブズの歩み

5. 過去は物語の始まりである
　——1898年以降のアーカイブズ観の歴史と未来へのパラダイムシフト

テリー・クック
（塚田治郎訳）

初出：

（原著）Terry Cook. What is past is prologue: a history of archival ideas since 1898, and the future paradigm shift. *Archivaria*, Vol. 43, 1997, p. 17-63.

（翻訳）『レコード・マネジメント』No. 48, 2004, p. 63-90.; No. 49, 2005, p. 83-101.

■著者紹介

テリー・クック（Terry Cook）

クイーンズ大学（カナダ・キングストン）より、カナダ史研究で博士号取得。カナダ国立公文書館にて23年間勤務し、選別・記録処分プログラムを先導するシニア・マネージャーの職を最後に退任した。その後、1998年よりマニトバ大学大学院（カナダ・ウィニペグ）アーカイブズ学専攻の客員教授、2005年より同大学院の準教授。アメリカ歴史協会のフェロー。

選別、電子記録、アーカイブズ倫理に関する研究会、ワークショップ、セミナーを、カナダおよびその国外、特にオーストラリアと南アフリカでは複数回実施している。また、カナダ・アーキビスト協会の研究誌*Archivaria*の編集長、およびカナダ歴史協会の歴史文書（Historical Papers）シリーズ、同協会の歴史ブックレットシリーズの編集委員を歴任した。アーカイブズに関連した80以上の著作があるが、主な著書に『個人情報を含む記録のアーカイブズ的選別』(*The Archival Appraisal of Records Containing Personal Information.* 1991年)、共編書に『アーカイブズを想像する：ヒュー・テイラー論稿集』(*Imagining Archives: Essays and Reflections by Hugh A. Taylor.* 2003年)がある。また*Archival Science*誌で4号にわたって組まれた特集「アーカイブズ、記録、権力」(*Archives, Records, and Power.* 2002年)の共編者も務めた。現在はカナダ国立公文書館の歴史に関する研究を進めている。

要 旨

『アーカイブズの編成と記述のためのマニュアル』がオランダで刊行されたのは、およそ1世紀前のことである。本論は、マニュアル刊行以降のアーカイブズ観を歴史的に考察したものである。この過去の分析は、専門職の目の前に新しい概念的パラダイムが姿を見せたことをあきらかにしている。ここではヨーロッパ、北アメリカ、オーストラリアのアーカイブズの伝統のなかで代表的でシンボリックな思想家の考えを、かれらが生きた時代状況のなかで取りあげてみた。本論で焦点をあてる思想家は、記録の性質、記録作成組織、記録保管システム、記録利用の根本的な変化、そして社会のより広い文化、法律、技術、社会、哲学の潮流などの根本的な変化、そしてアーカイブズ理論と実践にこれらの変化が与える影響を把握し、それを明確に論じた思想家である。かれらの明解な発言が、われわれ専門職の実践に生命を吹き込む集合的言説やメタテキストを形成するのである。また、過去100年にわたるアーカイブズ発展のなかから5つの大きなテーマが見えてくる。伝統的なアーカイブズ原則が作成文書[そのもの]に焦点をあてていたのに対して、20世紀の潮流があきらかにしたことは、伝統的なアーカイブズ原則の概念を、文書が作成される過程を優先させる営みに構成しなおすこと、そして、国と人びとの集合的記憶を最善の方法で保存すること［の二つ］を推進していかなければならない、ということである。

序：記憶、アーカイブズ、およびアーカイブズの歴史

世界の記憶を保存するためにあらゆる場所でアーキビストたちが努力してきた20世紀。アーカイブズ思想の20世紀の歴史は、アーカイブズ理論と実践が相互に影響をおよぼしてきた歴史である[1]。カナダの前国立文書館長官で国際文書館評議会（ICA）会長のジャン＝ピエール・ワロー（Jean-Pierre Wallot）は「現在の歴史を生きた記憶として刻印する」というアーキビストの心を躍らせる目標をかかげた。そうやってできあがってくる世界各国の「記憶の家

（houses of memory）」——これはワローの呼び方である——そこにはその国の、あるいはその国の人びとの「集合的記憶の鍵」および権利と名誉を守る鍵が納められることになるのであろう。世界の人びとはその鍵を使って個人的幸福や社会的幸福への扉を開け、過去との連続性を経験し、先祖探しの意識、帰属意識、アイデンティティなどを実感することができる[2]。アーキビストたちはギリシア神話にでてくる記憶の女神[訳注1]が9人の［知の女神］ミューズの母であることを覚えている。おそらく、社会は、記憶の女神によって育てられ、健康で創造力あふれるものに成熟していくのではなかろうか。

けれども、社会的記憶ないし集合的記憶は、歴史のなかで偶然にできあがったわけではないし、議論の余地がないほど労せずできあがったわけでもない。意図されたものであったにしろ偶然であったにしろ、なにを記憶にとどめる価値のあるものとしたのか、なにを忘れさってしまったのか、記憶と忘却がどのような営みのなかで決められたのか、それを決めてきた長い過程を、ポストモダニズムの環境のなかで、歴史家たちはいま木目の細かい研究を続けている。忘却されたものも記憶されたものと同じように重要なのである。集合的「記憶」——そして「忘却」——は、美術館、博物館、図書館、歴史的な場所、歴史的記念碑、国民的記念行事、そしてアーカイブズをとおして思い出されるのであるが、アーカイブズをとおして思い出されることがいちばん多いのであろう。

「古代から権力者は公的な場においてもアーカイブズ記録においても、語ることを許される者と沈黙させられる者を決めてきた。」これはフランスの歴史家ジャック・ル・ゴフ（Jacque Le Goff）がアーカイブズの記憶の政治力学について述べた言葉である。もちろん、古代に起源を発するアーカイブズ制度は権力を正統化しようとするもののために奉仕するものであったし、権力をもたないものたちの力を最小限に押さえこむために奉仕するものであった。この重要な役割は、その後もずっと生きつづけている。中世のアーカイブズは、業務処理や司法関係の証拠を残すために集められたばかりでなく、あきらかに、歴史や聖なるもの／象徴として役立てるために集められ——ときには後になって取り除かれたり、編成をしなおされたりしていた——ということが、最近学

者によってあきらかにされている。しかも、集められた資料は、その時代状況のなかで賞賛に価するもの、つまり記憶する価値があると判定された重要人物や重大事件だけであった。このようにアーカイブズが軽視した視点とは逆の視点から研究したひとがアメリカの歴史家ガーダ・ラーナー（Gerda Lerner）である。彼女は、中世から20世紀にかけて、アーカイブズなどの社会の記憶制度や記憶装置から女性が意図的に排除されてきた経緯をたどっているが、それはうなずけるものである。また、第一次世界大戦中、西部戦線で指揮をとった野戦軍司令官ダグラス・ヘイグ卿（Sir Douglas Haig）が、［多数の犠牲者をもたらした戦闘］に大きな責任を有していたにもかかわらず、その責任を小さく見せるために、第一次世界大戦のアーカイブズがかなり改ざんや変更をさせられていたこともあきらかになっている。さらに別の視点からは、ヨーロッパ官僚制度の文書文化から生まれた古典的なアーカイブズ概念が、口承文化の記憶を保存していくのにはたして適切なのだろうか、という深刻な問いが発展途上国のアーキビストからだされている。端的に言えば、いかなる社会的記憶行為にも文化的な制約があるし、きわめて重要な意味が隠れている。チェコの小説家ミラン・クンデラ（Milan Kundera）は「権力にたいする闘いは、忘却にたちむかう記憶の闘いである」と述べている[3]。しかし、それは誰の記憶なのであろうか？　そして誰がその闘いの決着をつけるのであろうか？

　わたくしは、アーカイブズ史の中心的な論点は、まさにこれらの問いなのではないかと思っている。記憶の家の建設にとりかかったとき、アーキビストたちは変化していく社会的現実と権力闘争をどのようにとらえたのであろうか？　時代の支配構造と社会の理念をどのようにアーカイブズの仮説、概念、戦略に反映させたのであろうか？　価値観が移り変わっていくなかで、アーキビストたちはどのような根拠にもとづいて、誰を記憶の家に入れることを認め、誰を排除することを決めたのであろうか？　これらの問いに答えるためにわれわれはアーキビスト専門職の知の歴史を振り返らなければならない。真偽のほどはともかく、複雑な社会のあらゆる要素すべてが社会に貢献してきたと主張しているなかで、すべての要素を「記憶の家」により正確に反映させようと望むの

であれば、アーキビストはわれわれを形成してきたみずからの記憶の政治力学、観念、仮説をより深く理解しなければならない。このほかにも、アーカイブズの歴史には別の働きもある。カナダのアーカイブズ教育者バーバラ・クレッグ（Barbara Craig）はつぎのような印象深い言葉を述べている。「個人のアイデンティティが鋭い歴史感覚に結びつけられているように、われわれ専門職のアイデンティティも鋭い歴史感覚に結びつけられている。どちらも、［歴史の］連続性を感じとる感性に根ざしている。振り返るものがなければ、それも誇りをもって振り返るものがなければ、希望をもって探し求めるものはなにもない[4]」。

過去との連続性がなければ、将来の方向の正統性は失われる。先人たちの知の格闘を理解しなければ、先人たちの業績からの恩恵を失い、かれらが犯した失敗を繰り返す運命に追い込まれる。シェークスピアが見抜いていたように「過去は物語の始まりである」。アーキビストたちは専門職としてみずからの過去をより深く理解することによってはじめてつぎの世紀の始まりを書くことができるようになるのである。

アーカイブズ言説の探求：可能性と限界

アーキビストたちはみずからの専門職の歴史、それも数百年あるいは数千年にわたる歴史、文化、言語、ジェンダー、民族を包含する歴史、さまざまな媒体やさまざまな形態の記録作成母体を広く包含する歴史、また、理論と実践をつなぐ架け橋の歴史、つまり、指導原理と観念を一方とすれば、他方をアーカイブズ施設での実践とするような、理論と実践の間に横たわる大きな亀裂をつなぐ架け橋の歴史など数多の歴史を書くことができるだろう（し、また、書かなければならない）。このひとつの（といってもいくらか長すぎる）論文は、アーカイブズ観の豊かな歴史のなかのほんの1世紀に限られたものであるし、そのうえひとりのカナダ人の目をとおして見た西ヨーロッパの伝統に限られたものである。この論文にこうした限界があるにしても、このなかで用いた分析手法は、アーカイブズの過去をめぐるほかの歴史状況における分析においても有用なのではないかと思う。

わたくしは、アーカイブズ観の歴史を分析するには、その時代とその地域のアーカイブズ理論の言説に耳を傾けねばならないと考えている。アーカイブズ史の分析にはすぐれたアーキビストがアーカイブズの仕事をめぐって互いに闘わせた専門的な議論のうち、主要なものを見直さなければならない。かれらの仮説、観念、そして概念に再び耳を傾け、かれらの時代の状況とわれわれ自身の時代の状況のなかで理解する必要がある。

　この論文でいうアーカイブズ「理論」とは、一連の不動の原則のことをいっているのではないし、アーカイブズ「理論家」とは、実践が変化していくにもかかわらずその原則を墨守している人たちのことをいっているのでもない。そのような視点から歴史を眺めるのは、20世紀の終わりに生きている観察者にとっては、あまりにも実証主義的であり、時代遅れというものである。20世紀のアーカイブズ思潮は、記録の性質、記録作成組織、記録保管システム、記録の利用、そして社会のなかにおけるより広範な文化、法律、技術、社会、そして哲学の潮流のおどろくべき変化に適合できるように変身し、着実に発展してきたとみるべきであろう。ある時代のある地域に形成されたアーカイブズ観には多くの外的要素が反映しているのである。そのアーカイブズ観が別の時代の別の地域で再構築され、あるいは再発見され、また、同じ場所に世代を超え、形を変えて現れてくるということは良くおこることである。卓越したアーカイブズ理論家は、社会のはげしい変化を認識し、その変化を明確に説明することができ、その変化がアーカイブズ理論と実践に与える影響を概念的に考察するのである。その明晰な発言こそがわれわれの集合的言説やメタテキストをかたちづくる。換言すれば、われわれ専門職の実践を活発に動かしていく物語を生みだし、アーカイブズの知の歴史の焦点を正しいところにあわせるのである。

　1898年にオランダで有名なマニュアルが刊行されて以後の20世紀のアーカイブズ言説を考察するにあたって、わたくしは分析［の対象］をヨーロッパ、北アメリカ、オーストラリアの主要な理論家の英語論文に限ることにした。わたくしが焦点をあてようとしているアーカイブズ専門職の二つの柱は、評価と整理／記述である。その理由は、アーカイブズの保存、公開企画（public programming)、収蔵場所などをめぐる議論が専門職の間で活発におこなわれているさなかにも、評価と整理／記述が、文化、媒体、技術の変化による影響を受けてきたからである。また、わたくしは、西欧の物語という大きな枠組みのなかでカナダの伝統を若干強調しているが、それは『アーキヴァリア（Archivaria）』誌訳注2の主な購読者層を意識したものである。もちろん、[欧米圏という]地理的な限界と[英語という]言語的な限界を超えたところにも多くのアーカイブズの伝統がある。わたくしの研究論文には対象範囲にこのような限界があり、また、ある意味で的外れなところがあるにしても、国際的なアーカイブズ専門職の特徴である多彩な多元主義の場で、いくぶんなりとも普遍性のある歴史的潮流をあきらかにできるのではないか[と期待している。本論でとりあげた]人たちが[英語論文で]発表した事柄が、国の事情や言語環境をのり超えて伝わり、すべてのアーキビストにとって有意義なものとなるのではないかと思っているのだが、どうであろうか。

1898年のオランダのマニュアル：定義づけられたアーカイブズ原則

　100年前、オランダのサミュエル・ミュラー（Samuel Muller）、ヨハン・フェイト（Johan Feith）、ロベルト・フライン（Robert Fruin）の3人が有名な『アーカイブズの編成と記述のためのマニュアル（Manual for the Arrangement and Description of Archives）』を刊行した。もちろん、ミュラー、フェイト、フラインの著作が1890年代の白紙の状態のところに突然生命を吹き込んだわけではない。それまで、いろいろな形態のアーカイブズが数世紀にわたって存在していた。アーカイブズの慣例には理解しがたいようなものもあったが、現代のアーカイブズ原則それ自体は19世紀のドイツとフランスで詳細な形で発表されたのである5)。ところが、20世紀の初めに、重要な論文として世界の注目を引いたのは、皮肉なことにドイツ人やフランス人によって書かれたものではなく、オランダ、イギリス、そしてイタリアのアーキビストたちによって書かれたものであった6)。そのなかでも最初に書かれたのがオランダのマニュアルで、それがフランス語、ドイツ語、英語、イタリア語、ポルトガル語、

中国語やその他の言語に翻訳されて多くのアーキビストたちの手にわたり、大きな影響を与えたのである。

　このマニュアルは、ミュラー、フェイト、フラインがオランダ・ステート・アーカイブズ（the State Archives of the Netherlands）と内務省の協力を得てオランダ・アーキビスト協会のために作成したものである。マニュアルにある100の規則のひとつひとつが、1890年代に協会で正式な討議にかけられて［決められた］ものである。明解に記述されている規則にも細かな限定と複雑な例が付されていることからも、このマニュアルが委員会の典型的な仕事である［ことがわかる］。また、マニュアルにはオランダのいくつかの文書館がドイツから導入した出所概念とミュラーが1873年にパリの古文書学校（Ecole des Chartes）で受講した際に［習得した］フランスの理論が反映している。

　オランダの著者たちの主な貢献は、アーカイブズの取扱いと本質の二つの点で最も重要な原則（または「規則」）をはっきり示したことである。この3人にとって「すべての基礎となる」第1規則のなかで、アーカイブズとは「行政機関やその職員によって作成され、あるいは公式に受領された書類、描かれたもの、あるいは印刷されたものすべて」であると述べている。規則8と規則16には、アーカイブズ古典理論の二つの柱が記されている。［一つは］アーカイブズと指定されたものは「注意深く分離して保管しなければならない」、他の作成母体のアーカイブズと混在させてはならない、時代や地理などの主題別に整理するというような人為的な整理をしてはならない、ということで、［二つには］アーカイブズの整理は「記録史料群（archival collection）の原秩序にもとづいてなされなければならない、記録史料群はそれを作成した行政組織に概ね対応しているからである」と記されている。一言でいえば、ここには出所と原秩序の概念がみられる。原秩序の尊重と、必要に応じてファイリングを記録作成母体が採用していたもともとの姿や分類に戻すという規則を、「すべての規則のなかで最も重要で……その他のすべての規則はこれに従う」とオランダの著者たちは考えていた。かれらは、もともとの記録保管システムの編成を尊重すれば、記録を作成した管理の脈絡を解明するというアーカイブズにとってきわめ

て重要な作業がいっそう容易になると信じていたのである[7]。

　草分けとなったこのオランダのマニュアルにも、たしかに限界があることをわれわれは気づかされるのである。前にも述べたことだが、マニュアルのタイトル［が『アーカイブズの編成と記述のためのマニュアル』となっていること］にも示されているように、これは整理と記述についての最初で、かつもっとも重要なものではある。だが、このマニュアルは、現在われわれが知っている評価と選定という術語についてほとんどふれていない。このマニュアルは、政府、公共機関ないし団体の記録と、その原秩序の維持、分類、収蔵庫への秩序ある移管について述べたものなのである。私的ないし個人的なアーカイブズは図書館や司書の問題として簡単にかたづけている。このマニュアルで最も重要なことは、古文書学の入念な分析方法になじみやすい限られた数の中世文書を取り扱った著者たちの経験、そして安定的に変わることなく存在していた行政機関の部局別書類作成授受登録簿で良く整理されている記録を取り扱った著者たちの経験をもとにして書かれたということである。前述の、文書を作成した組織［がつくりあげた］「アーカイブズのもともとの構成」は「記録を作成した行政組織の［部局課といった］構成の主要部分に一致する」というかれらの仮説は、このような経験からただちに導きだされてくるのである[8]。

　現代の組織では、この［ような文書と組織の間の］密接な関係はもはや真であり得ない。現代の組織では、多くの下部組織のなかに［紙・磁気・フィルムなど］の媒体による多くの記録保管システムがあり、もはや、その仕組は記録を作成している内部構造編成や組織の多くの機能にぴったり対応するものではない。そのうえ、この10年間におこったコンピュータと通信の革命は脱集中化と分散化を著しく加速させており、運営機能があたかも構造や組織であるかのように振る舞っている。評価と電子記録戦略を進めるアーカイブズの見解と、整理と記述を支えるアーカイブズの見解との間に最近生じているずれはそのようなところに原因がある。急激に変化する行政機構、機能、業務処理のすみずみにいたるまでを理解することが現代のアーカイブズ評価と電子記録管理の中心課題である。それは現代の業務処理過程の再構築やコンピュータのシステム

設計をするときでも同じである。しかし、整理と記述を編み出したオランダの古典的方法論にもとづく記録の研究のみではそのような認識を引きだすことはもはやできないのである。

　オランダの著者たちは、その時代に書類作成授受記録簿や行政組織でかれらが目にしたものをそのまま記述し、その経験のなかからわれわれ専門職の主要な原則をあきらかにしたのである。行政機構が目にみえて変化する20世紀に、これらの原則は、あるときはあまりにも厳格に守られすぎてきたし、あるときは文字どおりに解釈されすぎてきた。これはオランダの著者たちの落ち度ではなく、むしろマニュアルの説得力に原因がある。実際のところ、かれらは自分たちの仕事を「つまらない、細かすぎるもの」と述べたほど寛大で、現実的で、［そしてこのマニュアルが］「アーキビストの肩のうえにのしかかる重いくびき」とならないことを望むほど謙虚であったのである。かれらは「たとえ［規則からの］逸脱があろうとも、それが些細な事柄であろうが、重要な事柄であろうが、気にしない」と述べている。この100年のあいだ、ミュラー、フェイト、フラインが明確にした原則は認められてきたのだが逸脱もされた[9]。オランダのマニュアルの意義は、ヨーロッパのアーカイブズ理論を成文化し、アーカイブズ取扱いの方法論を発表したことにある。アーキビストの草分けとして大西洋の両側で活躍し、アメリカのアーカイブズ先駆者となったアーンスト・ポーズナー（Ernst Posner）は、このマニュアルを、19世紀に少しずつ進歩してきた理論的原則に「最終的な承認」を与えたものだ、と述べている。1910年にブラッセルで開催されたアーカイブズの大会は、オランダの原則を正式に支持している[10]。最近では1956年に、アメリカのアーカイブズ理論家セオドール・R・シェレンバーグ（Theodore R. Schellenberg）が、オランダのマニュアルを「現代アーキビストの聖典[11]」と言っている。シェレンバーグとイギリスの理論家ヒラリー・ジェンキンソン卿の画期的な著作は、オランダがつくり上げたいしずえのうえに書き上げられたのである。われわれの集合的理論と実践は、［オランダのマニュアルから］直接的であるにしろ、シェレンバーグとヒラリー・ジェンキンソン卿を［間接的］であるにしろ、ミュラー、フェイト、フ

5. 過去は物語の始まりである　　127

ラインの著作からの影響を幅広く受けている。

ヒラリー・ジェンキンソン卿：証拠の神聖性宣言

　オランダのマニュアルが刊行されてから24年後にアーカイブズ理論と実践についてもう一つの価値ある論文がヒラリー・ジェンキンソンによって発表された。ジェンキンソンが論文のなかで述べた、アーカイブズは公平な証拠であるという擁護論と、アーキビストは証拠の保護者であるという理想像は、アーカイブズ専門職にとって高らかなラッパの響きとなった。かれは少なくとも4つの講演のなかで次のような熱い言葉を述べている[12]：

　　「アーキビストの生涯は奉仕の生涯である。アーキビストは他の人びとの仕事を可能にするために存在している……アーキビストの信条[を実現するために存し]、証拠の真正性[を保持するために存在している]；アーキビストの仕事、アーキビストの手に委ねられた書類に具備されたすべての証拠の断片の保存[を可能にするために存在している]；認識の手段(the Means of Knowledge) を知りたいと身を焦がすすべての人に、先入観や後知恵によることなく、（それを）提供するというアーキビストの目的[を可能にするために存在している]……おそらく、現代の世界がつくりだす真実への最も私心のない献身的な帰依者が良いアーキビストなのである。」

　もし、記録が行政の当然の副産物で、法令や業務処理にかんする偏りのない証拠であるのならば、記録作成後の介入はいかなる形であれ許されない。そうでなければ、公平な証拠という記録の性格がむしばまれるであろう、とジェンキンソンは主張している。もし、アーカイブズがひとつの記録作成母体から有機的に生成されるものであるのならば、いかなる記録であれそれを有機的な記録全体から切り離してしまうようなことは、オランダが確立したアーカイブズ原則の根本に抵触することになる。もし、アーカイブズを収蔵場所で記録が生成されたときのありのままの状態で維持しようとするのであれば、アーキビストのいかなる評価もまったく無用ということになろう。アーキビストが「個人

的な判断」を下せば、証拠としてのアーカイブズの公平性を損なう。ジェンキンソンは評価には必ず「個人的な判断」が伴うものであることを知っていたのである。もちろん、アーキビストが自分の実際の利用のためや学術研究者の利用を予期してアーカイブズを保存するという場合であっても、公平性を損なうという点では同じことである。アーキビストの役割は、保存することであって、アーカイブズを選定することではなかった。イギリスでアーキビストが「キーパー」と［いう呼称で］知られていたということは、このような考え方からきている。ジェンキンソンは、晩年、第一次世界大戦で作られた膨大な量の記録を見てオランダのアーキビストたちにはなかった考え方を抱くようになり、腑の抜けたような譲歩をしたのであるが、アーキビストたちが評価や選定をおこなうことを、決して快く思ってはいなかったのである。

　このような八方塞がりの状況に対するジェンキンソンの回答は、蓄積された膨大な現代の記録を削減するという歓迎されない仕事を記録作成母体に委ねることであった。このようにして「行政官をみずからが作成した記録の選別と廃棄を行う唯一の執行者にした」のである。おかげで文書量は減少し、アーキビストたちは、廃棄する必要のない中世や近世の記録を処理していたジェンキンソンの［若い頃の］時代とまったく同じように、［行政官が廃棄した後の］残りの記録を管理すれば良いことになった。ジェンキンソンは、行政官が十分に廃棄しなかったり、あるいは逆に廃棄し過ぎたり、あるいは行政官が業務処理の証拠として公平に記録するにしても、意識的に歴史に目配りをしながら記録を作成するかもしれない、という懸念を抱いてはいた。しかし、このジレンマに満足のいく回答を示すことはなかった。

　公平を期すために、ここでジェンキンソンがアーキビストに対し「アーカイブズを作り上げる」うえである特定の役割を果たすことを奨励していたことに触れておくことにしたい。その役割というのは、それまでかれが力を注いできた真正かつ公正な証拠という特性を備えた高い水準のアーカイブズを、将来、行政官が作り、維持できるように、明確な基準を策定するというものである。それは有益な第一歩といえても、評価にとっては釈然としない解決法である。か

れの［組織体の記録］すべてという方法論を前提にすれば、［たえそれが］「アーカイブズを作り上げる」ための介入であっても、［まず、ある］機関（およびプログラム、また活動）をより「重要な」ものとそうでないものに区別しなければならず、［その区別をすること自体が］重要性と価値について判断をくだすこと——それは現代のアーカイブズ評価の基礎なのであるが——になり、ただちにアーキビストの公平性を損なうことになるからである。ジェンキンソンは、しぶしぶながらではあるが、この解決不能なジレンマについて「この点についてはなにも提案するものはない」ことを認めていた！　かれは少なくとも［アーキビストは介入しないというまさに］その点において首尾一貫していた。「アーカイブズを作る」基準の策定という限られた介入であっても（基準を定めたアーキビストではない）記録管理者が適当と決めるのであれば、記録管理者が業務を進める過程で作成し、整理し、利用し、自然に、つまり、ほかの記録と混じりあうことなく蓄積された他意のない記録に［アーキビストが介入する］ことになってしまうことを、十分理解していたようには思えないのである[13]。

　アメリカのアーキビスト、ジェラルド・ハム（Gerald Ham）は、最近、「記録作成母体が何をアーカイブズ記録とすべきかを決めるのは、現代の記録の複雑性・非永続性（impermanence）・量の問題に目をつぶって、問題を解決したという［のと同じことだ］[14]」と、評価をめぐるジェンキンソン派のジレンマについて正鵠を射た厳しい批評をしている。ジェンキンソンの評価方法とアーカイブズの定義そのものは、リチャード・ニクソン米大統領やジョージ・ブッシュ［副大統領］のような記録作成者が、在職中の行動で不利な証拠となるものを含むあらゆる記録を廃棄[訳注3]し、あるいは一般の国民の目に触れないところに移してしまうことを認め（そのようなことはジェンキンソンにとって恐ろしいことであることは疑問の余地がない）、そして民主的な挙証説明責任と歴史知識の両方を損なうのである。極端な場合、ジェンキンソンの方法は、ソ連でみられたような、行政や国家イデオロギーがアーカイブズ遺産を恣意的にねじまげてしまうことを許してしまう。ソ連では、たったひとつだけ国家資料群をつくり、「公式」の歴史観がどの程度その記録に反映しているかによってアーカイブ

ズ記録の価値を決めたために出所［の基盤］は崩壊してしまったのである[15]。

　ジェンキンソンは整理と記述の分野に「アーカイブ・グループ」概念を導入した。この概念は、ヨーロッパの文書群一体性（fonds d'archive）概念と本質的な違いはないのだが、解釈においては異なるものである。ジェンキンソンのアーカイブ・グループは、「一行政機関―それは、外部の権威やその他からの支援なしに、その機関が行う通常業務のすべてを独立してその機関内で行う能力のある、それ自身が完全に独立した組織全体をいうのであるが―その行政機関の業務」の記録全体という包括的なものであった。かれは大きな機関のアーカイブ・グループが「フォンドのなかにフォンド」を含むことになることを認めた。これは一つの行政、あるいは機関の記録の領域全体をアーカイブズとするという「きわめて緩やかな定義」に平仄をあわせたものである。記述標準を作成している人たちは、最近、なにかにつけてこの微妙な言い回しを見のがしている。ジェンキンソンの言葉の表現には注意深く耳を傾けることが重要である。ジェンキンソンが、組織全体としての行政機関であった、と［過去形で］述べていることは、かれがオランダの3人と同じように、極めて安定した記録作成母体、しかもとうの昔に消滅してしまった記録作成母体が作成し、過去から受け継いできた中世や近世の終結した系列記録に焦点をあてていたことを示している。流動的な行政組織からもたらされる、終結点のみえない系列記録からの記録移管が［従来と異なったものを生みだして］アーカイブ・グループ概念に課題をつきつけるようなことになるかもしれないという懸念は、ジェンキンソンの脳裏には浮かばなかったのである[16]。

　ジェンキンソンは、1906年、ロンドンの英国国立文書館（Public Record Office）に職を得て、中世と国民国家初期の記録群にかかわる仕事をほぼ一手に引き受けていた。この経験をみれば、記録の証拠的特質、その不変性、受け継がれてきた完全無欠さなど、アーカイブズ記録の法的性格にかれがこだわった理由がよくわかる。かれのアーカイブズ仮説には、職場であった［第2次大］戦前のイギリス公務員制度の役所文化が影響している。高潔で、教育があり教養の豊かなイギリスの公務員は公平無私な判断をくだすという役所文化がかれ

5．過去は物語の始まりである

の信念を支えていたのである。嘘をつく大統領や腐敗した人民委員のいるいまの世の中は、かれにとってまったく無縁であり、疑いもなく唾棄すべきものであったろう。「真実」はアーカイブズ文書群をつうじて示される。いいかえれば、アーキビストはどこにも偏らない記録の「キーパー」であり、「真実への私心のない献身的な帰依者である」というかれの観念は、経験実証主義をそのまま忠実に表現したものである。経験実証主義は、かれが学び、造詣の深かった史料編纂学では常識であった。

　要約すれば、ジェンキンソンの評価についての考え方では、もはや現代の記録やアーカイブズが果たすべき役割に対する現代社会の期待に沿えない。そればかりか、行政は安定的な性格をもち、記録の編成において秩序が固定的であるというかれの視野は、もはや史料記述をめぐる現代の課題に対して妥当性がない。しかし、記録の証拠性についてのかれの高揚した擁護論は世界各地のアーキビストに間違いなく感動をあたえている。かれの考え方が、オーストラリアとカナダでよみがえりつつあることに気がつかれるであろう。とくに、一過性の記録、仮想文書、脈絡から切り離された情報、そして悪辣なできごとによる理不尽な記録破壊の増大に直面している数多くの電子記録の理論家のあいだで復活しているのである[17]。ネオ・ジェンキンソン派は、ジェンキンソンの厳然たる主張の文字どおりの意味で注目をひいているのではなく、かれの高揚した精神を信奉していることで注目をひいているのである。

　1930年までのヨーロッパのアーカイブズ観の歴史に、大筋で二つの考え方が見えてくる。[一つは]もっぱら古い記録の整理と記述をすすめる過程で生ずる問題を解決していくなかからアーカイブズ原則が生まれてきたということであり、[もう一つは]そのアーカイブズ原則には著者たち[が生きた]時代や場所とかれらが処理した文書の形式が反映していたということである。この二つの考え方は、イタリアの著名なアーキビストで理論家のエウジェーニオ・カザノーバ（Eugenio Casanova）の1928年の主著のなかで詳述されている。カザノーバにも、ジェンキンソンやオランダの3人、あるいは古文書研究に没頭した先人たちと同じように19世紀と20世紀初頭の知の潮流が反映している。

イタリアのアーカイブズ解説者オードー・ブッチ（Oddo Bucci）が最近カザノーバについて述べた言葉によれば、「経験的観点をこの分野にとりいれて、記述科学としてつくりあげ、概念を練り上げることよりも事実の蓄積を目的とする実証主義的史料編纂の規則を当てはめた」のである。しかし、20世紀のいまにいたってはそのような実証主義的史料編纂と「事実」を基にする経験主義の評判ははかばかしいものではない。ブッチは次のように述べている。新しい社会的変化が「アーカイブズ記録の作成、移管、保管、活用など一連の過程を長期にわたり支配してきた原則を捨てさせ、それまでの習慣や行動の基準を」根本から「揺るがしている」。そして「アーカイブズ実践の急激な革新と、伝統的な原則の砦のなかで生きのびようとする理論とが次第に相いれなくなりつつあることは明白である」。アーカイブズ原則は、歴史自体の観念や文学、哲学の観念のように、いつの時代にも固定されることなく、時代の精神を反映し、つぎの世代によって新しく解釈し直されるのである、とブッチがカザノーバについて述べていることはジェンキンソンやオランダの3人にもあてはまるのである[18]。

近代記録への取り組み：シェレンバーグとアメリカの意見

　［イギリスの］つぎにアーカイブズ言説が明確に述べられる場で主導権をとったのがアメリカである。アメリカでは、現代の記録のうちのほんのわずかな部分しかアーカイブズとして保存できないという危機に直面し、アーカイブズ専門職が総掛かりで活動を開始していた。かれらは、限られた量の古い文書を綿密に分析する手法によってアーカイブズ原則を定式化するという贅沢な気分にひたることもできず、またカザノーバやジェンキンソンやオランダの3人がつくりあげた「記述科学」のみを頼りにすることもできなかったのである。1934年にはワシントンにナショナル・アーカイブズを設立し、放置されていた百万メートルにのぼる連邦政府の記録を引き継いだ。連邦政府の記録は毎年6万メートルづつ増加していた。大不況と第2次世界大戦で政府［の役割］は拡大し、［記録量］の増加は1943年までに毎年60万メートルになった[19]。これが二つの重要な成果をもたらした。一つ目は、担当機関になだれ込んでくる文書

[の処理]を支援するための北アメリカ型の記録管理専門職が誕生したことである。二つ目は、北アメリカのアーカイブズ専門職に基本的な再教育がほどこされ、その中で有力な考え方が翻訳され、読まれたことである。

　1944年、アメリカのアーカイブズの先駆的な著述家でイリノイ州のアーキビスト、マーガレット・クロス・ノートン（Margaret Cross Norton）はつぎのように力説している。現代の信じがたいほどの膨大な記録の量に照らせば、「いかなる機関も、その活動から作成される記録をすべて保存するのは、もはや不可能だということはあきらかである。」　彼女は、アーカイブズ活動の重点は「記録の保存から保存すべき記録の選定に移行した」と、意識的にジェンキンソンと正反対のことを述べている。アメリカ・ナショナル・アーカイブズ屈指の研究者フィリップ・C・ブルックス（Phillip C. Brooks）はジェンキンソンの説をはっきりと批判して、アーキビストは「公共機関がみずからの記録をどのように管理するのかという責任から遠く離れて」[身の]安全を保っていた、と述べている。この言葉は「多くの記録が無惨に取り扱われていたことはもちろんのこと、アーキビストが収蔵のために受領する以前に記録が失われていた[20]」ことを意味している。このような懸念が、アメリカで「ライフサイクル」概念を誕生させたのである。ライフサイクル概念とは、記録は作成母体によってまず編成され、実際に利用され、それからごくまれに利用される場合に備えて、執務現場から離れた場所で数年のあいだ保管され、業務活動に利用されることがまったくなくなった時点で、アーカイブズとしての価値があるものとしてアーカイブズに移されるか、あるいはその価値がないものとして廃棄される、というものである。ブルックスは、評価は「記録が置き忘れられて劣化してしまう20年後よりも、機関の記録相互間の関係が完全にわかっているうちになされれば、その機能が最も良く発揮される」と主張した。かれもノートンと同じように、「ライフサイクル」期間全体にわたって、記録の長期保存のために選別をするアーキビストと現用記録を編成・管理する各省の記録管理者とが緊密な関係をもつことに賛成している。文書の選定作業を実際にどのようにして行うのかについては、セオドール・R・シェレンバーグが、同僚アーキビストの仕事を

とりまとめ、画期的な著作と報告書のなかで明確にしている。シェレンバーグは選別［論］や評価基準［論］を発展させ、「アメリカ評価理論の父[21]」となった。

　シェレンバーグは、記録には一次的価値と二次的価値があると主張した。一次的価値とは記録の原作成母体にとっての記録の重要性を反映したもので、二次的価値とは学術研究者の利用を反映したものである。一次的価値は、記録作成母体が日常業務の必要性に貢献する度合いであるという。これは長期的な価値［の評価］を「当該業務［を担当する］行政官」の判断次第とすることを認めたジェンキンソンの考えと異なるものではない。シェレンバーグの二次的価値は、［ジェンキンソンの価値とは］全く異なるものである。なぜなら、二次的価値は、記録の原作成母体による第一の利用ではなく、それ以降の利用者による二次的研究のための記録の重要性を反映するものだからである。シェレンバーグは二次的価値をさらに証拠的価値と情報的価値に二分している。この点について、シェレンバーグは「証拠的価値」がジェンキンソンの意味での「証拠」としてのアーカイブズと結びつけられることを明確に否定している。なぜなら、シェレンバーグのいう証拠的価値は、研究者が記録作成母体の機能、計画、政策、および手続きを文書化する（documenting）うえでの重要性を反映するものであって、行政官にとっての記録の重要性ではなかったからである。この証拠的価値は、シェレンバーグのいうアーキビストの的確な研究と分析によって決定されるのであって、ジェンキンソンのいう行政官によって決定されるのではない。二次的価値の残り半分の情報的価値は、「政府自身の行為」につきものの「個人、団体、出来事、問題、条件、その他」の記録の内容にかかわるものである。どの情報の内容が重要で、どれが重要でないかを決定すること、換言すれば、誰をアーカイブズの「記憶の家」に招き入れ、誰を排除するのかは歴史家としての教育を受けたアーキビストがおこなうのであるが、できるだけ多くの研究上の関心を反映させるため、その「主題の専門家」にも相談して決定するのである[22]。「アメリカの社会生活をより広範に文書化（documentation）することにとっての……有益性」を考慮すれば、この情報的価値の研究がシェレン

バーグにとって最も重要なことであったのである[23]。また、かれは二次的研究に焦点をあてていたということもあって、司書とアーキビストの間の橋わたし、さらに団体にある記録を処理するアーキビストと私的文書の仕事をまかされているアーキビストの間の橋わたしも試みている。この点でシェレンバーグは、オランダの3人やジェンキンソンよりもはるかに大きな貢献をしている[24]。

　シェレンバーグとアメリカのアーキビストたちによってアーカイブズの考え方が大きく変えられたものがもう一つある。オランダ人とジェンキンソンは、行政府が作成し、あるいは受領した資料はすべて「アーカイブズ」であると信じていたのであるが、シェレンバーグは、かれが「記録」と定義した大量の原資料全体のなかからアーキビストが保存するために選定した少数の資料だけを「アーカイブズ」としたのである。記録とはそれを作成する機関と記録管理者がかかわるもので、アーカイブズとはアーキビストと保存機関がかかわるものなのである。記録管理者とアーキビストの緊密な協力にもかかわらず、またフィリップ・ブルックスが予見した「連続体」的な協力にもかかわらず、シェレンバーグ派の「記録」と「アーカイブズ」の区分は、記録管理者とアーキビストの類似性や相互の関連性、そして記録とアーカイブズの類似性や相互の関連性を強調するのではなく、逆に差異性を強調することになった。この［区分のもたらした］遺産がコンピュータ化された世界のなかにおかれているアーキビストに戦略的な問題をひきおこしている。というのは、電子記録を証拠として残すのであれば、アーキビストが「事前に」介入する必要があるからなのである[25]。

　シェレンバーグは「高度に複雑な政府」が作成した膨大な記録を処理するために、整理と記述にレコード・グループ［記録群］（record group）という概念を創案した。シェレンバーグの言葉によれば、高度に複雑な政府のもとでは「独立性と完全性という……ジェンキンソンの（アーカイブ・グループに対する）要求を完全に充足することのできる政府の組織はないのである」。シェレンバーグは、現代の行政においては「すべての部局は相互に関連しており、一つの部局が他の部局から完全に独立して主要な業務をこなしていくというようなことはほとんどありえない」と述べているが、それは正しい。アメリカのレコー

ド・グループは、行政の複雑さと膨大な記録量が背景にあって、レコード・グループの作成規準に「出所ばかりでなく量を考えた」のである。これが「任意性をいくらか」持ちこむことになった。というのは、時や場所が異なれば、「配列と記述業務や授受書類登録簿公表にとって望ましい適切な規模と性質の記録群単位を作り出す」実務上の要素を査定するのに差が生じるからである[26]。レコード・グループ概念が採用されたところでは、あまりにも恣意的で、かつ実務的な妥協が多くみられたので、一部の批評家から、レコード・グループは出所を守るのではなくかえってわかりにくくしていると批判されたのである[27]。

　シェレンバーグは「アーカイブズの権威として時代遅れの［ジェンキンソン］がもちだされることにわたくしはうんざりしている」とジェンキンソンを辛辣に批判している[28]。ジェンキンソンはアーカイブズになにを入れるべきかを行政官に委ねたのであるが、シェレンバーグはこのように重要な決定はアーキビスト自身がやるべきであり、また、アーカイブズ記録の将来の形に影響をあたえるために記録管理者や分野別専門司書と協力して働くべきである、と強く主張していた。シェレンバーグは、遠慮して記録の廃棄から離れた立場に身をおくのではなく、アメリカ連邦政府の記録を大量に廃棄する手続きを先頭に立っておしすすめた。シェレンバーグは、ヨーロッパの文書群一体性（fonds d'archives）やジェンキンソンのアーカイブ・グループが主張する純粋性を追求するのではなく、複雑な政府機関からでてくる記録の配列と編成実務上一見したところでは適切にみえる折衷案としてレコード・グループを世に広めたのである。

　これらすべてにシェレンバーグは「管理技術と効率性の利点に重点をおくニューディール国家統制主義」という当時のアメリカの政治文化を反映させ、アーキビストは「組織のマネージメント・チームに貢献するパートナー」になったのである[29]。そのうえ、社会福祉関連の社会事業や都市計画などの社会学の新しい分野における現代社会の社会工学的計画や、政府の改良主義者による大不況時の再建計画へのきわだっていた介入などを反映して、アーキビスト自身も同じように同時代の記録の世界に介入し、記録を管理する有能な「エンジニ

ア」になることができたのである。シェレンバーグ世代の［アーカイブズ］教育が始まったのは、大学のアカデミックな歴史学に専門職化が浸透し始めたのと軌を一にしていたから、アーキビストの抱いていた帰属意識が歴史研究者のものに近いこと、「情報価値」に歴史的テーマや歴史的解釈をシェレンバーグの著作のなかに見いだしても別に驚くことではない。

シェレンバーグに多大の賞賛がよせられるのは当然のことである。ジェンキンソンと違って、かれは過去を守るよりも将来に期待し、管理技術と歴史研究をアーカイブズの領域のなかで結びつけたのである。かれは、連邦政府の記録を仕事の対象とし、大きな国家官僚組織のなかで仕事をしていたのであるが、アーキビストたちが文化的な事柄と広くかかわりをもつ必要性、また、情報専門職と手を組む必要性を理解していたのである。だが、シェレンバーグが奨励したちょっとした妥協をかれの後継者たちがおおげさに増幅したので、かなりのアーキビストたちがいま苦労している。

苦労の原因となった妥協というのは、利用に根ざしたアーカイブズ（use-defined archives）の概念である。シェレンバーグ後のアメリカのおおかたのアーキビストは、つい最近までシェレンバーグよりも声高に、どの記録にアーカイブズ価値があるのかを決定する方法論の中心は、本物を見分けること、つまり学者たちの利用への期待、とりわけ歴史研究者の利用への期待である、と強調してきたのである。**1960年代から1970年代にアーカイブズ評価論の旗手であったアメリカ・ナショナル・アーカイブズ（the National Archives and Records Service）のマイヤー・H・フィッシュバイン（Meyer H. Fishbein）**は「われわれにとって最近の史料編纂の潮流が最も重要である」と述べたが、そんな言葉がかれの評価についての助言だったのである[30]。メイナード・ブリックフォード（Maynard Brichford）は、**1977年にアメリカ・アーキビスト協会（the Society of American Archivists）**が承認した評価マニュアルのなかでつぎのように主張している。「評価の成功は、研究集団の代表というアーキビストとしての最も重要な役割に直接かかわっている。評価者は、過去、現在、そして未来の研究利用を慎重に勘案して需要を見計らいながら……記録に立ち向

かうべきである。……決定にいたるまでの間に……かれらは文書化された資料（documentary sources）としての長期的な必要性と学者の潜在的な需要を勘案するのである[31]。」しかしながら、後にジェラルド・ハムはこれに反論し、アーカイブズの本質（nature）を利用にもとづいて定める利用志向方法（use-based approach）による「選別は、あまりにも行き当たりばったりで、あまりにも断片的で、あまりにも不統一で、そして本質をしばしばはずしている。そればかりか、人類のさまざまな経験を反映させず、きわめて限られた狭い研究対象しか考慮していないことが少なからずある。もし、われわれがこの欠陥を克服できなければ、どうひいき目にみてもアーキビストは史料編纂学の風向きにふらふらとしたがう風見鶏にしかすぎない[32]」と警鐘を鳴らしたのである。さらに悪いことに、利用志向研究手法は、記録作成母体の活動に内在する記録の有機的脈絡を記録からひきはがし、記録や出所の外在である尺度を評価と記述の二つに押しつけることになるのである[33]。利用に根ざす評価（use-defined appraisal）［論］の擁護者たちは、アーキビストの評価の焦点とアーカイブズ価値の定義を記録作成の過程と記録作成母体から切り離すことによって、アーカイブズ理論をアーキビストたちにとっての重要な知識基盤である［1］記録の歴史的主題の内容、［2］最近の史料編纂［学］、そして［3］利用者の希望と期待、の三つを補完するいくつかの実務規則に引きずりおろし、結局のところ「棚に収納するまでの大騒ぎ」にしてしまうのである[34]。

社会分析と機能評価：アーカイブズのより広い展望に向けて

　もし、（シェレンバーグやかれの後継者が主張したように）アーキビストが歴史家をはじめとする利用者が求めるものをアーカイブズ記録として評価し、収集し、記述しないとすれば、アーキビストは何をすべきなのだろうか？　もし、（ジェンキンソンの提言にあるように）記録作成母体に課せられた法的に必要最小限の責務と短期的な挙証説明責任のきわめて狭い範囲以上に、残すべき記録を記録作成者は公平に決めることができる、という前提にアーキビストが不安を覚えるとしたら、アーキビストは何をすべきなのだろうか？　それに対する

回答、あるいは他にかわるべきいくつかの研究手法がドイツ、アメリカ、カナダで生まれた。アーカイブズは記録を作成する社会をより広範囲に反映すべきであるという信念から、これまでとは違ういくつかの「社会的研究手法」によって、アーカイブズ理論の新しい概念と方法論が探究されている。この視点は、アーカイブズ言説が、国をベースとする言説から、国が奉仕するより広い社会を反映する言説へ根本的に変化したことの象徴である[35]。いまや、人民の、人民のための、人民によるアーカイブズ、といってもさしつかえないであろう[36]。

　シェレンバーグの二次的価値は（歴史研究者のフィルターで濾過することによって）間接的ながら国家統制パラダイムを打ち破ろうとはしていた。しかし、アーカイブズの新しい社会的パラダイムを支持する声を最初にあげたのはドイツのハンス・ブームス（Hans Booms）ではなかったか。ブームスは現在でもアーカイブズ評価［論］を哲学面から支える傑出した研究者である。ブームスは、伝統的なアーカイブズ国家統制的研究手法論の影響が目にあまるほど大きくなり、国家イデオロギー的価値観がアーカイブズ記録の定義にまで押しつけられたことに反発したのである。かれの主張によれば、社会そのものの核ともいうべき価値の決定は社会に委ねられなければならず、その価値はアーカイブズ記録をとおして忠実に映し出されるべきものなのである。ブームスはつぎのように書いている。「もし、アーカイブズ評価に正当性を与えるような資格のある誰かが、あるいは何かがあるとすれば、それは社会自身であり、その表現としての世論である。もちろんそれは世論を自由に展開することが許されることを前提にしたうえでのことである。市民と世論こそが公共の行為を承認し、社会的政治的過程に道筋をつけ、政治的権威者に正当性を与えるのである。アーカイブズ評価に正当性を与えるのも当然世論なのではないのだろうか？　世論がアーカイブズ評価の過程に基本的な方向づけをすることはできないのであろうか？[37]」　ブームスの洞察の本質は、「重要性」を決める価値を生みだすのは、シェレンバーグのいう専門家の利用者でもなく、またジェンキンソンのいう国の行政者でもなく、それは社会でなければならず、したがってアーカイブズ的重要性もアーカイブズとして残されるものも社会が定めなければならない、と

いうことにあった。これは、「誰のために記録が作られたのかを［理解するために］アーキビストは記録と同じ時代の価値［観］にみずからを置いてみる必要がある」という当然の帰結を導きだすのである。ブームスは当初、社会の力学と世論を調査することによって社会的価値を直接確認できる、という立場にたっていたのであるが、1991年になって、社会の必要と期待を実現するように社会が委任した主要な記録作成母体の機能を調査することによって社会的価値を間接的に確認できる、と主張するようになった。かれはつぎのように主張している。「文書の必要性と記録そのものを結びつけるのに役立つ記録作成機能の有益な分析をアーキビストは必要としている」。このようにして、世論を調査することによって社会的価値を決めるという初期の頃の漠とした試みから、きわめて明確な記録作成母体の機能が示す記録の出所に焦点をあてることへ「速やかな移行」がおこった。ブームスの言葉によれば、これが「評価の過程でなぜ出所が不変の基礎であり続けるのかという理由なのである[38]」。

　社会的価値を記録作成母体の機能をとおして投影しようとするブームスの方法論は、1991年にカナダ国立公文書館が実施した新しいマクロ評価収集戦略（macro-appraisal acquisition strategy）と1980年代の終わりからわたくし自身が理論についての論文のなかで発表していることと同じ延長線上にある。新しく誕生したこの概念（conceptualization）には国際的な［アーカイブズ］界の一部からの支持も増えている。古いアーカイブズの焦点は記録の主題の内容、あるいは世論や利用者のニーズなど歴史の潮流を直接反映する内容にあてられていたが、カナダの方法論ではこれが一変して、より大きなもの、すなわち記録の「マクロ的」脈絡に焦点があてられることになったのである。この「マクロ的」脈絡は、記録作成母体の機能、計画、活動、業務処理、つまり記録そのものの作成にかかわる脈絡と作成の過程をつうじてあきらかにされるのである。わたくしの理論的作業と国立文書館の実践モデルは、ブームスやその同僚のジークフリート・ビュトナー（Siegfried Buttner）の観念的社会像から着想を得たものである。たしかにわたくしは原理レベルではそう考えていた（すなわち、アーカイブズ「価値」は、ジェンキンソンのいう記録作成母体やシェ

レンバーグのいう記録利用者によってあきらかにされるのではなく、社会的構成や社会的機能によってあきらかにされるべきである)。しかし、戦略レベルではそうではなかったのである(すなわち、評価方法論では、ブームスの評価方法論の最初のモデルのように「社会を文書化するために (to document society)」アーキビストは直接社会的潮流や世論にかかわる事柄を調査するのである)。ところが、国立文書館は機能的―構造的―マクロ評価方法論を採用したのである。それは、記録作成母体、市民、そして市民と相互関係をもつ組織体はその社会の集合的機能の間接的な象徴であるという仮説のうえにたって、直接社会を調査するのではなく、記録作成母体の調査に焦点をあてるのである。これは、漠然とした社会的機能から明確な出所志向にもとづく、制度に示される社会的機能への「速やかな移行」というブームスの1991年の概念に類似したものである。このような［背景から］わたくしは自分の著作と国立文書館の評価方法論を意識的に、内容志向の枠組や歴史的文書専門家の枠組みではなく、脈絡依拠の枠組み、および出所志向の枠組みのなかに位置づけたのである[39]。

　出所は、原則を物理的なものからより概念的なものへとカナダで解釈しなおされたので、電子記録時代にうってつけなのである。この「新しい」出所［概念］は、構造的であるというよりは機能的なので、組織の安定性がいたるところで失われつつある時代にはより適切な概念なのである。［このような再解釈の洗礼をうけても］出所はやはり出所である。この出所によって再び記録作成の脈絡の状況がアーキビストの営みの場の世界の中心におかれ、利用・世論・史料編纂の潮流といったような外部的な基準ではなくなったのである。カナダの方法論は、記録作成母体の機能と構造と記録保管システムが完全に一致するというオランダやジェンキンソンの流れを汲むものたちの考える整理と記述を基礎にした字義的な解釈による出所原則によるものではない。といっても、カナダの方法論も古い原則の背後にある意図を認め、かつ尊重している。それは記録された情報と制度的な（あるいは個人的な）活動の有機的な脈絡を結びつけようとするものであった。ところが、紙の形になっている何十億の記録をいくら評価しても、活動の有機的な脈絡を定めることはできない。少なくとも一番

最初にやれることではない。ましてや捕まえどころのない電子記録、あるいはそれを可視的なものにしたところで［有機的な脈絡を定めることができないことは］いうまでもない。どちらかといえば、はじめに記録保管システムの有機的脈絡そのものに焦点をあて、ついで、記録を作成させる原因となる政府の機能、計画、活動そして業務処理——そしてそれと市民の相互作用——の重要性を分析し、評価することに焦点をあてなければならない。そして、そのようにして導きだした評価の結論を最終的なものとする前に実際の記録の「テキスト」を目の肥えた論理的解釈にもとづく「読み」によって検証するのである——もちろんそれは業務の機能と過程のマクロ評価を完了してからのことである[40]。

　オランダの国立公文書館もちょうど同じころカナダと同じ手法、すなわち記録を個別に評価するのでなく政府の機能を評価する手法を採用していたのである。オランダは有名なPIVOTプロジェクト［Project Implementation Reduction Period］のなかで、つぎのような決定をした。「アーカイブズ記録管理の原則は、伝統的に行政の過程で作成された情報の選別と保存に重点をおいてきたが、ここでは方針を改め、政府の活動と業務記録の役割を情報を評価するときの基礎としている。この方法の採用により各機関がまず最初に分析することになるのは政府の果たすべき使命および業務の重要な過程である。分析に用いる情報を選定し評価するときには、業務価値についての評価を考慮しなければならない……一般的に、残さなければならない情報は政府の重要な機能を再構築するのに必要な情報である……[41]。」オランダでもカナダと同じように、まず最初に記録や個々の文書の評価をするのではなく、記録を生みだす政府の機能、業務、そして活動に焦点をあてたのである。しかし、カナダのプロジェクトは、ケース・ファイル・シリーズ［社会学的個別調査報告集］をとおしてあきらかにされる市民と国家の相互作用も含めているので、［オランダの場合に比べて対象とする］範囲は広くなっている。［これに対して］オランダのプロジェクトは主として政策と［役所］内部の仕事に焦点をあて、［カナダと］同じようなケース・レベルの実施とその関連記録に関心をむけることはなかった。オランダのPIVOTプロジェクトは機能的方法論において革命的ではあったもの

5．過去は物語の始まりである　　143

の、焦点は国家統制的なものにあてられたままで、社会的なものにあてられることはなかった。

　アメリカのヘレン・サミュエルス（Helen Samuels）は、「国」でなく「社会」から考える［手法］をたしかな形で取り入れる理論的研究手法論を新しい「ドキュメンテーション戦略［特定地域内の歴史的社会的事象を記録化する企画］」の概念によってすぐれたものにした。サミュエルスは記録とそれを作成する機関の分析を超える、より高いレベルからの分析によらなければ現代の記録保管システムの規模を理解できないことを認識し、重要なテーマ、事柄、活動、あるいは社会の機能などの事実関係を詳細に記録化するためにいくつかのアーカイブズ評価活動を統合する多機関の協力にもとづく分析を考えたのである。ドキュメンテーション戦略は、政府やその他の制度の記録を分析するに際して個人的な手稿や視覚的なメディア、出版物、さらには口承による歴史を統合するのである。そもそも出所に焦点をあわせるのではなく、テーマ、たとえば大学生の教育やコンピュータ産業の発展といったようなテーマにあわせるのである[42]。ドキュメンテーション戦略は、極端に狭い限られた地域に適用する場合を除いて、テーマ／機能が重複してしまう懸念があり、その結果アーキビストの研究や記録の受入れに重複が起こる可能性を抱えている、という批判があるが、それはべつに意外でもなんでもない。そのうえ、この方法ではつねに論争のあるテーマや主題が選ばれるので、アメリカのシェレンバーグ派が抱える伝統的な風見鶏の欠点を少なからずとりこむことになる[43]。こうした理由で、ドキュメンテーション戦略は、政府や制度的な記録よりも個人の手稿や非団体の記録の領域に最適な戦略なのである。つまり、政府や制度機関の記録を補完する民間の一体性記録群を取得するのに最も適した戦略である。

　サミュエルスは著作を発表し始めたころからシェレンバーグ信奉者たちの誤りを認識し、制度機能分析の概念を発展させて、彼女の代表的な著作『大学の公式文書：現代の大学の記録整理（Varsity Letters: Documenting Modern Colleges and Universities ）』に発表したのである。［彼女の制度分析の手法は］この著作のタイトルにもかかわらず、［大学ばかりでなく］どのような機関

文書館にも適用し得る[汎用性をもっている]。彼女はこの著作の中で、アーキビストはなによりもまずかれら自身の制度の機能と活動を調査し、理解する必要があると主張している。[その手法]は1991年のハンス・ブームスが示唆したところや、カナダの国立文書館やオランダのPIVOTプロジェクトが実践したところに似てなくもない。また、この著作はそれぞれの制度の記録を評価する戦略的計画へ導く機能分析のための的確な方法論を概説している。[彼女の理論的発展を]ふり返ってみると、彼女は、[制度機能分析とドキュメンテーション戦略の]二つの幅広い概念を論理的にはまったく逆の順序で発展させてきている。彼女もそのことは認めている。すなわち、アーキビストが親機関または設置支援母体の記録を「制度機能分析」により評価することが可能になれば、アーキビストは制度的アーカイブズを補完する可能性のある関係者の記録の所在を割り出すため、合理的でより広範な制度機関相互間の「ドキュメンテーション戦略」に取り組むことができる、というのである。サミュエルスの二つの概念の基本は、伝統的なアーキビストのやり方よりも幅広い規模で「記録収集の前に分析と計画立案を完了させなければならない」ということである[44]。サミュエルスは、[1]法人記録のアーキビストの世界と個人の手稿のアーキビストの世界の橋わたしをしたこと、[2]記録作成母体のほんの一部に焦点をあてるのではなく、関連するすべての記録作成母体にとって相互に関連する情報のすべての領域(出版物のほか人の手によって作り上げられた文化財など、すべての媒体の記録)に焦点をあてたこと、[3]記録の内容に「価値」を求める古い調査方法ではなく、制度評価を調査の基本とする機能的アプローチを主唱したこと、この3点をつうじてサミュエルスは、現在の複雑な現代組織から生み出される大量の記録と社会をうまく処理することの重要な方向づけ、そしてそうすることによってアーカイブズ理論を活性化させる重要な方向づけをしたのである。

　公的機関のアーカイブズと民間手稿のアーカイブズとの結びつきを探求するサミュエルスの手法は、カナダの「トータル・アーカイブズ」の概念が予想していたものである[45]。1970年代初めごろ[に生まれた]「トータル・アーカイ

ブズ」の概念は、長い間に発展してきたカナダの伝統を明快に説明している。カナダの伝統は他国においてもみられたのであるが、カナダ全体にみられる公的アーカイブズと民間アーカイブズの［適度な］釣り合いは他の国ではほとんどみられない。実際のところ、カナダ以外の国ではほとんどすべてが非ビジネス・アーカイブズなのである。カナダの「トータル・アーカイブズ」手法は、設置支援母体から始終要求される業務処理記録という証拠の保管所としてのアーカイブズの公的役割と社会的記憶や歴史的アイデンティティを保存するアーカイブズの文化的役割という二つ［の役割］を統合したものである。両者ともすべての媒体を包含している。カナダの手法は、強力な利害関係グループである利用者や記録作成母体のアーカイブズ観、あるいは国のアーカイブズ観を反映したものではない。カナダの手法は、ブームス、クック、そしてサミュエルスと同じように、社会全体を映すアーカイブズ観で社会からも公認されているアーカイブズ観を反映させるのである。カナダのアーキビスト、イアン・ウイルソン（Ian Wilson）のとりわけ印象的な言葉を借りれば、カナダの「トータル・アーカイブズ」の伝統は、重点をガバメント［政府］の記録よりもガバナンス［管理制御］の記録においている。この「管理制御」は、その視野のなかに統治構造とその内部の官僚機構に対するインパクトのみならず、国と市民の相互作用、国の社会に対するインパクト、社会自身の営みや機能についての認識も視野にいれている。アーカイブズの任務は管理制御の状況を記録した証拠を保存することにあるのであって、単に政府の統治記録を保存するだけではない。故シャーリー・スプラッグ（Shirley Spragge）の同僚への感動的な別れの言葉を借りれば、カナダのアーキビストたちが自分の国の伝統を放棄したり忘れたりすれば、「トータル・アーカイブズ」の考え方は無視されるようになるだろう[46]。

「国」のパラダイムではなく、新しい「社会」のパラダイムを代表するものにカナダのヒュー・テイラー（Hugh Taylor）以上に適切な人はいない。1965年にイギリスからカナダにやって来たかれは、カナダ・ナショナル・アーカイブズの「トータル・アーカイブズ」概念を中心になって作り上げた人物で、カ

ナダのハロルド・イニス（Harold Innis）とマーシャル・マクルーハン（Marshall McLuhan）のコミュニケーションとメディア理論から大きな影響を早くから受けていた。その後まもなく、テイラーは、新しい視聴覚電子記録媒体の変換する特質を敏感に認識してそれを世界的に広がる通信技術の巨大な力と統合し始めたのである。それも環境保全論的でかつ総体的、そして精神論的視野からおこなったのである。この強力な組み合わせによって、カナダや国際的に活躍する多くのアーキビストたちを古い記録をお守りする役目という「歴史の側線」からひきだして、電子記録の情報時代、地球規模情報伝達網、そして地域社会遺産保護運動（local heritage concerns）や地域生態系保全計画（bio-regional initiatives）のなかに据えたのである。かれはこれらのすべてをつうじて、社会と記録書類の間、そして活動と文書の間にある豊かな相互のむすびつきを探りだし、活動と文書の間の脈絡（あるいは出所原則）の意味を再活性化して世に示したのである。テイラーは長期にわたり［発表した］徹底的な調査にもとづく一連の思索的試論のなかで、古代、中世、産業社会から情報社会にいたるまで、また、口承の時代、文字社会、視覚社会から電子記録社会にいたるまでの進歩とアーカイブズの関係を、アーキビストが理解することを求めた。さらに、テイラーは「概念的口承への回帰（a return to conceptual orality）」が双方向電子的業務処理と意思疎通の新しい世界のなかでおこったこと、つまり、言葉あるいは記録化されたことのみが意味をもち得るという中世の枠組みへ回帰したことを読み取った。中世的枠組みのなかでは、言葉や文書は「脈絡と密接に関係しており、そしてその脈絡のなかから生まれる行動に密接に関係している。」 口承の伝統のもとでは、意味は「記録自身のなかにあるのではなく、その言葉や文書が『真偽をあきらかにする証拠』としてとりあげられる業務と慣習のなかにある。」 情報化時代における記録の定義とその存在、そしてそれに続く記録の解釈にとって、これらの「証拠的」活動あるいは脈絡化された活動が中心であることを前提として、テイラーはアーキビストに「いかにして、そしてなにゆえに記録が作成されたのかをあきらかにするための『社会的史料編纂』の新しい形式」をとり入れることを示唆した。テイラー

の考えでは、アーキビストたちはそうする必要がある。なぜなら、予想をはるかに超える大量の情報と技術の変革に直面するかれらにとっては「個別の記録やシリーズを取り扱う」ことからは距離をおいて「知識の形式とパターンの認識」により深く専念する必要があり、「そうすることによってのみ、われわれは情報とデータの泥沼を乗り越えることができるのである。そうでなければ泥沼の中に落ち込む……47)」のである。テイラーの思慮深い考察が、専門職という修道院の回廊、つまり学問領域の壁の内側で孤立していてはならない、とアーキビストたちにはっきり訴えていることは驚くべきことではない。

　テイラーは[1]かれ自身のなかでヨーロッパと北アメリカの伝統を結びつけることによって、[2]かれを育ててくれた北アメリカのアーカイブズ伝統の土台を突き崩すのではなく、むしろ強化することによって、[3]中世的口承から「グローバルな村」訳注4までを創造力ゆたかに整理することによって、[4]電子記録や視覚記録から逃げるのではなく、歓迎することによって、[5]細分化したり区分する代わりに関係と型を探し出すことによって、[6]アーカイブズを社会的、原理的、技術的脈絡と結びつけることによって、アーキビストたちが国家権力の単なる味方（あるいはお気に入りの子分）として奉仕するのではなく、むしろ新しい「電子半導体に仕える修道僧」として社会に奉仕することができることを論証してみせたのである。

新しく生まれ変わった出所原則：カナダとオーストラリア

　ヒュー・テイラー（Hugh Taylor）の業績をふまえて、北アメリカのアーキビストたちは、といってもカナダのアーキビストが主なのであるが、「出所原則を再発見」したのである。出所原則の再発見という言葉の名付け親は、カナダのアーカイブズ教育者トム・ネースミス（Tom Nesmith）である48)。もちろんいろいろな意味で、出所［概念］が北アメリカで滅びていたわけではなく、1970年代後半まで、編成と記述の限られた範囲ではあるが出所概念は適用されていた。ところが、カナダですら、アーキビストたちは出所のもっている脈絡付けの力を弱めてしまうような妥協を、シェレンバーグがつくりだしたレコー

ド・グループ概念でしていたのである。[このような妥協のおかげで]出所概念が理論面ではっきりと否定されるようなことはなかったのだが、実践面ではあまりにも頻繁に無視され根本のところで傷めつけられていた。シェレンバーグの影響が広くおよぶようになってから1970年代の後半にいたるまで、北アメリカでは、出所に代わって歴史事象を記述した内容がアーカイブズ評価、記述、[利用面の]パブリック・サービスを推進する力となっていたのである。このようなことが背景にあって、理想的なアーキビスト教育は大学院歴史修士課程とそれを補足する実地研修と考えられるようになったのである。

カナダでは過去20年の間にこの古めかしいアプローチはカナダとヨーロッパの[アーキビストからの]影響を受けて、目に見えて変化した、とネースミスは主張している。歴史研究者として養成されたアーキビストたちは、[習得した]歴史研究の技能と調査方法論を以前のように記録対象の内容に活かすのではなく、ネースミスのいう「[記録を]生み出した証拠の脈絡」の調査や解釈に活用し始めたのである。ネースミスは、ヒュー・テイラーの社会的史料編纂学(socio-historiographical scholarship)の「新しい形式」の基礎に「記録の履歴(history of the record)」を導入することを提唱したほか、「近代古文書学」を発展させるため、『アーキヴァリア』誌に定期的に「記録書類研究(Studies in Documents)」という欄をもうけるなど、[この分野の]指導者であった[49]。当時、わたくしもこの出所原則を再生させようという趣旨を支持していた。わたくしは、アーキビストは記録の「出所、文書群一体性の尊重[フォンドの尊重](respect des fonds)、脈絡、進化、関係性、秩序」に焦点をあわせること、いわば過去から受け継がれてきた専門職の言説および理論にかかわる言説の核心に光明をあてることによって、「情報」のパラダイムは「知」のパラダイムに移行し、出所の重要性は電子記録とネットワークされたコミュニケーション時代に蘇ってくる、と主張していた[50]。当時、一部の論者からは、アーカイブズ原則を捨てて情報管理あるいはコンピュータ・サイエンスの原則を採用すべきであるという見解が示されていた。しかし、カナダのアーキビストたちはアーカイブズ原則を捨てたり、シェレンバーグ派の内容中心という殻の中に閉

5. 過去は物語の始まりである　　149

じこもるかわりに、アーカイブズ専門職に残されていた脈絡付けされた情報に知の刺激を発見（というか「再発見」）し始めたのである。やがてカナダでは各地であらゆる媒体の「文書作成者、書類管理および様式、機能、多様なアーカイブズ文書群の物理的特性などの出所情報を探求」するアーカイブズ研究が盛んになった[51]。

このように志気のあがっている雰囲気のカナダで、アメリカのデイビッド・ベアマン（David Bearman）とリチャード・ライトル（Richard Lytle）が1985年に『出所原則の力（The Power of the Principle of Provenance）』という論文——これはしばしば引用される論文である——を『アーキヴァリア』誌に発表した。アメリカで発表されなかったこと自体なにも驚くべきことではない。かれらはこの歴史を画する論文で、記録の形式や機能の研究と作成の脈絡、そして学術研究者に再提示されたオーソリティ・レコード［典拠資料］を中心とする出所ベースによる情報検索が主題や内容をベースとする検索方法よりも優れていることを論証したのである。かれらはアーキビストが電子記録時代に大切な役割を果たす鍵を用意したのである。出所は、過去から受け継いだささやかな遺産ではなく、「組織がどのように情報を生みだし、利用し、捨てていったのかにかんする……アーキビストのみがもっているパースペクティブ」[52]に立脚した未来における情報検索能力（relevance）を約束するものなのである。

記録と記録作成母体を歴史と脈絡から分析することによって専門職の知、ないし理論軸を再発見するというカナダがつくりだした潮流にヨーロッパが合流した。ヨーロッパでもアーカイブズ理論そのものに対する関心が呼び覚まされたのである。ここで取りあげる重要な論者はルチアナ・デュランティ（Luciana Duranti）である。彼女は、1987年にイタリアからカナダにきて、6本の論文シリーズのなかで100年以上にわたる歴史を有する古文書学について詳述し、現代記録を理解するうえで古文書学が適用可能であることを論証した[53]。デュランティの分析は、先に述べたカナダの新しい出所や「記録の履歴」方法が展開してきた分析をうわまわる緻密なものである。彼女のそのほかの研究や彼女の教え子たちの研究は、記録、とくに記録作成母体の活動と業務処理がもって

いる証拠の特質に焦点をあてて考察していこうとするネオ・ジェンキンソン派の復活に大きな力を与えた[54]。古文書学は、とりわけ電子［社会の］環境のなかでは、（カナダが編み出した「記録の履歴」方法と同じように）文書の形式、構造、記録作成権者（authorship）を綿密に調査することが必要であることを現代のアーキビストたちに語れる極めて有益な学問なのである。しかしながら、ブームス、サミュエルス、テイラー、ネースミス、クックなどが示唆しているように、古文書学が孤立した個別文書を脈絡のなかに位置付けてくれる記録作成母体を動かしていた機能、構造の相互関係などを幅広く理解しなければならないということは至極当然のことである[55]。［カナダとヨーロッパの］二つの伝統がカナダのアーカイブズ言説の場で融合したので、全体から個別にというトップダウンの機能分析が、古文書学で用いられていた個別から全体にというボトムアップの分析よりも文書の分析において優れているのか、あるいは劣っているのかといったことが問われることはなかった。アーキビストたちは、むしろこの二つの方法が記録の脈絡付けの理解を深める重要な洞察力をもっているので、ともに関連あるものとして両方の手法を用いるべきだという認識をもったのである[56]。トップダウンの方法は機能、過程、活動をよりよく理解する機会をあたえてくれるし、ボトムアップの方法は証拠としてのやりとりについてより鋭い洞察力をあたえてくれる。ネオ・ジェンキンソン手法からこのような実り豊かな理解という利点がもたらされるからといって、ジェンキンソンにならって管理や制度のアーカイブズを重要なものと絶対視し、公共部門と民間部門の両部門を包括する「トータル・アーカイブズ」と袂を分かつようなことをしてはならないし、また、すべてのアーカイブズがもっているさまざまな文化面を軽視してはならない[57]。

　［単なる］情報を知識にまで高めることを可能にする記録作成母体の脈絡の様相（contextuality）をより深く理解させる出所の再発見が、カナダに大きな効果を三つもたらして世界から注目浴び、賞賛もかち得て、カナダに多くの利益をもたらした。第一の効果は、カナダ国立文書館が発表したマクロ評価にもとづく新しい受入れ戦略である。現在、この戦略は数カ国で採用されているほか

5. 過去は物語の始まりである　　151

司法関係の分野でも採用されている。前にも述べたように、この戦略の特徴は機能志向、マルチ・メディア、そして出所中心にもとづく方法という点にある。これは学術研究に用いられることを予想して記録を評価するのではなく、記録作成母体の機能、計画、活動をアーカイブズ記録に反映させようという方法であり、そして記録作成母体が社会のなかでつながりをもっていた機関の活動、言いかえれば、記録作成母体に間接的ながらも価値観が反映していたような機関の活動を反映させようという方法なのである[58]。出所再発見の第二の効果は、シェレンバーグが生み出したレコード・グループをカナダ全土でアーカイブズのフォンド（archival fonds）という出所中心の概念に置き換える記述標準を開発しようという構想である。この構想は、一つのフォンドのなかにあるすべての記録を、全体から個別に進む多層的階層、かつマルチ・メディア関係（multi-media relationship）の体系として記述（structures description）しようとするものである。またこの構想は、アーカイブズを、脈絡化した世界の枠組みで記述する規則を明確に成文化するばかりでなく、多くの記録作成母体の関係をあきらかにするオーソリティ・ファイル［典拠ファイル］によって出所をさらに守っていく必要性を強調したのである[59]。第三の効果は、全日制大学院レベルのアーカイブズ教育で世界一流のプログラムをいくつかつくりあげたことである。アーキビスト専門教育の必修科目についての発言には、カナダにおける出所の再発見とアーカイブズ理論再生の影響がみられるが、このプログラムで教えている教授や学生たちの研究もおおいに貢献しているのは確かなことである[60]。

　もし、カナダのアーキビストたちが、より強く、より高い意識で出所の妥当性を評価して現代アーカイブズの諸問題に取り組んでいたならば、ヨーロッパのアーキビストたちも同じように［出所に］確信をもてたのであろう。最近多くの国の著者たちによって発表された論文のうち少なくとも4本の論文では、ヨーロッパのアーキビストたちが、現在のアーカイブズが直面している課題にとって出所が引き続き妥当性を有することを［確認しようと］苦闘している。アーカイブズ理論の発祥地［であるヨーロッパ］のアーキビストたちがアーカ

イブズ理論を再検討する必要性を悟ったということは、北アメリカがしばらくの間主張を変えていたことを大目にみるようになるであろうし、最近の再発見に対してかれらが高い評価をくだしていることを理解する一助にもなるだろう！　ヨーロッパはこれらの研究のなかで、おおむね出所原則の重要性を再確認し、自動化された事務所と電子記録という新しい環境に直面している専門職の間で出所原則がその生命を長くもち続けるためには、出所原則を字義どおりに解釈するのではなくゆるやかに解釈する必要を、また物質として理解するのではなく概念として理解する必要があることに気づいている[61]。

　オーストラリアのピーター・スコット（Peter Scott）とかれの同僚が発表した出所の再解釈についての論文は、20世紀半ば以降［の論文のなか］で最も強い説得力をもつものである[62]。ジェンキンソンやシェレンバーグの次の［世代の］大多数のアーカイブズ理論家たちが評価や電子記録という厄介な問題に専心しているときに、ピーター・スコットは記述の問題に取り組んでいた。ジェンキンソンもシェレンバーグも単一階層で、したがって単一出所管理、かつ単一の記録環境を想定していたので、この2人は記述の概念とツールを作りあげるときにオランダの3人が示した昔ながらの記述のアーカイブズ・モデルをそれぞれがほんの少し、あるいは若干修正しただけであった。ところが、スコットは、記録とそれを作成した行政［単位］が一対一で対応するというこれまでのアーカイブズの仮説がもはや有効でないということを見抜いたのである。そして、かれは現在の行政の組織機能もかつての単一階層構造ではなく、記録保管システムと同じように不断に変化し続ける複雑でダイナミックなものになっていることをあきらかにした。その帰結として、かれはオーストラリアのシリーズ・システム手法（series system approach）を多様な相互関係を記述する手段として発展させたのである。多様な相互関係とは多数の記録作成母体と多数の記録シリーズの関係をいい、記録管理の連続体（the continuum of records administration）がみられるところにはどこにでも、すなわち記録を作成する事務所、現用記録を管理する事務所、そしてアーカイブズに存在するのである。スコット自身が焦点をあてたのは記録とその直接の作成母体の相互

関係であった。オーストラリアのアーキビストたちは、公の機能と直接の作成母体の脈絡を超えた出所の周縁、すなわち、より大きな脈絡に根ざした多様な関係も組み込んでそれを検証しようとしている[63]。これらすべての相互関係は（ある種の相互参照であるが）、おおかたのアーカイブズの記録手法にみられるような一対一で結びついた固定した関係ではなく、むしろ複数対一、一対複数あるいは複数対複数の関係である。つまり、複数のシリーズと一作成母体、複数の記録作成母体と一つのシリーズ、複数の記録作成母体と複数のシリーズ、複数の記録作成母体と他の複数の記録作成母体、シリーズとほかのシリーズ、そして機能に対するシリーズや作成母体、あるいはその逆のものとして存在している。一言でいえば、スコットは、アーカイブズの記述作業全体を静態的な目録作成という形態からダイナミックで多様な相互関係性を記述するシステムへと移行させたのである。

　残念なことに、オーストラリアのシリーズ・システムは、ジェンキンソンのアーカイブ・グループやシェレンバーグのレコード・グループ、あるいはヨーロッパのフォンド（fonds d'archives）の単なる縮小版にすぎないという誤解がある[64]。この誤解はスコットがアーカイブズの記述のみならずアーカイブズ理論に広くおよぼしたまさに革命ともいえる改革を覆い隠してしまう。ピーター・スコットは、記述をめぐるシェレンバーグのレコード・グループの呪縛を打ち破ったばかりでなく、アーカイブズを「物理的な形状特性（physicality）」から思考するという、いわばオランダのマニュアル以降のアーカイブズ考察で絶対ともいえる基盤を（単に修正するというのではなく）根底から突き崩したという点で極めて大きな貢献をしたのである。こうしてピーター・スコットは、世界のアーカイブズ学界で「ポスト収蔵」革命の父として認められるようになった[65]。かれは文書の世界における研究者であるが、かれの洞察は、とくに電子記録に直面しているアーキビストたちにとって妥当性が高い。［なぜなら］電子記録は、スコットのシステムとまったく同じように、記録作成の多角的関係性の脈絡と同時代における利用の重要性に比べて、記録に物理的特性があるかどうかということについてはほとんど重要性を認めていないからである。

近年、オーストラリアのアーキビストたちが、アーカイブズの言説、そして脈絡やアーカイブズの性格にかかる出所観念の再活性化の領域で相当重要な貢献をしている。重要な記録が紛失したり、故意に廃棄されたりという世間を大きく騒がせたいくつかの事件に触発されて、オーストラリアのアーカイブズ教育者スー・マケミッシュ（Sue McKemmish）とフランク・アップワード（Frank Upward）が、記録連続体全体にわたる「挙証説明責任」概念をより洗練させて発表したのである。この概念は、以前からフランスを始めヨーロッパで広く知られていて、多くのアーキビストたちにも受け入れられていたのだが、オーストラリアの権力を支える者でこれを口にする者はほとんどいなかった[66]。マケミッシュとアップワードは、ジェンキンソンの主要な原則、新しい出所主義にかかるカナダの説明、とりわけアメリカの理論家デイビッド・ベアマンの洞察が念頭にあって、シェレンバーグ派による記録管理者とアーキビストの［役割の］範囲の区分、すなわち「記録」と「アーカイブズ」の区分は、文書の生涯のどの段階においても「アーカイブズ文書」として統一しようというあたりまえの意図から注意をそらすものだ、と主張したのである。かれらは、文書を［記録とアーカイブズという］別のサイクルをもつ切り離されたものとしてではなく、この二つを共通の連続するものとしてとらえたのである。情報が、活動の証拠として、記録作成母体、支援者、市民、そして後に利用するアーカイブズ研究者などすべての人に対して奉仕するものでなければならないということであれば、情報の必須の要件として「統合性、完全性、正確性、信頼性」が備わっていなければならない。［しかし、］情報技術専門職たちの情報への関心はあまりにも効率の良いアクセスと利用にかたよりすぎて、情報が持たなければならない「統合性、完全性、正確性、信頼性」という本質を見失っている、というマケミッシュとアップワードの所見は正しい。要するに、アーカイブズ文書群の証拠としての属性は制度機関の内部挙証説明責任の基盤をなすものであり、また、指導者や制度機関がみずからの活動について市民に対して説明することが求められる民主主義社会にとって不可欠の幅広い公の挙証説明責任の基盤をなすものなのである。制度機関に、みずからの記録保管システムに「記録

の特性(recordness)」が確保されているのだということをあわせて説明する責任がないのであれば、情報へのアクセスがいかに効率よくできても意味はない。これは現用記録の利用者であろうが、アーカイブズ文書の利用者であろうが、どちらにしても同じことである[67]。

オーストラリアのアーキビストのグレンダ・オークランド(Glenda Acland)は、アーキビストたちに[アーカイブズ]は遺物として管理するものではなく、記録として管理するものである、とはっきり述べている[68]。いうまでもないことであるが、オーストラリアのジェンキンソン派の人たちは、アーキビストをアーカイブズ記録連続体へすすんで介入する者あるいは監査する者と考えている[69]。[アーキビストは]記録を受け身で保管する者であり記録の保護者であるというかれらの導師の立場にはとらわれていない。オーストラリアが挙証説明責任の枠組みのなかでアーカイブズ文書群の証拠としての特性をあらためて明確にしたことはきわめて重要である。というのは、法律面からも倫理面からも制度機関自身を防衛しようという利己心を証拠と記録というアーカイブズ概念に結びつけたからである。これは、記録連続体の入口で記録作成母体がアーカイブズの事柄を処理しようという、きわめて強力な戦略に承認を与えることになるのである。電子時代にアーカイブズ記録を残しておこうとすれば、この戦略は不可欠である。しかし、制度の記録や公式の記録の定式化と模範例ばかりに焦点をあわせるこの挙証説明責任方式に危険性が潜んでいることは、挙証説明責任の考え方を擁護する一部のオーストラリアの人たちの間でも認識され始めている[70]。この考え方は、アーキビスト[が果たしていた]役割を管理面の役割と文化面の役割の二つに区分して、アーキビストを厳格に法律上の挙証説明責任に限った狭い領域に押し込め、その結果、アーカイブズが果たしてきた国の文化と社会の記憶を守る砦という役割の価値を損ねることになる危険性を孕んでいる。カナダのネオ・ジェンキンソン派が強調する点にもその危険性が垣間みられるし、一部の電子記録の理論家が定式化したもののなかにもその兆候が現れている。今後もその危険性は衰えないであろう。

「アーカイブズの再生」：電子記録とアーカイブ理論

　出所原則が再発見されることになった動機、あるいは再生されることになった動機は、電子記録がアーキビストにつきつけた数多くの問題である。アーキビスト専門職の言説を電子記録の議論が支配するようになり、新しい画期的な概念にもとづく洞察が、そして、新しい戦略と手法が生みだされてきた[71]。電子記録にかんする言説では、カナダとオーストラリアがおおきな貢献をしているのであるが、リーダーシップをとっているのはアメリカのデイビッド・ベアマンである[72]。

　初期の電子記録や機械可読記録と呼ばれるものはたいしたものではないと思われていたが、それでも1970年代から1980年代初期にかけての解説者には、当時としてはそこそこ新しかった技術にうろたえて、新しいメディアに適応していくためにアーキビストはアーキビストであることをやめてコンピュータ技術者か情報管理者になれというものがいた。わたくしが電子記録アーカイブズの「第一世代」と呼ぶものたちのなかには、出所の脈絡よりも情報内容を、アーカイブズ記述よりもライブラリーのカタログ作成を、連続して変化するリレーショナル・データベースや事務システムよりも一回限りの静止した状態の統計データ・ファイルを重視するものがいたし、電子データ・ファイルを記録作成母体のマルチ・メディアの総合的な情報分野の一部ではなく、分離されて、孤立している項目であると強調したものもいた[73]。先駆者である第一世代の電子記録アーキビストたちのこのような研究手法はよく理解できる。というのは、[当時では]、そのような特質をもった社会科学のデータ・ファイルを処理していたデータ・ライブラリアンたちがつくりあげたモデルが実際に稼働していた利用可能な唯一のモデルだったからである。このような状況は1980年代半ばに一変した。新しくリレーショナル・データベースが主役となった情報技術が企業、大学、政府に広く採用されるようになったからである。アーカイブズの観点からみると、磁気媒体に記録された価値あるデータは、大きなリレーショナル・システムの社会経済プログラムのなかでほとんど毎秒のように、追加され、

修正され、削除されている。このようなデータベースの世界を超えた外側にも、まさにこれこそが自動化された事務所といえるものがある。そこでは、すくなくとも情報が論理にかなった形で構築され、テキスト、データ、グラフィックス、イメージ、あるいは音声が電子方式に移し替えられ、データが統合されて「合成」マルチ・メディア文書、あるいは「スマートな」マルチ・メディア文書にされている。こういった複雑で電子化された新しい方式をコントロールし、標準化し、そして事務処理に組み込むことをしなければ、意思決定の挙証説明責任と記録作成母体である組織体の長期にわたる記憶は危険にさらされる。とくに電子情報の送受信と相互の連結に影響をおよぼす通信革命がこの電子方式と結びついたところでは、この危険は大きい。さらに大きな［問題は］、アーカイブズが記録の脈絡と機能を、数十年から数世紀にわたって完全に維持していくことができる活気に満ちた機関として歩みつづけていくことすらも危険に陥れてしまうということである。もし、電子書類が多種多様な目的のためのさまざまな組織の構造のなかに存在する個々の利用者の気まぐれな命令で偶然に貯えられた「バーチャルな」合成物という存在であったり、あるいはコンピュータのスクリーンから目のなかに飛び込んできてそして過ぎ去っていく「光景」という存在に過ぎないのだとしたら、挙証説明責任を負う制度機関は、どうやって特定業務処理の確かな証拠を残していくのか？　結びつきから解き放されてしまった一過性のデータにとって機能の脈絡とはなにか？　出所はどうなる？　初期の時代にピーター・スコットが考えたように、電子記録はアーキビストたちをバーチャル・アーカイブズやバーチャル・レコードの時代へ引きずり込んでいる。20世紀のアーカイブズの言説の中心は物としての記録媒体と記録の編成にあったが、バーチャルな世界では、それらの重要性は機能の脈絡に比べれば低くなっている。電子記録は機能の脈絡のなかで作成され、記録作成母体によって記述され、同時代の人たちによって利用される。電子記録がもたらした革命ともいえる変化はオーストラリアのスー・マケミッシュなどのアーカイブズ理論家に「そもそも記録は実在するのだろうか？」という問いをたてさせるのである[74]。

この根源にかかわる難題に回答が示されようとしている。現在のアーキビストたちは、高度技術の大言壮語をすべて横においておけば、リレーショナル・データベースの世界、複雑なソフトウエアが連結している世界、電子事務システムの世界、ハイパーメディア文書の世界、多階層地理情報システム（multi-layered geographical information system）の世界にも、これまでと同じように、情報の関係性の世界、相互に結びつけられた世界、脈絡の世界、証拠の世界、出所の世界がある、と考えている。概念レベルや理論レベルでみればアーキビストにとって複雑な電子記録の関係を再現する［作業］は、19世紀の事務所に存在していた多くの典型的な記録シリーズの相互にもつれた結びつきを解き明かし、それをいきいきと活動する機能と記録作成母体に結びつける作業といささかもかわることはない。もちろん、戦略レベルと戦術レベルではまったく違う。このことからマーガレット・ヘッドストロム（Margaret Hedstrom）とデイビッド・ベアマンは、アーカイブズ記録を実際に収蔵することに注力することから、政府と企業の相互につながれたすべてのコンピュータに残された記録をリモート・コントロールすることに転向して「アーカイブズを再生」させることを提言したのである。そのようになれば、アーキビストは、昔の学芸員がやっていたように実物としての対象物に対してかかわっていくようなことは減って、組織の電算情報システムにおける「記録の特性（recordness）」の意味を守ること、言いかえれば、証拠の意味を守るために、中央に集中している組織の行動の管理により多くかかわるようになるであろう[75]。［焦点がこのように変っても］、脈絡の関係性を理解し、解明するというアーキビストの役割の本質に変わりはないのである。

　電子記録分野における非凡な洞察力をもった思想家であるデイビッド・ベアマンは、多くの著作のなかでこのテーマを繰り返しとりあげている。一例をあげると、「伝統的文書への挑戦のなかで重要なことは、文書のもっていた境界が、利用者やシステムが行う創造的なオーサリング［編集］（creative authoring event）によって風穴をあけられたことである。文書が作成されたときの脈絡だけがバーチャル文書の内容を理解させてくれる」と断言している。

ベアマンは、この新しい思考様式を「実物としての記録の形態やその内容よりも出所や記録作成の脈絡に長いこと焦点をあわせてきたアーキビスト専門職のパースペクティブにぴったり一致する」とアーキビストにとって頼もしい論証をしている。また、かれが電子記録が提起した多くの問題の観点からひきだした結論は「これまでのところこの分析は出所概念を豊かなものにし、任務や機能との直接の結びつきを強化し、組織体の単位ではなく組織体の活動や業務処理との直接の結びつきを揺るぎないものにしている[76]」というものである。この言葉は一部のアーキビストにとって悩ましいかもしれない。記録が、個別の管理単位ではなく、機能や業務の過程と概念で結びつくということは、オランダの3人、ジェンキンソン、カザノバ、そしてシェレンバーグなどが著作のなかであきらかにしたアーカイブズ理論と方法論のおおくの伝統的なパースペクティブの基盤をゆるがすことになるからである。電子記録はアーキビストにこの難問を突きつけている。結局、アーカイブズ原則はおおくの伝統的な解釈と実践への適用を思いきって放棄することによりはじめてその基盤が守られるのではなかろうか。

　アーカイブ専門職が、政策とその実施手続き、あるいは、業務に適用する通信標準の一部を構成するメタデータカプセル化記録対象（a metadata-encapsulated record object）をつうじて記録保管の公式の機能要件を満たしていくという、政府と主要企業の電子記録を取り扱う新しい戦略の方向性には、長期的な観点からすれば大きな利点がある。しかし、これらの方法論は、民間部門の記録についてはもちろんのこと、政府機関であっても消滅してしまった機関、多くの小さな機関、あるいは［業務期間が区切られて］短期間に消滅する政府機関、評議員会、委員会などの記録に対する妥当性はきわめて低い。（仮に現在の電子記録に欠陥があるとしても）アーキビストたちは電子記録作成の現実を無視したり、未来のために再構築戦略を押し進めようとして古くから受け継いできたシステムの記録を無視したりしてはならないのである。さもなければ、「付加価値」をもったアーカイブズ記述がメタデータ記述に置き換えられて、広範な脈絡性が［失われる］ことになろう。少なくとも、ここ数年、あきらかに

電子記録の理論家が［1］記録の統合性と信頼性を保持するためのコンピュータ・システムの機能要件の再設計、［2］強制力をもった法令によって組織体の挙証説明責任を果たさせること、さらに［3］アーカイブズ記録の作成母体に［当該記録の］長期の収蔵を管理する権限を委ねること、など［の検討］を主として引き受けてきたようにみえるのである。このことは、上述の再構築を行い得るような権限と権力をもち、かなり長期にわたって安定した状況にある記録作成母体に対して事実上の特典を与えることになるのではなかろうか。これは逆から見れば、こうした再構築ができない、あるいはそれとは無関係な、民間の記録ないし短期間だけ記録を作成する母体にとっては不利益となる。実際のところ、電子記録アーキビストたちが徐々に採用し始めたアーカイブズ記録の定義では、業務処理の電子記録のうちきわめて限られた記録にのみ証拠能力を認め、この挙証説明責任を満たすために生まれた極端に狭い定義からはずれるすべての記録—そしてその記録作成母体—をアーカイブズとアーキビストたちの権限からひそかに除外しているのである。「記憶の政治学」なるものがいまだにわれわれのなかに生きているのはあきらかである[77]。

結論Ⅰ：われわれの物語の始まりを作り上げた過去とは何か

　電子記録からの挑戦は、アーキビストたちに、20世紀のアーカイブズ言説、理論と実践の相互作用をめぐるさまざまな解釈を一つのパースペクティブをとおして回顧させることとなった。すべての国のアーキビストたちは、［過去1世紀にわたって］蓄積されてきた成果を共有している。すなわち、ミュラー、フェイト、フラインが明確にしたアーカイブズの基本原則、証拠の真正性というジェンキンソンの道徳的主張、現代の複雑な行政から大量に出てくる記録を積極的に処理していこうというシェレンバーグの試み、行政概念を基盤とするアーカイブズから社会概念を基盤とするアーカイブズへとビジョンを拡大しようとしたブームスとサミュエルス、そしてその他の研究者、アーカイブズにある古いかたくなな思考形式を未来にむけて創造力ゆたかなものに転換をさせたテイラー、カナダが再発見した出所、オーストラリアによって現代記録の複雑

な脈絡の観点から仕立てなおされた出所、そして、アーキビストたちが出所を守り、電子アーカイブズ記録の証拠としての挙証説明責任を守ろうと望むのであれば、アーキビストを単なる保管者から監査人へ変えようというベアマンのたゆみない努力、などの成果を共有しているのである。オランダでマニュアルが発刊されて以降に先人たちが遺したこれらのアーカイブズ考察の実りを、すべてのアーキビストたちが受益者として収穫することができるのである。しかし、豊かなアーカイブズ考察にも根本から変革する必要性に迫られているものがある。20世紀のアーカイブズ言説の変遷の主なものは、言説におこった変化のいくつかの様式を認識すること、そしてアーカイブズの方法論と戦略論を練るために、変化に関係する事柄とその変化がもつ意味を議論すること、そしてその結果を日常の実践のなかにとり入れていくことの必要性を示唆している。1898年から今日までのアーカイブズの集合的言説に耳を傾けると、5つの大きな課題、あるいは変化が見えてくる。それは、基本的な理論概念のあるものを未来のために再構成しなければならないことをしめしている。

　第一のテーマは、まさに、なぜアーカイブズが存在するのか、の事由が顕著に変化したことである。アーカイブズは、国の概念から生まれ、法律にもとづく管理に正当化の事由があったのだが、それがより広い公共政策や公共の利用を基盤とする社会・文化面からの正当化への集合転換がおこった。この原因のひとつに、20世紀に歴史研究者が専門職のなかで推進力としての力を握ったことがある。このほかの原因として、アーカイブズはどうあるべきか、過去をどのように考えるべきか、どのように守るべきか、どのように利用すべきか、などについての市民の考えと期待に変化が生じたことがあげられる。アーカイブズは国の階層構造そして体制文化の一部として国に奉仕させるために国が設立するのが通例であった。初期のアーカイブズ理論が、国家統制主義の理論やモデル、あるいは古い国の記録の性質や特質の研究に正当化の根拠を探し求めたことは驚くべきことではない。そうした理論が世界中のおおくのアーカイブズ施設でひろく採用されてきたのである。20世紀末のアーカイブズに対する承認、少なくとも民主主義のもとで税金を投入して設立する非商業アーカイブズ

に対する社会の承諾が、初期の国家統制主義モデルを根本から変えてしまったのである。いまやアーカイブズは、人民の、人民のための、どちらかといえば人民によるアーカイブズなのである。官僚の仲間内のやりとりを主な内容とするのが特徴というようなアーカイブズに巨額な支出を認める市民はほとんどいない。アーカイブズの重要な目的は、政府の挙証説明責任の維持と行政の連続性、そして人権の保護にあると正しく認識されたとしても、大部分の利用者と市民全体にとっては、市民のアイデンティティ、居住地域、歴史、文化、そして個人の記憶あるいは集合記憶を市民に与えてくれるということがアーカイブズ正当化のおおきな事由なのである。要約すれば、社会の集合記憶をあきらかにするための拠り所を強大な権力をもつ記録作成母体が残した文書に限定してしまうことは、もはや受けいれられない。公の挙証説明責任や歴史的挙証説明責任は、まずアーカイブズやアーキビストを必要とするのである。しかし、社会・文化の両面からその正当性の事由を、利用の形態や社会や特定機関の直接研究を基盤とする方法論があきらかにできるのかどうか、記録作成母体を機能面から出所分析することを基盤とする方法論があきらかにできるのかどうか、あるいはその他の分析を基盤とする方法論があきらかにできるのかどうか、ということについて、アーキビストたちはいまだ答えをだしていない。

　アーカイブズ言説からみえてくる第二のテーマは、アーカイブズやアーキビストたちが、活動や業務処理の証拠として真正性と信憑性のある記録を保存するためにどのような努力をはらってきたのかにかかわることである。20世紀のアーキビストたちは、つねに記録の主題内容と同じように記録の出所と脈絡を識別し、あきらかにしようとしてきた。なにはともあれアーキビストたちは政府の上部機関に残っていた不要な記録すべてをそっくり原秩序のまま収蔵して記録の脈絡がたち切られてしまうことのないように保護していたのである。大部分の記録は廃止された組織体の閉じられたシリーズのもの、あるいは、すでに高い評価を得ている隔離されてきた古い時代の文書であった。いまやアーキビストたちが力を入れようとしているところはおおきな変化を示している。アーキビストは従来のやり方に代えて、まず記録が一般に受入れられている基

準にしたがって証拠として確実に作成されること、そしてすべての営為と意図が信憑性のある書類として確実に適切な書類にされることに力をいれようとしている。大量かつ脱集中化した記録を作成する急速に変化する複雑な組織体の世界、そして電子記録の世界、すなわち、つかの間でバーチャルな文書がリレーショナルで多目的データベースや国際通信ネットワークで結ばれた電子記録の世界では、アーキビストが現用記録に介入しなければ、あるときは記録の作成が始まる以前に介入しなければ、アーキビストが従来と同じような方法で記録を保存のために入手しようとしても、信憑性のある記録はすでにあとかたもなく消えてしまっているであろう。かりに記録がアーカイブズに保存可能になったとしても、電子記録は2〜3年ごとにまったく読むことができなくなるか、あるいはコピーして、新しいソフトに移し替えることができるように［記録の］構造と機能を再構成しなければならない。記録の価値を、時を超えて安全かつ永久に保存するためには、記録の相似変換作業が必要となるのである[78]。アーカイブズ記録の保存は、修理、復元、収蔵にかんする適切な標準と、記録された媒体そのものの利用に焦点をあわせることを伝統としていたが、電子記録のおかげで媒体本体はほとんど無意味なものになってしまった。というのは、物理的に貯蔵された媒体が劣化するはるか以前に記録自体が［別の媒体に］移行してしまうからである。将来重要になるのは、実際の機能が再構成できるかということである。したがって、出所、言いかえれば「オリジナル」記録の証拠を生み出した脈絡が重要なのである。アーキビストたちはこれまで以上にこの点に注目していかなければならないのである。

　第三の大きなテーマは、アーカイブズ理論を生み出す源泉にかかわるものである。1世紀前であれば、アーカイブズ原則は古文書学を基盤とする個別文書の分析からうまれてくるもの、安定した単一の階層構造の制度機関からアーカイブズが受入れた記録のグループや閉じられたシリーズの編成と記述の技法からうまれてくるものであったろう。いまやまったく別のパースペクティブが必要とされている。不安定な組織体のなかにあるのは、数えきれないほど多くの評価をしなければならない複合多様媒体による記録のシリーズで、そのうえそ

れがたえまなく変動しているのである。そのようなシステムで作成される記録の評価は、多くの場合コンピュータに最初の記録がインプットされる前のシステム・デザインの段階でおこなわなければならないのである。このような理由から、現代における評価は、個別の記録やその記録の利用の可能性に焦点をあわせることは減り、記録作成母体の機能と業務処理に焦点をあわせるようになっている。評価の焦点は、実際の記録からその機能の過程、つまり記録作成の脈絡に、すなわち実際にある作品を作成する原因、それも最初の原因である「まさにその証拠(very act and deed)」に移行したのである。アーカイブズのパースペクティブが記録から脈絡に移行したのは、当初でこそコンピュータ・システムのバーチャル文書という妖怪からの刺激と近年の機能評価理論の発展によるものであったのであるが、現在では、記録から脈絡への移行は多数のものが作成する文書群の相互関連記述の戦略、あるいは世界規模のインターネットに存在する「壁のないアーカイブズ」のためのポスト収蔵的提案のいくつかにも見ることができる。いまや、アーカイブズ理論はその着想をアーカイブズに納められている記録の編成と記述からではなく、記録作成過程の分析から得ているのである。エリック・ケテラール（Eric Ketelaar）は「記述のアーカイブズ科学が機能のアーカイブズ科学に置き換えられ……もともとの脈絡のなかにおける文書群の一体性とアーカイブズ文書群の機能は文書作成をとりまく脈絡を機能面から解釈することによってはじめて理解できる」と結論をくだしている[79]。

われわれの過去100年の集合的歴史からでてくる第四のテーマは、これまで述べてきた三つのテーマとつながりがある。現在では、アーキビストが記録保管の過程に積極的に介入して記録に信憑性のある証拠という特性が確実に残るようにすることが求められている。また、機能、構造、過程、そして脈絡の実体を調査、理解し、そして、それらの相対的な意義を解き明かし、それを基礎に現代のアーカイブズの評価（そして記述）をおこなう必要がある。そのような状況から、アーキビストが受け継いできた公平性という観念は—かりそめにも、そういうものがこれまでにあったとしても—そのような観念を受け入れる

状況にはないのである。アーキビストは、記録史料が限られて［量の］時代においても、また、途方もない量の時代においても、かれらの選択そのものによって、どの記録作成母体を、どのシステムを、どの機能を、どの業務処理を、どの記述と伝播メカニズムを、そしてもちろんのことであるが、どの記録を、全部あるいはその一部を、アーカイブズとするのか、それともまったくアーカイブズとしないのかなど、すべての活動にアーキビスト自身の価値観を投影せざるをえないのである。アーキビストたちの立場は、この1世紀の間に、記録作成母体が残した文書全体を受け身で保管していた立場からアーカイブズ遺産を意欲的に形成していく立場に変わったのである。受け継いできた記録の公平な管理者であったのかどうかは別として、かれらは記録保管の基準を設定するために介入し、そして情報記録世界全体のほんのわずかな部分のみをアーカイブズとして保存するためにあからさまに介入する存在に進化したのである。この結果、アーキビストたちはかれら自身の「記憶の家」を意欲的に建設していく者になったのである。それゆえ、アーカイブズ創造と記憶の形成過程で、かれらはみずからの記憶の政治学をつねに吟味していかなければならないのである。かれらの記憶の政治学を感受性と歴史のパースペクティブから吟味することによって、アーキビストは記録のすみからすみまでをくまなく、どの機能、どの活動、どの組織、そして社会のなかのだれを世界の集合記憶に取り込み、そして除外するのかをよりよく比較し評価できるようになるのである。

　最後の第五のテーマは、アーカイブズ理論は公平無私でつねに真実をささえる一連の不変の科学法則であるというような認識をしてはならないということである。20世紀の優れたアーカイブズ研究者は、あるときは意識して、あるときは無意識のうちに、かれらが生きた時代と場で社会全体を支配していた言説の傾向を幅広く反映させながら、アーカイブズ概念を構想力によって再生させてきたのである。アーカイブズ理論は、19世紀のヨーロッパの実証主義からアメリカのニューディール国家統制主義へ、さらに進んで1960年代のメディアに光をあてたマクルーハン主義、さらに最近ではポストモダン歴史主義など、多岐にわたるいくつかの社会段階を反映しつつ発展してきている。このことを理

解すれば、時代とともに変化していくアーカイブズ理論の性質は、専門職の短所ではなく、逆に長所になるのである。もうすでにおわかりのように、卓越したアーカイブズ理論家というのは、社会、組織構造、記録保管技術に起こってくる広範で急速な変化を認識し、それを明確に表現し、変化がもたらす影響をアーカイブズ学に、そしてアーカイブズ思想に集大成する人なのである。ヒュー・テイラーとトム・ネースミスが、オーサリングの脈絡（the authoring context）とその結果である記録との間の密接な関係を研究するという新しい課題に取り組むべきだとアーキビストたちにすすめたことが正しいとすれば、アーキビストとその同時代の社会との間の関係についても同じように光をあてて研究する必要があるといえよう。それも現在と過去の両方について研究する必要があるのである。

　紙面の制約もあり、アーカイブズ理論の歴史をきわめて簡潔に述べてきたが、最後に重要なことをつけ加えておかねばならない。アーカイブズの理論面での今日の輝かしい合意にいたるまでの道程は、外に対して閉じられた学派に属する思想家が何ものにも妨げられることなく一本道を歩くように着実に積み重ねてきたというようなものではない。そうではなくて、アーカイブズの歴史は同時代に存在した相反する考察、さもなければそれらが一つに融合させられたもの、根本から考察するよりも重点の違いを力説する研究者たち、新しい環境に照らして考え方を変える個性ゆたかな研究者たち、新しい場に新しい装いで現れる古い観念などが折りかさなって豊かな層をなすコラージュなのである。ある世代が前の世代の問題を解決すると、それが次の世代が取り組む新しい問題を生みだしてくる。思想の振り子は、日の目を見る思想、捨てられる思想、あるいは後に形を変えて再生されてくるものなど、前や後ろに揺れ動くのである。思想とはもともとそのようなものなのである。

結論Ⅱ：われわれが過去から受け継いだ物語の始まりは何か

　それでは、われわれの未来はどこに行くのであろうか？　20世紀のアーカイブズ観念をいくつか振り返ってみると、われわれ専門職の新しい概念の枠組み、

ないしは理論の枠組みを一歩一歩発展させてきたのはわれわれである。21世紀を目前にして、アーキビストたちは分析の重点を、個別文書の特性や特質から文書作成の原因となる機能、過程、業務処理にますます移していくであろう。したがって、記録の評価は、学術研究上の価値が将来でてくるかどうかの評価から、記録作成母体の重要な機能、企画、活動、そして記録作成母体と関係者（clients）の相互作用というマクロ評価分析に移行していくことになろう。保存用として選定する記録は、［社会を］ありのまま簡潔明快に、そして最大限に映しだしたものでなければならない。編成と記述は、物理的記録の実体、ないし記録媒体に関心をよせることは少なくなるだろう。その代わり、記録を作成する情報システムとさまざまな機関／個人、そして関連システムのドキュメンテーションとコンピュータ上のメタデータを、「付加価値」のつけられた脈絡から理解する方向に発展していくのであろう。少なくとも政府と法人のアーカイブズの任務は、記録作成部局に古い記録の移管に協力をしてもらいたいと懇願する立場から、記録作成母体が管理している特定部門のアーカイブズ記録の維持とサービスの実績を監視する監査人に変わらなければならない[80]。参照問合せや館外奉仕も、主として学術研究者が訪れる古い記録を貯蔵するための場所であるアーカイブズ施設が、インターネット上の仮想アーカイブズに次第に変貌していく時代には、その変化に応じて変化していかなければならない。仮想アーカイブズはアーカイブズの管理下にある記録保管システムを連結したもので、記録作成母体の収蔵庫に残されているものよりもはるかに大きくて複雑である。アーキビストは、インターネットに脈絡をつけた登録をして、世界中の人々が仮想アーカイブズの場で数千の連結された記録保管システムへのアクセスが容易になるようにするのである。保存についても、廃棄されてしまうおそれのある物理的貯蔵形式の維持に専念することから、いくどとなく変換される情報そのものの構造および脈絡上の機能を保護することに移行していくことは確実である。

　アーカイブズの実践面で、今後おこってくる概念の変化は、アーカイブズ理論を根本のところで定義し直す必要性があることを意味している。この課題に

応えるには、出所は、記録を一つの階層構造のなかの記録の起点である唯一の執務現場に直接結びつけるものから、たえず進化する組織体のなかで、あるいは組織体をまたがって、記録が作成される原因となる作成母体の機能や業務の過程に光をあてる概念に変わらなければならない。出所の概念をそのように変えることによって、出所は一つの構造をもつ動かぬ存在の証明書（identification）から、創造性のある活動、ないしはオーサリング活動（authoring activity）をともなうダイナミックな関係性に変えられるのである。原秩序は、記録の単一シリーズのなかにあるそれぞれの記録の物理的な場所の概念という理解から、複数のオーサリングする者（authorship）と複数の利用者（readership）を秩序づけて映しだすものに変わるべきなのである。そこでは、データは別の作成母体が別の業務を処理するためにさまざまな方法で結びつけられ、仮想の「秩序」（ないし「シリーズ」）、あるいは新しい「秩序」（ないし「シリーズ」）概念を形成するということもあり得るのである。一つの記録は単一のシリーズや原秩序に属するのではなく、いくつかのシリーズないしはいくつかの原秩序に属するのである[81]。同じように、記録そのものの概念も構造、内容、情報の脈絡を物理的なある場所に統合する一つの記録媒体としてみる存在から、業務処理などを実行したり、あるいは証拠を作成するために、散在している多くの部分が（多様なソフトウエアによる制御や業務の過程を経て）結びつけられる仮想複合物としてみる存在に変えられるべきなのである。同様に、文書群も、記録の移管、編成、蓄積から生まれた規範に基礎をおく静態的な物理的秩序を反映するものと考えるのではなく、現代世界のなかで記録の脈絡性をより正確に把握する機能や活動に焦点をあわせたダイナミックな複数の作成母体機能（creatorship）と複数のオーサリング機能（authorship）を反映するものと考えるべきなのである。

　このような変化はすべて、アーカイブズの理論面からの焦点を（そして実践面からの焦点を）、記録［そのもの］から、記録の背後にある作成行為、あるいはオーサリングの意図あるいは機能面からみた脈絡に移すのである。この新しいアーカイブズのパラダイムは、専門職が慣例としておこなってきた物理的形

態記録——収蔵庫のなかに実際に物理的に収蔵されて、われわれの手もとにある記録——に知の面から焦点をあわせるのではなく、記録のもつ脈絡、目的、意図、相互関連性、機能性、挙証説明責任、そして記録作成母体や記録の作成過程に新しく焦点をあわせるのである。それは、それらが存在する場所のいかんにかかわらない。このことは、アーカイブズ活動のインスピレーションをアーカイブズの収蔵庫に収められている記録の研究から得るというこれまでの[パラダイムを]超えたところに焦点が移ることを示唆しており、アーカイブズのポスト収蔵思考方法と呼ばれている[82]。端的にいえば、アーカイブズのポスト収蔵パラダイムは、[伝統的な]アーカイブズ原則を捨て去ることを意味するものではないし、また、記録を取得することをやめてしまうことを意味するものでもない。証拠を守ることを伝統としてきたジェンキンソン派の考え方を、物的枠組みから概念の枠組みへ、文書中心から作成過程志向の営為に、物質から精神へ、と再考察することを意味するのである[83]。

　機能、作成母体、「記録」のあいだにあるすべての関係をダイナミックな関係というポスト収蔵概念によって見直した出所の定義を採用することによって、電子記録をアーカイブズ専門職の実務に取り入れること、複雑な現代の記録を鋭い眼識をもって評価すること、あらゆる媒体のアーカイブズ記録の豊かな脈絡を記述すること、一般の多くの人びとがアーカイブズの理解を深め、アーカイブズを脈絡化したものとして利用することを促進すること、といった数かずの課題にアーキビストたちが自信をもって対処しうる知の枠組みを構築することができるのである。また、出所の観念は定義しなおされることによって、アーキビストとアーキビストの支援者、そして学術研究者が無意味なデータの海のなかで溺れることのないようにする手段と脈絡化された知識の型を見いだす手段を提供し、そのなかから見識と英知の望みが与えられる。過去のアーカイブズを脈絡化する道を選ぶところから未来のアーカイブズの物語が始まる。真心をこめて作りあげたさまざまな「記憶の家」によって[培われた]鋭い感受性があれば、アーキビストたちは歴史の教訓から人類を導くインスピレーションを得ることができる。ポストモダンとポスト収蔵の精神をそのように考えるこ

とによって、今日のアーキビストたちは「過去も現在も葬り去ることなく、過去の声を現在の声とし、過去と現在に共通な場の記憶のなかで過去と現在に生命を吹き込む[84]」ことが容易になるのである。

原 注
1) 〔謝辞〕この論文は何回かの改訂を経てできあがった。[完成までには]多くのアーキビストの方々に負うところが少なくない。わたしの感謝の気持をこの場であきらかにしたいと思う。また、この論文の改訂履歴[をここで述べること]は、これまで[に発表した]さまざまな版の由来をあきらかにすることになるであろう。この論文は、1996年9月に北京で開かれた第13回国際文書館評議会(ICA)大会総会の三番目の講演として1993年に依頼されたのが最初である。その草稿に対し、アーキビストの方々(下記をご参照いただきたい)から有益なコメントを得て、1995年5月に長い論文にまとめ、それを英語版と中国語版で北京大会の参加者に配布した。第2版は、ICAのその他の公用語(西、独、露、仏)による大会配布用資料である。これは、翻訳費用を節約するため全体を前の版の長さのおよそ半分にして1995年12月に作成した。この第2版は大幅に濃縮したもので、現在の版の核をなすものである。現在の版は第1版で焦点をあてたものを見直し、加筆し、最新のものに書き改め、巻末の注をより広範に、より説明的なものにし、とくに、もともとの広範な国際的脈絡のなかでのカナダのアーカイブズの伝統とその貢献を加筆することによってこの論文全体を「カナダ的」に改めたものである。第3版は北京大会の講演用ペーパーとして、この論文の主要テーマのみを強調したもので、もともとの版のおよそ7分の1のものである。その要約がこの版の結論の一部となっている。ICAはこれらに変更を加えず、これとはかなり違った版を形式的に発表することになるであろう。わたしは、このArchivaria誌[第43号：1997年春期号]のものを最終的なテキストと考えている。前の版には6カ国の28人のアーキビストから丁重なコメントを頂いた。最初の頃の草稿に対するコメント(それはきわめて広範なものが少なくないのであるが)に時間を割いてくださったアーキビストに深甚の感謝を捧げたい。いただいたご批判によって前のいくつかの版とこの論文の内容がかなり改良された。後に加えられた多くの加筆変更に当惑される方がいないことを希望する次第である。いかなる誤りもわたしの責任である。[この論文を事前に]読んで下さった方々は、オーストラリアのGlenda Acland、Sue McKemmish、Angela Slatter、中国のHan Yumei、オランダのJan van den BroekとF.C.J. [Eric] Ketelaar、南アフリカのVerne Harris、アメリカのDavid Bearman、Richard Cox、Margaret Hedstrom、Jim O'Toole、Helen Samuels、カナダのBarbara Craig、Gordon Dodds、Luciana Duranti、Tom Nesmith、Hugh Taylor、Ian Wilson、そしてわたしのいるNational Archives of Canadaの同僚であるGabrielle Blais、Brien Brothman、Richard Brown、Jacques Grimard、Candace Loewen、Lee McDonald、John McDonald、Heather MacNeil、Joan Schwartz、Jean-Pierre Wallotである。　この論文ができあがるまでのいろいろな段階でthe National Archives of CanadaのEd DahlとTim Cookから細部にわたり編集上の助言を頂いた。また、調査研究業務から離れてこの論文を書くことができたという(わたしの過去の出版の例からみても、このような)まれな贅沢を経験することができたことに対し、Jean-Pierre WallotとLee McDonaldに感謝したい。さらに、Archivaria誌の編集長Sheila Powellには有益な助言を頂いたこと、そしてこの長いペーパーを2回あるいはそれ以上の回数に分割することなく掲載することを認めて頂いたことに感謝したい。
2) Jean Pierre Wallot, "Building a Living Memory for the History of Our Present: Perspectives on Archival Appraisal" *Journal of the Canadian Historical Association* 2 (1991), pp.263-82. 引用はp.282。[訳注：本書第4章に全文翻訳を収録]
3) Jacques Le Goff, *History and Memory*, translated by Steven Rendall and Elizabeth Claman (New

York, 1992), pp.xvi-xvii, 59-60, その他の箇所。中世のアーカイブズとその目的についてはPatrick J. Geary, *Phantoms of Remembrance: Memory and Oblivion at the End of the First Millennium* (Princeton, 1994), pp.86-87, 177および第3章"Archival Memory and the Destruction of the Past" およびRosamond McKitterick, *The Carolingians and the Written Word* (Cambridge, 1989) を参照。また、記録の証拠的性格ではなく、その象徴性についてはJames O'Toole, "The Symbolic Significance of Archives" *American Archivist* 56 (Spring 1993), pp.234-55。女性とアーカイブズについてはGerda Lerner, *The Creation of Feminist Consciousness: From the Middle Ages to Eighteen-Seventy* (New York and Oxford, 1993) の第11章 "The Search for Women's History" およびAnke Voss-Hubbard, "'No Documents—No History': Mary Ritter Beard and the Early History of Women's Archives" *American Archivist* 58 (Winter 1995), pp.16-30. を参照。第1次世界大戦関係ではDenis Winter, *Haig's Command: A Reassessment* (Harmondsworth, 1991)、とりわけ最終章の"Falsifying the Record"を参照。Justin Kaplan, ed. *Bartlett's Familiar Quotations*, 16th ed., (Boston, 1992), p.761. の Part I, Section ii, にある Milan Kundera, *The Book of Laughter and Forgetting* (1980)。アーカイブズの政治「支配」の議論にかんしては Terry Cook, "Electronic Records, Paper Minds: The Revolution in Information Management and Archives in the Postcustodial and Postmodernist Era" *Archives and Manuscripts* 22 (November 1994), 特に pp.315-20. を参照。アーキビストは、この「記憶の学問」の分野をさらに念入りに探求する必要がある。なぜなら、それがアーカイブズ理論と概念化を支えてきた疑問を差し挟む余地のないおおくの仮説に脈絡を取り込むことになるからである。仮に、著者たちのアーカイブズへの取り組み方が上述の著者たちと違って本格的ではないにしてもである（ただし、下記の Clanchy は別である）。例えば、Jonathan D. Spence, *The Memory Palace of Matteo Ricci* (New York, 1984) は中国の明朝と16世紀ヨーロッパの反宗教改革の相互の影響にかんする比較文化史への魅惑的な探求であり、また記憶の芸術への良い入門書でもあり、長い歴史と必死に取り組んだ究極の著作となっている。記憶の独創的かつ革新的な分析で、1000年にわたる西欧の教育、文化のなかでの記憶が占めていた高い評価、いろいろな空想的な記憶のからくり（記憶の宮殿、記憶の系図、そして記憶の劇場など）についてはFrances A. Yates, *The Art of Memory* (Chicago, 1966) を参照。この流れに沿った分析ではMary Carruthers, *The Book of Memory: A Study of Memory in Medieval Culture* (Cambridge, 1990) がある。口承の記憶から記録の記憶（あるいは書かれた記録、そしてそれが行き着いたものとしてのアーカイブズ）への移行の古典的分析ではMichael Clanchy, *From Memory to Written Record: England, 1066-1307*, 2nd ed. (Oxford and Cambridge MA, 1993) がある。もっともこの著作には Patrick Geary が（上述の著作で）Clanchyの主要な解釈の一部について丁重に異議を唱えている。いろいろな市民の計画や遺産計画をとおして記憶を作り上げ、一個人の現在の身分を守ろうという過去の利用については、最近幅広くカバーするものが著わされている。そのなかでも先駆的な研究にEric Hobsbawn and Terence Ranger, eds. *The Invention of Tradition* (Cambridge, 1983) がある。もっともよく知られている3冊はDavid Lowenthal, *The Past is a Foreign Country* (Cambridge MA, 1985)、Michael Kammen, *Mystic Chords of Memory: The Transformation of Tradition in American Culture* (New York, 1991) およびJohn Bodnar, *Remaking America: Public Memory, Commemoration, and Patriotism in the Twentieth Century* (Princeton, 1992) である。過去のことを思い起こしたり、忘れ去ったりすることのなかで、記憶とは何か、記憶はどのように働くのか、なぜ記憶は機能するのだろうかについて、生化学者、心理学者、詩人、文芸評論家、哲学者やその他の人たちが歴史学者（そしてだれもがアーキビストを希望する）とともに研究、すなわち記憶の神秘に引き込まれている。かれらの著作は図書館を埋め尽くすことができるだろうが、短いがずばりの入門書にMary Warnock, *Memory* (London and Boston, 1987) がある。それ以外のものは略す。

4) Barbara Craig, "Outward Visions, Inward Glance: Archives History and Professional Identity"

    Archival Issues 17（1992），p.121。アーキビストの研究のすすめ方、記述の方法、アーキビスト自身の歴史書のほか、アーキビストの日常の実務や専門職の望ましいあり方など全般にわたって述べたものに Richard J. Cox, *American Archival Analysis: The Recent Development of the Archival Profession in the United States*（Metuchen, N.J., 1990），pp.182-200 に所収の "On the Value of Archival History in the United States"（初出1988）がある。Cox のたしかな助言に従うものが少ないことはなげかわしいことである。また、おおかたのアーキビストに対する歴史教育のことを考えれば不思議なことである。

5) 英語で著わされた簡明でもっともよいものは Michel Duchein, "The History of European Archives and the Development of the Archival Profession in Europe" *American Archivist* 55 (Winter 1992), pp.14-24、Luciana Duranti, "The Odyssey of Records Managers" (Tom Nesmith, ed. *Canadian Archival Studies and the Rediscovery of Provenance* (Metuchen, N.J. 1993) 所収 pp.29-60）。その他のおおくの資料とその他の言語による資料がこの注に示されている。その他有益なものに James Gregory Bradsher and Michele F. Pacifico, "History of Archives Administration" (James Gregory Bradsher, ed. *Managing Archives and Archival Institutions* (Chicago, 1998) 所収 pp.18-33) がある。また、Odd Bucci, ed. *Archival Science on the Threshold of the Year 2000* (Macerata, Italy, 1992) のなかのいくつかの論文は国別の伝統に触れている。最近著わされた専門職の特質と顕著な歴史展望についてのあらましには James M. O'Toole, *Understanding Archives and Manuscripts* (Chicago, 1990) がある。

6) Duchein, "History of European Archives"［前掲注5］p.19.

7) S. Muller, J.A. Feith and R. Fruin, *Manual for the Arrangement and Description of Archives* (1898) Arthur H. Leavitt による第2版の訳（1940）(New York、再版1968)、pp.13-20, 33-35, 52-59。「マニュアル」ができ上がる経緯を英語で述べた最も良い読み物は Marjorie Rabe Barritt の "Coming to America: Dutch Archivistiek and American Archival Practice" *Archival Issues* 18 (1993), pp.43-54 である。わたくし自身は Barritt のものではなく「マニュアル」の訳の1940年版を参照した。最近のものでは Bucci *Archival Science on the Threshold*［前掲注5］, pp.69-79 に収められている Cornelis Dekker の "La Bible archivistique néerlandaise et ce qu'il en est advenu" がある。オランダの著者たち3人の伝記、それも3人の関係が満足のいく幸福なものでなかった事情も書きこまれている伝記に Eric Ketelaar の "Muller, Feith et Fruin" *Archives et bibliothèques de Belgique* 57（nos. 1-2, 1986），pp.255-68 がある。

8) Sue McKemmish and Michael Piggott, eds. *The Record Continuum: Ian Maclean and Australian Archives First 50 Years* (Clayton, 1994) pp.110-30 のなかの Frank Upward, "In Search of the Continuum: Ian Maclean's 'Australian Experience' Essays on Recordkeeping" からの引用。Frank Upward もこの点を指摘している。

9) Muller, Feith and Fruin, Manual, p.9（著者たちによる序文）。オランダ人たち自身は、記録管理に影響をおよぼす新しい行政的な現実を認識し、マニュアルの規則を書き直したり、解釈を拡大しながら指導した。しかし、彼らの後継者たちにオランダの3人と同じような弾力性を示さなかった一部の人たちがいたことはまことに不幸なことである。オランダの著者たちが示した弾力的な改変の具体的な例は Herman Hardenberg, "Some Reflections on the Principles for the Arrangement of Archives" (Peter Walne, ed. *Modern Archives Administration and Records Management: A RAMP Reader* (Paris, 1985), pp.111-14.)。Eric Ketelaar は、マニュアルの著者たち以前の19世紀にオランダの Theodoor Van Riemsdijk がアーカイブズ理論の基礎として機能分析と組織分析の考え方を提案していたことを紹介している。しかし、この提案は受入れられず「その後長い間、アーカイブズ理論の発展が妨げられた」という。Ketelaar, "Archival Theory and the Dutch Manual" *Archivaria* 41 (Spring 1996), pp.31-40 を参照。

10) Ernst Posner, "Some Aspects of Archival Development Since the French Revolution" (Ken Munden, ed. *Archives and the Public Interest: Selected Essays by Ernst Posner* (Washington, 1967)), p.31。Lawrence D. Geller, "Joseph Cuvelier, Belgian Archival Education, and the First International Congress of Archivists, Brussels, 1910," *Archivaria* 16 (Summer 1983), p.26.

11) Barritt, "Coming to America" *Archival Issues* [前掲注7], p.52. から引用。

12) J. Conway Davies, *Studies Presented to Sir Hilary Jenkinson, C.B.E., LL.D., F.S.A.* (London, 1957) にある "Memoir of Sir Hilary Jenkinson" はJenkinsonの伝記としては最も優れたものである。これを補うものにつぎのものがある。Richard Stapleton, "Jenkinson and Schellenberg: A Comparison" *Archivaria* 17 (Winter 1983-84), pp.75-85.

13) Hilary Jenkinson, *A Manual of Archive Administration* (London, 1968, a reissue of the revised second edition of 1937), pp.149-55, 190.

14) F. Gerald Ham, *Selecting and Appraising Archives and Manuscripts* (Chicago, 1993), p.9。Jenkinsonに好意的なアーキビストですら、かれの評価論に対して反対している。Jenkinson記念論文集のなかでも、カナダとオーストラリアの一流のアーキビストたちははっきりとJenkinson流の研究手法論の問題点を指摘している。Albert E.J. Hollaender, ed. *Essays in Memory of Sir Hilary Jenkinson* (Chichester, 1962) に収録されている W. Kaye Lamb, "The Fine Art of Destruction" pp.50-56 および Ian Maclean, "An Analysis of Jenkinson's 'Manual of Archive Administration' in the Light of Australian Experience" pp.150-51を参照。

15) Patricia Kennedy Grimsted, *Archives and Manuscript Repositories in the USSR: Moscow and Leningrad* (Princeton, 1972), pp.23-60参照。さらに辛らつなものとしては、彼女の最近の論文 *Intellectual Access and Descriptive Standards for Post-Soviet Archives: **What is to be Done?***, International Research and Exchanges Board preliminary preprint version (Princeton, March 1992). pp.9-23を参照。彼女はつぎのように述べている (p.10)。1930年以降、アーキビストは「マルクス・レーニンの歴史観を強調し、階級闘争の要因と闘う大衆の勝利を露骨に表現しなければならなかった。与えられた史料群が支配階級に対する闘争をいきいきと描きだしていることを示すことよりも、史料の純粋な事実の記述あるいは客観的な記述をおこなったアーキビストは職務から追放された。共産党のテーマにふさわしくないアーカイブズ史料は記述すらされないか、あるいは [記述されても] 本来の性質や出所は記述されなかった。」

16) Jenkinson, *Manual of Archive Administration* [前掲注13], pp.101-2。Jenkinsonの整理についての寛大な判断がいまだにイギリスのアーカイブズの実践のなかに生き残っている。彼の提唱した「アーカイブ・グループ」はいまでは単に「グループ」と呼ばれているが、この述語はJenkinsonの寛大な定義を守っている。逆に、「アーカイブ・グループ」自体の述語はより広い主題分類に適用されている。Michael Cook, *The Management of Information from Archives* (Aldershot, 1986), pp.85-87および第5章のp.92にある例を参照。Jenkinsonの観念の脈絡とその影響（そして弱点）は、Barbara L. Craig, ed. *The Archival Imagination: Essays in Honour of Hugh A. Taylor* (Ottawa, 1992), pp.134-49に収録されている Michael Roper の "The Development of the Principles of Provenance and Respect for Original Order in the Public Record Office" にすばらしい分析がある。

17) オーストラリアの厚顔なジェンキンソン主義は、Judith Ellis, ed. *Keeping Archives*, 2nd ed. (Port Melbourne, 1993), pp.1-24に収録されている Sue McKemmish, "Introducing Archives and Archival Programs"、Sue McKemmish and Frank Upward, eds. *Archival Documents: Providing Accountability Through Recordkeeping* (Melbourne, 1993)、Sue McKemmish and Frank Upward, "Somewhere Beyond Custody" *Archives and Manuscripts* 22 (May 1994), pp.138-49、そして Glenda Acland, "Archivist—Keeper, Undertaker or Auditor?" *Archives and Manuscripts* 19 (May 1991), pp.9-15. に最も明快に述べられている。カナダのジェンキンソン主義については

Heather MacNeil, "Archival Theory and Practice: Between Two Paradigms" *Archivaria* 37 (Spring 1994), pp.6-20. に明快に述べられている。カナダのネオ・ジェンキンソン派の評価については Luciana Duranti, "The Concept of Appraisal and Archival Theory" *American Archivist* 57 (Spring 1994), pp.328-44. を参照されたい。これらの例ではオーストラリアのネオ・ジェンキンソン派がJenkinsonの意気込みを奉じているのに対し、カナダのネオ・ジェンキンソン派はJenkinsonの意見(dictum)の文面により執着している。ジェンキンソン主義を奉じているすべての人たちは、行政や制度の関心事に過度に影響されるアーキビストは「道化師」であるとJenkinson自身がしりぞけ、「検討にあたって支配的であるべきものは究極的に」研究者の「関心と必要でなければならない」と述べていることを思い出さなければならない。1946年1月22日付オックスフォード大学F.M. Powicke教授宛の同じ書簡のなかでJenkinsonは「若干の歴史を計画的……かつ付随的に学ばないアーキビストがすばらしい仕事をやれるはずがない。……アーキビストがときたま歴史家の専門技術を身につけようとするのを妨げようと努めることは賢明になことではない」と力説している。Laura Millarの1996年のPh.D.論文（ロンドン大学）"The End of "Total Archives"?: An Analysis of Changing Acquisition Practices in Canadian Archival Repositories" p.255. からの引用。

18) イタリアの状況とCasanovaの仕事については、Bucci, "The Evolution of Archival Science" [訳注：前掲注5の *Archival Science on the Threshold*…所収] pp.17-43。引用文はpp.34-35と彼の "Introduction" p.11. を参照

19) 数字はJames Gregory Bradsher, "An Administrative History of the Disposal of Federal Records, 1789-1949" *Provenance* 3 (Fall 1985), pp.1-21. によっているが、わたしが英度量衡からメートル法への換算の際、端数を切り捨てている。

20) Margaret Cross Norton, "Records Disposal" (Thornton W. Mitchell, ed. *Norton on Archives: The Writings of Margaret Cross Norton on Archives and Records Management* (Chicago, 1975), p.232に収録)および同じ巻のなかの"The Archivist and Records Management"。Philip C. Brooks, "The Selection of Records for Preservation" *American Archivist* 3 (October 1940), p.226。Jenkinsonとの比較ではDonald R. McCoy, *The National Archives: America's Ministry of Documents, 1934-1968* (Chapel Hill, 1978), p.178. を参照。Brooksの介入を主張する考え方はJay Atherton, "From Life Cycle to Continuum: Some Thoughts on the Records Management—Archives Relationship" *Archivaria* 21 (Winter 1985-86), pp.43-51によってさらに展開され論じられている。この記録連続体にアーキビストが初期段階から介入する考え方は、電子記録についての現在の思考をおおいに補強することになった。Athertonの連続体の定式化自体はオーストラリアのIan Macleanが見越していたものである。Ian Maclean, "An Analysis of Jenkinson's 'Manual of Archive Administration' in the Light of Australian Experience" [前掲注14] pp.128-52およびIan Maclean, "Australian Experience in Record and Archives Management" *American Archivist* 22 (October 1959), pp.387-418. を参照。連続体の概念は、最近、アーカイブズの考え方や実務部門やすべての次元を積極的に取り込んで、アーカイブズ理論とのより広い掛かり合いがもたれて再び活発化している。例えば、社会／文化と法律／行政の挙証説明責任、公的部門と民間部門、個人の記録作成母体と組織の記録作成母体、証拠にかかる書類に集中する方式と機能／脈絡のつながりなどがアーカイブズ理論に取り込まれている。Frank Upward, "Australia and the Records Continuum"参照。原稿は1996年8月にサンディエゴにおけるアメリカアーキビスト協会 [大会] に提出され*Archives and Manuscripts*の次号に掲載される。[訳注：ここでのUpwardの論文は以下が該当すると推測される。Upward, "Structuring the Records Continuum Part One: Post-custodial Principles and Properties," *Archives and Manuscripts* 24 (November 1996), pp. 268-285.]

21) Ham, *Selecting and Appraising Archives* [前掲注14], p.7. しばしば引用されるSchellenbergの原則が十分説明されているものに "The Appraisal of Modern Public Records" *National Archives*

Bulletin 8 (Washington, 1956), pp.1-46. がある。Maygene F. Daniels and Timothy Walch, eds. *A Modern Archives Reader: Basic Readings on Archival Theory and Practice* (Washington,1984), pp.57-70. にその抜粋がある。

22) 引用は前掲書 pp.58-63, 69.

23) Ham, *Selecting and Appraising Archives*[前掲注14], p.8. Schellenbergの影響はいまだに大きいものがある。最近のある教本でも「研究利用」にかかるかれの二次的価値はいまだに「アーキビストの主要な関心事」であると述べている。Maygene F. Daniels, "Records Appraisal and Disposition" in Bradsher, *Managing Archives* [前掲注5], p.60. を参照。

24) 民間のアーカイブズや司書とアーカイブズの関係など、Schellenberg自身の発展の分析については Richard C. Berner, *Archival Theory and Practice in the United States: A Historical Analysis* (Seattle and London, 1983), pp.47-64および関連頁を参照。

25) オーストラリアの人たちは、シェレンバーグ派が示す「記録」と「アーカイブズ」の区分は、記録連続体としていかなる時点においても「アーカイブズ文書」として統合しようとするかれら共通の目的を混乱させるものだとはっきりと異議を唱えてきた。McKemmish and Upward, *Archival Documents* [前掲注17], pp.1, 22、あるいはGlenda Acland, "Managing the Record Rather Than the Relic" *Archives and Manuscripts* 20 (May 1992), pp.57-63. を参照。ライフ・サイクル研究手法論にかかわる記録連続体の解釈と実践については、McKemmish and Piggott, Records Continuum[前掲注8] のなかの数人の著者（とくにFrank Upward）を参照。

26) Schellenberg, *Management of Archives*, [New York, 1965] pp.162ff。この論題にかんするこの頃のアメリカの類似の提示と有力な考え方についてはOliver W. Holmes, "Archival Arrangement—Five Different Operations at Five Different Levels" *American Archivist* 27 (January 1964), pp.21-41, とくにpp.25-27を参照。

27) Schellenbergの実践的な妥協ではなく、レコード・グループの終焉とより厳格な出所への回帰を強く主張する批評家の数が増大している。最初に批判の声を上げたのがオーストラリアのPeter Scottの著作 "The Record Group Concept: A Case for Abandonment" *American Archivist* 29 (October 1966), p.502, and passimで、最近ではDavid A. Bearman and Richard H. Lytle, "The Power of the Principle of Provenance" *Archivaria* 21 (Winter 1985-86), p.20, Terry Cook, "The Concept of the Archival Fonds: Theory, Description, and Provenance in the Postcustodial Era" (Terry Eastwood, ed. *The Archival Fonds: From Theory to Practice* (Ottawa, 1992), とくにpp.47-52.) 参照。カナダにおける10年にわたる *Rules for Archival Description* (*RAD*) による2カ国語の国定記述標準の立案と実施は、シェレンバーグ派のレコード・グループによる最悪の失敗の処理を意図したものである。RADはカナダに以前からあった記述よりも脈絡的枠組み(contextual framework)を確立する一方、記録作成活動の代りに、物理的整理から生まれたアーカイブ・フォンドの伝統的なヨーロッパの定義を支持することによって、またScottの著作が主として含意するものを見落すことによって、さらに電子記録の理論家（Bearman, Cook, Hedstrom, Brothman）が複数の記録作成母体とヴァーチャル・シリーズにかんして示す含意を見落すことによって、RAD自身も妥協（そしてそれが出所を不鮮明にすること）をしているのである。それとは反対の良い意図にもかかわらず、カナダのアーカイブ・フォンドは、実のところ、レコード・グループの単なる別名なのではなかろうか?

28) McCoy, *National Archives* [前掲注20], p.180. から引用。Schellenbergの伝記的な詳説は "In Memoriam: T.R. Schellenberg" *American Archivist* 33 (April 1970), pp.190-202. を参照。

29) Barbara Craig, "What are the Clients? Who are the Products? The Future of Archival Public Services in Perspective" *Archivaria* 31 (Winter 1990-91), pp.139-40。このなかでCraigは、現代社会の習俗がアーカイブ思想の発展にあたえる影響について思索している。

30) Meyer H. Fishbein, "A Viewpoint on Appraisal of National Records" *Americn Archivist* 33

(April 1970), p.175.
31) Maynard J. Brichford, *Archives and Manuscripts: Appraisal & Accessioning* (Chicago, 1977), p.13。このアーカイブズ研究手法に異論を唱えるものが増加しているが、Schellenbergの影響を自認しているものが続けている。Elizabeth Lockwood, "'Imponderable Matters:' The Influence of New Trends in History on Appraisal at the National Archives" *American Archivist* 53 (Summer 1990), pp.394-405. 参照。
32) F. Gerald Ham, "The Archival Edge"(Daniels and Walch, eds. *Modern Archives Reader*[前掲注21] 所収, pp.328-29)
33) わたくしはこの理由で利用に根ざす研究手法を厳しく批判してきた。Terry Cook, "Viewing the World Upside Down: Reflections on the Theoretical Underpinnings of Archival Public Programming" *Archivaria* 31 (Winter 1990-91), pp.123-34; "Easy To Byte, Harder To Chew: The Second Generation of Electronic Records Archives" *Archivaria* 33 (Winter 1991-92), pp.210-11; および "Mind Over Matter: Towards a New Theory of Archival Appraisal" (Craig, *Archival Imagination* [前掲注16]所収) pp.40-42, および関連頁参照。以下のパラグラフで述べる現代アーカイブズの枠組みにかんするほとんどすべての著述家たちは、アーカイブズの実際の構成を決めるために利用が決定する評価を拒否するか、少なくとも暗黙のうちに拒否している。この点にかんしさらに明白に述べているものにEric Ketelaar, "Exploitation of New Archival Materials"*Archivum* 35 (1989), pp.189-99. がある。アーカイブズは利用を支えるために評価したり取得されたりすべきではないというKetelaarに全面的に賛成するが、いったん取得した後では記述、リファレンス、および普及の面で可能な限り利用者の必要性を反映すべきであることはいうまでもない。
34) この実用主義的な内容をベースとする研究手法がアーカイブズ理論の価値を否定しないまでも、いちじるしくその価値をおとしめていることをJohn Roberts, "Archival Theory: Much Ado About Shelving" *American Archivist* 50 (Winter 1987), pp.66-74 および "Archival Theory: Myth or Banality" *American Archivist* 53 (Winter 1990), pp.110-20. が大変よく著わしている。また、利用に根ざす研究手法の主唱者であるElsie T. Freeman (現在Finch姓)はこの種の考え方を例証し、伝統的なアーカイブズ理論を単なる「秩序と実践の規則（ときに原則と呼ばれる）」としりぞけている。彼女の"In the Eye of the Beholder: Archives Administration from the User's Point of View"*American Archivist* 47 (Spring 1984), pp.112-13, 119. を参照。このタイトルはLawrence Dowler, "The Role of Use in Defining Archival Practice and Principles: A Research Agenda for the Availability and Use of Records" *American Archivist* 51 (Winter and Spring 1988), p.74, および関連頁の内容をそのまま反映していることに注意されたい。主としてアメリカのパースペクティブを支持するカナダの考え方としてはGabrielle Blais and David Enns, "From Paper Archives to People Archives: Public Programming in the Management of Archives" *Archivaria* 31 (Winter 1990-91), pp.101-13, とくにp.109. を参照。逆にRobertsの主張に異議を申し立てるカナダの見解はTerry Eastwood, "What is Archival Theory and Why is it Important" *Archivaria* 37 (Spring 1994), pp.122-30, を参照。*Archivaria* 37にはJohn Robertsの回答二本が掲載されている。
35) Oddo Bucci も "Evolution of Archival Science"［前掲注18］(p.35, and ff)のなかで同様のことを述べている。
36) アブラハム・リンカーンの記憶すべき句はEric Ketelaarによってアーカイブズに新しい使われ方が示された。Eric Ketelaar, "Archives of the People, By the People, For the People" *South Africa Archives Journal* 34 (1992), pp.5-16. 参照。
37) Hans Booms, "Society and the Formation of a Documentary Heritage: Issues in the Appraisal of Archival Sources" *Archivaria* 24 (Summer 1987)、(初版 1972: Hermina Joldersma および Richard Klumpenhouwer訳) p.104. 社会の歴史的発展の予想というヘーゲル・モデル、「将来の研

究の関心」というシェレンバーグ派の夢想、真偽のほどの疑わしい「社会発展の客観的な法則」を用いるマルキストやその他のモデルなどによって与えられる正当性の欠如、これらすべてのモデルはまさに「人間生活の存在条件」を無視しており、また、「社会」とはなにか、あるいは「社会」の意味を正確に知ることが不可能であるということを無視している。p.100およびpp.69-107の中の関連頁参照。記録は社会の「姿」を反映したもの、あるいは具体的に表現したものであるというBoomsの思想を敷衍したものは、ドイツ連邦公文書館 (Bundesarchiv) でのかれの同僚のSiegfried Büttnerの著作を参照。これは下記にて紹介している。Terry Cook, *The Archival Appraisal of Records Containing Personal Information: A RAMP Study With Guidelines* (Paris, 1991), pp.iv-v, 35-37を参照。とりわけHans Booms自身によるBüttnerの考え方に対する論評は "Überlieferungsbildung: Keeping Archives as a Social and Political Activity" *Archivaria* 33 (Winter 1991-92), pp.28-29. を参照。

38) 同書、p.25-33.（引用はpp.31-33）参照。

39) Cook, *Archival Appraisal of Records* ［前掲注37］および "Mind Over Matter: Towards a New Theory of Archival Appraisal"［前掲注33］参照。私の論文を注意深く読んでいない人は、「社会的」アーカイブズにとっての原理的根拠とその原理的根拠を実現するために発展した実際の出所ベースの評価戦略および調査研究の方法論の区別が重要であるにもかかわらず、しばしば、それが混乱するか、逆に理解したりすらする。その結果、ある人たちはわたしの論文が「主題―内容の歴史家」の要素を備えているとか、「ヨーロッパのドキュメンタリスト」の伝統―それは私がこれまで述べてきた新しい方法を説明するにあたって反対してきた（そしてそのように明白に述べてきた）伝統なのであるが―の要素を備えているとそれとなく示唆している。アーキビストの立場を記録の受動的な受け手から活動的な評価者に変えるという企ては、アーカイブズとするかどうかの（評価を含む）意思決定の基礎としての出所を捨て去ることを意味するものではないし、また、アーキビストをヨーロッパ風のドキュメンタリストかシェレンバーグ派の歴史家のどちらかに変えようという懐古趣味的な切望を意味するものではない。評論としてAngelika Menne-Haritz, "Appraisal or Selection: Can a Content Oriented Appraisal be Harmonized with the Principle of Provenance?" (Kerstin Abukhanfusa and Jan Sydbeck, eds. *The Principle of Provenance: Report from the First Stockholm Conference on Archival Theory and the Principle of Provenance 2-3 September 1993*(Sweden, 1994), pp.103-31。この要約が "Appraisal or Documentation: Can We Appraise Archives by Selecting Content?" *American Archivist* 57 (Summer 1994)である。そのほかTerry Eastwood, "Nailing a Little Jelly to the Wall of Archival Studies" *Archivaria* 35 (Spring 1993), pp.232-52があるが、これにわたしはTerry Cook, "'Another Brick in the Wall': Terry Eastwood's Masonry and Archival Walls, History, and Archival Appraisal" *Archivaria* 37 (Summer 1994), pp.96-103. で反駁している。その他アーキビストの専門分野についての歪曲した観点に次のようなものがある。Elizabeth Diamondは、わたくしの研究手法論によるアーカイブズの「価値」が、「行政史の研究者」にとっての記録の重要性によって判断されるのは当然のことだと述べている。Elizabeth Diamond, "The Archivist as Forensic Scientist—Seeing Ourselves in a Different Way" *Archivaria* 38 (Fall 1994), pp.145-46. 参照。彼女は理論と方法論の区別がついていないからそのように述べるのである。マクロ評価を行うアーキビストは行政活動（機能、行政手続き、構造、活動）の記録の調査研究を続けなければならないのはあきらかなことであるが、アーキビストは示される社会的像 (the societal image) と市民と国家の相互作用が一般行政活動のなかの記録作成によってどの程度鮮明に示されているかを識るために行っているのであって、行政の歴史それ自体に焦点をあてるためにやっているのではないのである。行政ではなく記録の歴史とその特質を調査研究するのである。それは、いかに、なぜ、記録が作成されたのかを知り、また、どの記録作成、どの記録の組織、どの現代の記録利用の過程が社会的機能と市民―国家の相互作用と政府のダイナミックスを示すのかを知るための調査研究なのである。その記録が社会的機能や相互作用を最も簡明に映し出しているという調査研究があって、はじめて記録がアーカ

イブズ価値をもっていると判定されるのである。理論的立場と理論的焦点は行政におかれるのではなく社会におかれるのである。それらの脈絡を理解するために記録を調査研究するのは記録を評価するのと同じではないのだといえば十分であろうか。

40) 実際の研究手法論のためには Terry Cook, "An Appraisal Methodology: Guidelines for Performing An Archival Appraisal" (December 1991) および Terry Cook, "Government—Wide Plan for the Disposition of Records 1991-1996" (October 1990) を参照。両論文とも［カナダ］国立公文書館における内部報告書である。これらの方法論の精緻化を提案しているものに Richard Brown, "Records Acquisition Strategy and Its Theoretical Foundation: The Case for a Concept of Archival Hermeneutics" *Archivaria* 33（Winter 1991-92），pp.34-56; および Richard Brown, "Macro—Appraisal Theory and the Context of the Public Records Creator" *Archivaria* 40（Fall 1995），pp.121-72. がある。ただしそのうちのひとつには十全の実施戦略が欠かせない。

41) T.K. Bikson and E.F. Frinking, *Preserving the Present: Toward Viable Electronic Records*（The Hague, 1993），pp.33-34.

42) これが最初に発表されたのは Helen Willa Samuels, "Who Controls The Past" *American Archivist* 49（Spring 1986），pp.109-24. である。その後の論文ではテーマを最新のものにし、相互参照を追加した。Richard J. Cox and Helen W. Samuels, "The Archivist's First Responsibility: A Research Agenda to Improve the Identification and Retention of Records of Enduring Value" *American Archivist* 51（Winter—Spring 1988），pp.28-42. 参照。その他よく引用されるものとして Larry Hackmanand and Joan Warnow-Blewett, "The Documentation Strategy Process: A Model and a Case Study" *American Archivist* 50（Winter 1987），pp.12-47; および Richard J. Cox, "A Documentation Strategy Case Study: Western New York" *American Archivist* 52（Spring 1989），pp.192-200（引用は p.193）の二つがある。理論的な検証なしに Samuels の研究手法論を実施し最初に発表したのが Joan K. Haas, Helen Willa Samuels, and Barbara Trippel Simmons, *Appraising the Records of Modern Science and Technology: A Guide*（Chicago, 1985）である。

43) 論評としては David Bearman, *Archival Methods*（Pittsburgh, 1989），pp.13-15; および Terry Cook, "Documentation Strategy" *Archivaria* 34（Summer 1992），pp.181-91. を参照。

44) Helen Willa Samuels, *Varsity Letters: Documenting Modern Colleges and Universities*（Metuchen, N.J., and London, 1992），p.15, および関連頁参照。また、彼女のドキュメンテーション戦略と制度機能分析にかかる概要については Helen W. Samuels, "Improving our Disposition: Documentation Strategy" *Archivaria* 33（Winter 1991-92），pp.125-40. を参照。1991年のバンフで開催されたカナダ・アーキビスト協会の大会で Hans Booms は考え方を大幅に修正した。かれが修正した理由のひとつは、世論を評価するというかれのそれまでのドキュメンテーション・プランが、かれの意見と異なる Samuels のそれまでのドキュメンテーション戦略と混同されるのではないかという懸念であった。しかし、奇妙なことに Samuels はその大会で新しい研究手法論を公にし（そして、後に論文で）発表した。互いに面識のなかった評価論にかんする二人の主要な理論家は、かれらの考え方に新しい顕著な広がりを付け加え、同じ時に同じ理由で的確な方法へ踏み出したのである。Booms と Samuels については、Booms, "Überlieferungsbildung"［前掲注37］p.32. を参照。利用をつうじて価値を決定するアメリカの伝統に対する Samuels 自身の反対と、出所が中心であるということに対する彼女のこだわりについては Samuels, *Varsity Letters*［前掲注44］，pp.8, 13, および 16. を参照。そのほか、評価について戦略計画を発展させる補足的な研究手法論については Joan D. Krizack, *Documentation Planning for the U.S. Health Care System*（Baltimore, 1994）を参照。

45) 最も良い分析は Wilfred I. Smith, "'Total Archives': The Canadian Experience"（originally 1986），in Nesmith, *Canadian Archival Studies*［前掲注5］，pp.133-50. である。支持をしてはいるもののいくらか評論的な見方のものでは Terry Cook, "The Tyranny of the Medium: A Comment

on 'Total Archives'," *Archivaria* 9 (Winter 1979-80), pp.141-49.

46) Ian E. Wilson, "Reflections on Archival Strategies" *American Archivist* 58 (Fall 1995), pp.414-29; およびShirley Spragge, "The Abdication Crisis: Are Archivists Giving Up Their Cultural Responsibility?" *Archivaria* 40 (Fall 1995), pp.173-81. 参照。「トータル・アーカイブズ」に対する脅威が次第に増加している理由についてはLaura Millarの博士論文 "The End of 'Total Archives'?: An Analysis of Changing Acquisition Practices in Canadian Archival Repositories"［前掲注17］のなかで詳細かつ巧緻に研究されている。この脅威についてのその他の事由の補足的な分析についてはJoan M. Schwartz, "'We make our tools and our tools make us': Lessons from Photographs for the Practice, Politics, and Poetics of Diplomatics" *Archivaria* 40 (Fall 1995), pp.40-74. 参照。Robert A.J. McDonaldは "Acquiring and Preserving Private Records: Cultural versus Administrative Perspectives" *Archivaria* 38 (Fall 1994), pp.162-63のなかで、「トータル・アーカイブズ」をないがしろにする人々はカナダのアーカイブズの伝統の真髄を理解できないものか、あるいは経済的に困難な時代に「トータル・アーカイブズ」を創り直して繁栄させる想像力と神経が欠如しているのだ、と述べているが、それはまったく正しい。Shirley Spraggeが言っていることであるが、単に、われわれのスポンサーが望んでいる、あるいはスポンサーがかれら自身の機関の記録について必要としていると考えることをやる、あるいはかれらをよろこばせるだろうと考えることより、そしてわれわれが法人の良く「振る舞う人」であると見せることは、あまりにも安易にアーキビストの使命と責任を放棄しているのである。

47) Hugh A. Taylor, "Transformation in the Archives: Technological Adjustment or Paradigm Shift" *Archivaria* 25 (Winter 1987-88), pp.15, 18, 24; "The Collective Memory: Archives and Libraries As Heritage" *Archivaria* 15 (Winter 1982-83), pp.118, 122; "Information Ecology and the Archives of the 1980s" *Archivaria* 18 (Summer 1984), p.25; および"Towards the New Archivist: The Integrated Professional"（この論文は、1988年6月にウインザーで開催されたカナダ・アーキビスト協会の年次総会で配布された。manuscript, pp.7-8.）。そのほか一連の大きな仕事のなかで重要なものはHugh A. Taylor, "The Media of Record: Archives in the Wake of McLuhan" *Georgia Archive* 6 (Spring 1978), pp.1-10; "'My Very Act and Deed': Some Reflections on the Role of Textual Records in the Conduct of Affairs" *American Archivist* 51 (Fall 1988), pp.456-69; "Recycling the Past: The Archivist in the Age of Ecology" *Archivaria* 35 (Spring 1993), pp.203-13; および、アーカイブズの未来に捧げられた "Some Concluding Thoughts" *American Archivist* 57 (Winter 1994特別号), pp.138-43。Taylorの思想を十分に分析したものにTom Nesmith, "Hugh Taylor's Contextual Idea for Archives and the Foundation of Graduate Education in Archival Studies," (Craig, *The Archival Imagination* ［前掲注16］所収) pp.13-37. がある。この論文集の大部分の論文は、とりわけHugh Taylorの考え方がカナダを始めその他の地域の同時代の大方のアーキビストたちに与えた大きな影響力を示している。

48) Nesmith, "Introduction: Archival Studies in English-Speaking Canada and the North American Rediscovery of Provenance" (Nesmith, *Canadian Archival Studies* ［前掲注5］, pp.1-28)。出所の再発見におけるTaylorの指導的役割については同論文のp.4を参照。

49) 前掲書pp.14, 18-19。また、Tom Nesmith, "Archives from the Bottom Up: Social History and Archival Scholarship" (前掲書収録、初版1982) pp.159-84; また、かれの入門的な論文 "Archivaria After Ten Years" *Archivaria* 20 (Summer 1985)、pp.13-21も参照。Nesmithはこの目的にむけてマニトバ大学の修士課程のアーカイブ教育の必修科目に、記録管理が社会に与える影響や性質の過去、現在および将来について、Taylor流にヒューマニスト的に探求する講座を設けて授業を行った（後記の原注60を参照）。

50) Terry Cook, "From Information to Knowledge: An Intellectual Paradigm for Archives" *Archivaria*

19 (Winter 1984-85), pp.46, 49.
51) Nesmith, "Introduction" p.18. かれの著書 (*Canadian Archival Studies* [前掲注5]) は記録と記録作成者の調査研究をベースに、出所の再発見と出所の探求における鮮やかな多様性を披露しようという狙いもこめられて書かれたものである。
52) Bearman and Lytle, "The Power of the Principle of Provenance" [前掲注27] pp.14-27。引用については14頁参照。また、カナダがこの著作を前向きに受入れるときに著者たちが受けた影響については脚注1を参照。
53) 一連の6本の論文のうちの最初の一般論についてはLuciana Duranti, "Diplomatics: New Uses for an Old Science" *Archivaria* 28 (Summer 1989), pp.7-27を参照。古文書学の方法論とアプローチについては、"Part I" から "Part IV" とはまったく対照的な *Archivaria* 32 (Summer 1991) の "Part V" を参照。[訳注：その後、これら6本の論文は以下の単行本にまとめられた。Duranti, *Diplomatics: New Uses for an Old Science* (Lanham and London, 1998)]
54) この動向についてはHeather MacNeil, "Weaving Provenancial and Documentary Relations" *Archivaria* 34 (Summer 1992), pp.192-98; Janet Turner, "Experimenting with New Tools: Special Diplomatics and the Study of Authority in the United Church of Canada" *Archivaria* 30 (Summer 1990), pp.91-103; Terry Eastwood, "How Goes It with Appraisal?" *Archivaria* 36 (Autumn 1993), pp.111-21および注34のEastwoodの文献参照。Luciana Durantiの著作の要点は、本論文の注5と53で挙げた "Diplomatics: New Uses for an Old Science" と "The Odyssey of Records Managers" および "The Concept of Appraisal and Archival Theory" [前掲注17]、"The Archival Body of Knowledge: Archival Theory, Method, and Practice, and Graduate and Continuing Education" *Journal of Education for Library and Information Science* 34 (Winter 1993), pp.10-11、さらに "Reliability and Authenticity: The Concepts and Their Implications" *Archivaria* 39 (Spring 1995), pp.5-10 を参照。Durantiと同じ派ではないが、記録の優位性を擁護するカナダのアーキビストにBarbara Craigがいる。彼女は繰り返し記録の重要性について注意を喚起し、そのなかで「記録の履歴」手法（これについて彼女は代表的な研究者である）と「古文書学」の潮流が両立することを論証している。彼女の "The Acts of the Appraisers: The Context, the Plan and the Record" *Archivaria* 34 (Summer 1992), pp.175-80および英国政府の保健にかんする記録についての多くの論文を参照。別のポストモダニストと記録の重要性にかんしては、ネオ・ジェンキンソン派なのであるが、解釈学のテキストとして読まれるべきもの（脈絡化した叙述を意識したもの）はBrown, "Records Acquisition Strategy and Its Theoretical Foundation: The Case for a Concept of Archival Hermeneutics" [前掲注40]がある。わたくしの論文では "It's Ten O'Clock: Do You Know Where Your Data Are?" *Technology Review* (January 1995), pp.48-53がある。
55) この点は、古文書学を適用したいくつかのケーススタディの一つに明らかにされている。その著者は次のように述べている。「古文書学の発見を確かなものにし、かつ古文書学が答えを出せなかった問題に本格的に取り組むために、アーキビスト職は別のツールを採用する必要がある。」そのようなツールには行政、法律、組織の文化（観念、社会的な力など）の「歴史」および「アーカイブズ理論」がある。このツールは、記録の履歴アプローチが記録作成の法的脈絡を示す大きな出所ベースの洞察をも包含するとわたくしは思っている。Turner, "Experimenting with New Tools" [前掲注54] p.101参照。現代のアーキビストは何十億もの記録を評価するに際してTurnerの定式をくつがえすべきである。現代の評価を個別文書の古文書学的分析によって行うなどということは誰にもできることではない。（電子的環境あるいはオーディオ・ビジュアルの環境にある現代文書のあるものは評価のときには存在しないものがある)。彼女の定式は「古文書学は、発見された事柄が確実であると決めるのに役立つほか機能と出所を基盤とするマクロ評価では答えのでなかった問題に答えを与えることができる」と読める。そういうことであれば、古文書学は、Rick Brownが示唆したアーカイブズ解釈学的利用とは

異なり、マクロ評価と仮説を確証する手段になるのである。
56) 他の伝統を無視したり誹謗したりするのではなく、認め、そして誉めたたえ、二つの伝統を合流させることを Heather MacNeil が "Archival Theory and Practice: Between Two Paradigms"［前掲注17］の中で行っている(pp.17-18)。しかしながら、彼女は自分で主張したとおりに実践しないことがある。彼女の "Archival Studies in the Canadian Grain: The Search for a Canadian Archival Tradition" Archivaria 37 (Spring 1994), pp.134-49 は一方に偏している。これは Tom Nesmith, "Nesmith and The Rediscovery of Provenance (Response to Heather MacNeil)" Archivaria 38 (Fall 1994), pp.7-10. が是正している。
57) この危険性については Joan M. Schwartz が "'We make our tools and our tools make us': Lessons from Photographs for the Practice, Politics, and Poetics of Diplomatics"［前掲注46］の中で示唆している。わたくしの見るところでは、本来、民間のアーカイブズよりも制度のアーカイブズを重視し、アーカイブズの文化的視点よりも管理的視点を重視する古文書学やネオ・ジェンキンソン手法の採用にはなんら問題がない。もっと大きな問題は重点のおき方にあるのであって、均衡を失している点にあるのである。この問題に取り組んでいる主要な著者による具体例やこれらの手法の展開は、間違いなく［均衡を失する］方向に向かっている。仮説は、疑念をもつことなく関連するアーカイブズの視野を制度的に遵守するのか、あるいは、従わない場合に法律的、社会的に強い制裁を受けるかのいずれかの二者択一なのである。このような仮説のどちらもが20世紀後半のおおくの北アメリカの制度機関にとって正しいことではないし、また、民間個人、おおくの民間の協会やグループの文書や関連する媒体の評価や目標を定める上でもまったく的外れである。思想や理論の論理的欠陥から危険がもたらされるのではなくて、このような実践面での非現実的な仮説から危険がもたらされるのである。
58) 注39および40参照。
59) Bureau of Canadian Archivists, Working Group on Archival Descriptive Standards, ed. Toward Descriptive Standards: *Report and Recommendations of the Canadian Working Group on Archival Descriptive Standards*(Ottawa, 1985); Wendy M. Duff and Kent M. Haworth, "The Reclamation of Archival Description: The Canadian Perspective" Archivaria 31 (Winter 1990-91), pp.26-35; Eastwood, ed. *The Archival Fonds*［前掲注27］；その他 Archivaria 34 (Summer 1992) および35 (Spring 1993) の記述標準に関する二つの特集号に掲載された数々の論文、とくに Hugo Stibbe と Cynthia Durance のものを参照。この二つの特集号には、カナダの仮説や実施戦略におけるいくつかの努力、とくにフォンドの内容にかかわる史料記述標準(*RAD—Rules for Archival Description*)の定義についての David Bearman、Kathleen Roe、および Terry Cook の論文が含まれている。しかし、これらには出所を拡大する意図や脈絡化の目的に対する努力というものはみられない。
60) 大学院教育の内容についての最も優れた二つの著作は Terry Eastwood, "Nurturing Archival Education in the University" *American Archivist* 51 (Summer 1988), pp.228-52 および Nesmith, "Hugh Taylor's Contextual Idea for Archives and the Foundation of Graduate Education in Archival Studies"［前掲注47］で、後者はブリティッシュコロンビア大学とマニトバ大学のそれぞれの手法の概略を示している。一般的な枠組みについては Association of Canadian Archivists, ed. *Guidelines for the Development of a Two-Year Curriculum for a Master of Archival Studies* (Ottawa, 1990) 参照。
61) 多くの場合、ヨーロッパの人たちがおこなった出所の再検討は電子記録あるいは大組織の大量の記録についてのものである。例えば、Claes Gransrom, "Will Archival Theory Be Sufficient in the Future?" pp.159-67 および Bruno Delmas, "Archival Science and Information Technologies" pp.168-76を参照。両書とも、Angelika Menne-Haritz, ed. *Information Handling in Offices and Archives* (Munchen, 1993) に収録されている。同じ見解は Bucci, ed. *Archival Science on the*

Threshold[前掲注5], Kerstin Abukhanfusa and Jan Sydbeck, *The Principle of Provenance: Report from the First Stockholm Conference on Archival Theory and the Principle of Provenance*, 2-3 September 1993 (Sweden, 1994); Judith A. Koucky, ed. *Second European Conference on Archives: Proceedings* (Paris, 1989) に見られる。また同じ議論は、1992年のICAモントリオール大会総会で Angelika Menne - Haritz が "Archival Education: Meeting the Needs of Society in the Twenty - First Century" という題で講演している (plenary address offprint, XII International Congress on Archives (Montreal, 1992), 特に pp.8-11 を参照)。

62) オーストラリアのシリーズ・システム（スコットの考え方の重要な再概念化と最近の変化を含む）の最良の解説書は Piggott and McKemmish, *The Records Continuum* [前掲注8] である。とくにSue McKemmish と Chris Hurley の論文が良い。Scott 自身のものでは "The Record Group Concept" [前掲注27]、pp.493-504、そしてかれと何人かの共著者による5つの号に連載した "Archives and Administrative Change ─ Some Methods and Approaches" *Archives and Manuscripts* 7 (August 1978), pp.115-27; 7 (April 1979), pp.151-65; 7 (May 1980), pp.41-54; 8 (December 1980), pp.51-69; および 9 (September 1981), pp.3-17 を参照。Scott が開いた突破口は、連邦アーカイブズ（Commonwealth Archives office、現・オーストラリア・アーカイブズ）のなかで Ian Maclean と活発に議論をした成果である。Maclean はシリーズ概念をアーカイブズ的に隠匿していたところからひきだして、機関の現用記録に適用したことで重要な役割を果たした最初のオーストラリア・アーキビストである。これによって、記録管理者とアーキビストの間に、そして「現用」記録と「古い」アーカイブズの間に生じたシェレンバーグ派の裂け目を修復するのに貢献した。しかし、この概念をより広い専門職の理論として明確にしたのは Peter Scott なのである。

63) Chris Hurley, "What, If Anything, Is A Function" *Archives and Manuscripts* 21 (November 1993), pp.208-20; および、彼の "Ambient Functions: Abandoned Children to Zoos" *Archivaria* 40 (Fall 1995), pp.21-39 を参照。

64) 文書群一体性概念を最も簡潔に説明したものは、ヨーロッパにおけるアーカイブズ思想の指導的研究者である。Michel Duchein, "Theoretical Principles and Practical Problems of *Respect des fonds* in Archival Science" *Archivaria* 16 (Summer 1983), pp.64-82 (originally 1977) を参照。これらのヨーロッパのフォンド［文書群一体性］概念の拡大─縮小の区分については Cook, "Concept of the Archival Fonds" [前掲注27] pp.54-57 を参照。

65) 北アメリカの人たちによるポスト収蔵的枠組みにおけるアーカイブズ記述のパラダイムは、もちろん Scott からの影響であることは明らかである。Max J. Evans, "Authority Control: An Alternative to the Record Group Concept" *American Archivist* 49 (Summer 1986), pp.251-53、256、259 およびその他の箇所 ; Bearman and Lytle, "Power of the Principle of Provenance" [前掲注27] p.20、および Eastwood, ed. *Archivarial Fonds* [前掲注27] にある Cook, "Concept of the Archival Fonds" pp.52, 67-68 を参照。スコットのオーストラリアに与えた影響の大きさは、ポスト収蔵時代の思想面でオーストラリアが主導権をとったこと、特に記録管理学の再活性化や記述の実践といった局面において良く示されている。ポスト収蔵化時代の思想一般およびポスト収蔵化にかかる著作については Cook, "Electronic Records, Paper Minds: The Revolution in Information Management and Archives in the Post - Custodial and Post - Modernist Era" [前掲注3] を参照。

66) ライフサイクル・アプローチに代わるカナダの記録連続体の解釈と実践については McKemmish and Piggott, *Records Continuum* [前掲注8] のなかの論文、とくに Frank Upward の論文を参照。フランスについては、各省庁における記録連続体概念を反映する積年の「アーカイブズ前の段階 (pré-archivage)」の作業にかんする Jean Favier, ed., *La Pratique archivistique française* (Paris, 1993) を参照。カナダのケースは Atherton, "From Life Cycle to Continuum" [前掲注20] に述べられている。

67) McKemmish and Upward, *Archival Documents*［前掲注17］, pp.1, 22および関連箇所.
68) Glenda Acland, "Managing the Record Rather Than the Relic" pp.57-63. 彼女は挙証説明責任の枠組みを提唱した主要な人たちの一人である。McKemmish and Upward, *Archival Documents*［前掲注17］, pp.13-15に引用されている政府関係機関に対する彼女の証言を参照。
69) Aclandの啓発的な題名の著作 "Archivist—Keeper, Undertaker or Auditor?"［前掲注17］のなかで彼女は究極の役割について論じている。
70) Upward and McKemmish, "Somewhere Beyond Custody"［前掲注17］pp.145-46、および *Archival Documents*［前掲注17］所収のFrank Upwardの論文、p.43。この傾向を打ち破る興味深い試みについてはSue McKemmish, "Evidence of Me" *Archives and Manuscripts* 24(May 1996), pp.28-45を参照。
71) 後者については、戦略と実践面で数多くの発展があった。実践的な方法論ではなく概念的な言説を対象としているこの論文では電子記録について論ずるには紙面が足りないが、アーキビストは電子記録とかかわることをお薦めする。アーカイブズはその真正性を確かなものにするために物理的に電子記録にする必要があるのか、記録作成母体のメタデータや脈絡化された典拠ファイルと適切に結びつけられていれば良いのか、といった問題については方法論が触れることがないからである。戦略面からみた電子記録の最良の参考書はMargaret Hedstrom, ed. *Electronic Records Management Program Strategies* (Pittsburgh, 1993) である。本書にはケーススタディがあり、国際レベル（2つ）、国レベル（4つ）、州レベル（4つ）、大学レベル（1つ）での電子記録プログラムが成功するか失敗するかについての批判的分析とその総合評価がなされている。さらに研究をすすめたい読者のためにRichard Coxが編集し、注釈をつけた参考書籍の一覧が付されている (59頁)。また、1994年のSAA（アメリカ・アーキビスト協会）大会で発表されたDavid Bearmanの "Archival Strategies" を参照されたい（*American Archivist*誌の次号に掲載予定）。［訳注：同誌58 (1994) pp.374-407に掲載］
72) 例えば、この注の全体に引用されているDavid Bearmanの論文を参照。このうちの10本がDavid Bearman, *Electronic Evidence: Strategies for Managing Records in Contemporary Organizations* (Pittsburgh, 1994)に収録されている。さらに彼が編集している*Archives and Museum Informatics*のすべての号の中には彼の批評や分析が収録されている。そのほか、アメリカの主要な論客にMargaret Hedstromがいる。彼女が手がけたSAAのマニュアルである *Archives and Manuscripts: Machine-Readable Records* (Chicago, 1984)を参照されたい。さらに最近のものでは "Understanding Electronic Incunabula: A Framework for Research on Electronic Records" *American Archivist* 54 (Summer 1991) pp.334-54 ; "Descriptive Practices for Electronic Records: Deciding What is Essential and Imagining What is Possible" *Archivaria* 36 (Autumn 1993) 53-62がある。David Bearmanとの共著著のものでは "Reinventing Archives for Electronic Records: Alternative Service Delivery Options" (Hedstrom, ed. *Electronic Records Management*)［前掲注71］pp.82-98がある。アメリカの電子アーカイビングの先駆者としてはCharles M. Dollarがいるが、Daniels and Walch, ed. *Modern Archives Reader*［前掲注21］pp.71-79に収められている彼の論文 "Appraising Machine-Readable Records"（初版1978）を参照されたい。さらに最近のものでは *Archival Theory and Information Technologies: The Impact of Information Technologies on Archival Principles and Methods* (Macerata, Italy, 1992) が、また、Bucci, *Archival Science on the Threshold*［前掲注5］の pp.311-28にある "Archival Theory and Practices and Informatics. Some Considerations" を参照。カナダの先駆者のHarold Nauglerの著作としては *The Archival Appraisal of Machine-Readable Records: A RAMP Study With Guidelines* (Paris, 1984) がある。
73) Cook, "Easy to Byte, Harder to Chew: The Second Generation of Electronic Records Archives"［前掲注33］pp.203-8
74) Sue McKemmish, "Are Records Ever Actual?" (McKemmish and Piggott, eds. *The Records*

Continuum）［前掲注8］pp.187-203の刺激的な議論を参照。
75) これは "Reinventing Archives for Electronic Records"［前掲注72］の pp.82-98、とくに pp.97 で David Bearman と Margaret Hedstrom が展開した刺激的な議論である。Bearman のその他の主要な論文、すなわち、変化する組織文化と危機管理に適した別の戦略について新しい方向付けをおこなった論文は、McKemmish and Upward, *Archival Documents*［前掲注17］pp.215-27 にある "Archival Data Management to Achieve Organizational Accountability for Electronic Records" と、次に出版される "Archival Strategies"［前掲注71］である。アーキビストの伝統的な機能と原理を取りあげた戦略についてはDollar, *Archival Theory and Information Handling*［前掲注72］p.193を参照。
76) David Bearman, "Multisensory Data and Its Management"（Cynthia Durance, ed. *Management of Recorded Information: Converging Disciplines*(Munchen, 1990)）p.111、および Menne-Haritz, ed. *Information Handling*［前掲注61］の Bearman "Archival Principles and the Electronic Office" p.193参照。
77) これまで徐々に広がってきた電子記録アーカイブズへの偏見に対するより詳細な批判と、脈絡のなかでの証拠の保護におけるアーカイブズの妥当性を確認するうえでの電子記録アーカイブズの特長についての分析については Terry Cook, "The Impact of David Bearman on Modern Archival Thinking: An Essay of Personal Reflection and Critique" *Archives and Museum Informatics* 11（1997）, pp.15-37を参照。メタデータとアーカイブ記述については Heather MacNeil, "Metadata Strategies and Archival Description: Comparing Apples to Oranges" *Archivaria* 39(Spring 1995), pp.22-32を参照。反対のケースについては David Wallace, "Managing the Present: Metadata as Archival Description" 同号 pp.11-21を参照。David Bearman, "Documenting Documentation" *Archivaria* 34(Summer 1992), pp.33-49がこの議論の始まりになったのはあきらかである。これらの意見を統合する試みとして David Bearman and Wendy Duff, "Grounding Archival Description in the Functional Requirements for Evidence" *Archivaria* 41（Spring 1996）, pp.275-303を参照。
78) 評価すべき分析に James M. O'Toole, "On the Idea of Permanence" *American Archivist* 52（Winter 1989）, pp.10-25がある。また O'Toole はアーカイブ理論と実践においては通常ほとんど取り上げられることのなかった「ユニークネス」概念が引き続いて適切なものかについて研究しており、近くその成果が発表される。
79) Ketelaar, "Archival Theory and the Dutch Manual"［前掲注9］p.36。
80) この分野に関連する議論と、記録作成母体にアーカイブズを危険にさらされることなく記録とともに残しておける環境にかんしては Terry Cook, "Leaving Archival Electronic Records in Institutions: Policy and Monitoring Arrangements at the National Archives of Canada" *Archives and Museum Informatics* 9（1995）, pp.141-49を参照。この論文の脚注には、David Bearman, ed. *Archival Management of Electronic Records*（Pittsburgh, 1991）に掲載されている Margaret Hedstrom の司会により David Bearman と Ken Thibodeau の間で行われたこの戦略の利点と問題点についての1990年の議論を読者が参照するようにとある。*Archives and Manuscripts* 24（November 1996）の特集号においては、この議論は University of Pittsburgh と the University of British Columbia の電子記録についての企画の対照的な結論によって再び取り上げられることになり、Luciana Duranti、Terry Eastwood、Frank Upward、そして Greg O'Shea と David Roberts が新たに論じている。
81) 「秩序」について、そして原秩序やその他の「秩序」を確立し、再生し、守るなどアーキビストの仕事の性質についてのアーキビストたちの理解と仮説—その多くが誤りで、誤解をまねくものであるが—にかんする大変刺激的な分析は Brien Brothman, "Orders of Value: Probing the Theoretical Terms of Archival Practice" *Archivaria* 32（Summer 1991）, pp.78-100を参照。これは、アーカイブズの作業についての最初の主要なポストモダニストの分析である。
82) 「ポスト収蔵」という術語は F. Gerald Ham が "Archival Strategies for the Postcustodial Era"

American Archivist 44 (Summer 1981), pp.207-16. で使ったのが初めである。Hamはそれより前の革新的な著作 "The Archival Edge" *American Archivist* 38 (January 1975), pp.5-13 (Daniels and Walch, eds. *Modern Archives Reader* [前掲注21], pp.326-35. に収録) では「ポスト収蔵」という術語を使ってはいないが、同じ趣旨の考え方を示している。10年以上前のオーストラリアのIan MacleanやPeter Scottの論文やDavid Bearmanの論文を別にすれば、「ポスト収蔵」という術語はアーカイブズの文献の中でも次第に用いられるようになってきており、また、その背後には確かに最近の電子記録やドキュメンテーション戦略をめぐる考え方がそれとなくあるのだが、「ポスト収蔵」という術語を使っている人たちによって直接的に、あるいは体系的に専門職あるいはアーキビストの日常業務にかかわってくることが述べられるということはなかった。これまでに述べられてきたことがつねに若干姿を変えて述べられていた。ごく最近のオーストラリアでの議論についてはMcKemmish and Upward, "Somewhere Beyond Custody" [前掲注17] pp.137-41、および *Archival Documents* [前掲注17] の彼らの論文や記録連続体にかんするFrank Upwardの論文 (原注8および20) を参照されたい。ポスト収蔵の評価論と実務を結びつけたものの例としてはGreg O'Shea, "The Medium is not the Message: Appraisal of Electronic Records by Australian Archives" *Archives and Manuscripts* 22 (May 1994), pp.68-93. がある。オーストラリア以外でのポスト収蔵思考を評価し記述に適用した例についてはCookの著作では "Mind Over Matter: Towards a New Theory of Archival Appraisal" [前掲注33] と "Concept of the Archival Fonds" [前掲注27]、そしてHedstrom and Bearman, "Reinventing Archives" [前掲注72] がある。今日までのポスト収蔵の明確な分析についてはCook, "Electronic Records, Paper Minds: The Revolution in Information Management and Archives in the Postcustodial and Postmodernist Era" [前掲注2] がある。ここでわたくしは「ポスト収蔵」は「非収蔵」を意味するものではないことを強調しておきたい。ポスト収蔵パラダイムは、記録がアーカイブズの収蔵庫に収められるために移されようと、「あるいは」しばらくの間一つの区分に留め置かれようと、記録作成者の非収蔵編成にされようと、いずれにも適用可能なすべてを支配する概念の思考様式であるということである。

83) この点について、過去と重点をおくところに差があるというのではなく、過去からの革命的な変わり目であるとあまりにも天真爛漫に力説する「ポスト収蔵」の仮説を明確に批判しているHeather MacNeilの "Archival Theory and Practice: Between Two Paradigms" [前掲注17] pp.16-17を参照。「証拠の保全と保護」の目的を達成するわれわれの手段や戦略が根本的に変わることになろうとも、「証拠の保全と保護」を中心とするアーカイブズの本質を忘れるべきではないという根拠を彼女は十分に論じている。これは長い間私の見方であったし、またこの論文の中での私の見解でもある。

84) Carruthers, *Book of Memory* [前掲注3], p.260.

訳 注

訳注1　ギリシア名でMnemosyne。記憶の意味。
訳注2　カナダ・アーキビスト協会 (Association of Canadian Archivists) が発行する研究誌。
訳注3　ブッシュ (父) がレーガン政権期の副大統領を務めた際に、イラン・コントラ事件の隠蔽を図る自体が起こったことを指すものと思われる。
訳注4　マクルーハンによるメディア論のキーワードのひとつ。口承文化時代に地球上の各地で形成された村 (共同体) は活字文化の進展とともに解体されたが、電子ネットワークにより地球全体がひとつの村 (共同体) となる、というもの。

第Ⅲ部

レコードキーピングのこれから

6. きのう、きょう、あす
――責任のコンティニュアム

スー・マケミッシュ
（坂口貴弘、古賀崇訳）

初出：

（原著）Sue McKemmish. Yesterday, today and tomorrow: a continuum of responsibility. *Proceedings of the Records Management Association of Australia 14th National Convention*, Perth, Sep. 15-17, 1997. Available from < http://www.sims.monash.edu.au/research/rcrg/publications/recordscontinuum/smckp2.html>

（翻訳）訳し下ろし

■著者紹介

スー・マケミッシュ（Sue McKemmish）

モナッシュ大学（オーストラリア）情報管理・システム学科（School of Information Management and Systems）教授。レコードキーピングのメタデータ、アーカイブズの記述（archival description）などに関する研究および国内・国際基準策定に長年携わる。記録管理に関するオーストラリア国家規格AS 4390のもとになる基準案を策定し、また本文に登場するフランク・アップウォードとともにレコード・コンティニュアムのモデルを開発した。モナッシュ大学においては、レコード・コンティニュアム研究グループ、ならびに「乳がんに関する知識のオンラインでの提供（Breast Cancer Knowledge Online）」プロジェクトを主宰している。1996年にはオーストラリア・アーキビスト協会から表彰を受けた。

論文・著作としては、レコードキーピングの社会における役割、レコード・コンティニュアムの理論と実践、レコードキーピングのメタデータ、アーカイブズ・システムなどに関するものを多数発表している。近著として、*Archives: Recordkeeping in Society*（共編著、2005）がある。

2001年、アーカイブズ・システムの研究により、モナッシュ大学より博士号取得。

要旨

　オーストラリアにおいては、レコード・コンティニュアムはレコード・マネジャーとアーキビストをレコードキーピングという傘のもとに統合するという専門職的使命を果たすための方法を提示している。レコード・コンティニュアムの考え方は、すべてのレコードキーピング専門職が共有する統一的な目標に焦点を当てる。

　記録とアーカイブズの世界にいる者は以下の点に責任を負う。

- 政府、組織、個人の行動を記録する。
- 行動記録を同時代および将来にわたって、信頼性、真正性、利用可能性のあるものとして維持し、アクセス可能なものとする。ここでの行動記録は以下の通り機能するものである。
    - 社会における関係を規定する手段
    - 説明責任のメカニズム―これは組織、社会、文化、歴史の面で機能する社会における関係を規定する手段
    - 組織的・集合的記憶
    - 個人・集団のアイデンティティ
    - 付加価値のついた情報の源
- 情報資源の完全性、真正性、信頼性、透明性、耐久性に関する専門知識を、情報、組織と民主社会の説明責任、文化遺産などにかかわるより広範なコミュニティと共有する。

はじめに

> Continuum:
> 連続的な事物、量、物質；一続きの相互に行き来する要素。
> (The Shorter Oxford English Dictionary)

　私は本論文で、オーストラリアで発達を遂げたレコード・コンティニュアム

(records continuum)^訳注1 の理論と実践について論じる。とりわけ、それがレコード・マネジャーとアーキビストの関係についてどう述べているかについて言及したい。私の同僚であるフランク・アップワード（Frank Upward）が開発したレコード・コンティニュアム・モデルを用いて、責任のコンティニュアムについて検討を行う。これは、業務、社会、文化のために社会的活動および業務活動の証拠として記録を取り込み、管理し、保存し、再提示（re-present）する際のレコードキーピング^訳注2 の制度に関するものであり、これは記録が価値を有する間はいつまでも、10億分の1秒であろうと100万年であろうと存続する。このモデルは、レコード・マネジャーとアーキビストの間の関係、過去、現在、未来の間の関係についての課題を浮かび上がらせたり、他のステークホルダーとの協働やパートナーシップ構築を戦略的に考えたりするための図示的なツールを提供してくれている。

　コンティニュアムとは、識別できる各部分をもたない連続的な存在であり、相互に行き来する要素が一続きにつながっているものである。レコード・コンティニュアムという視点はライフサイクルのモデルと対比できる。ライフサイクル・モデルは、レコードキーピングには限定的な各段階がたしかに存在するとしており、現用のレコードキーピングと歴史的なレコードキーピングとを明確に区別する。一方でレコード・コンティニュアムは、オーストラリアのレコード・マネジャーとアーキビストに対し、レコードキーピングとアーカイビングの過程の統合という考え方を提示してきた。ライフサイクル・モデルは、記録は最終的に「死去する」までの間に各段階を通過していき、例外的に「選ばれしもの」だけがアーカイブズとして生まれ変わる、と考える。［一方で］コンティニュアムに基づくアプローチは、時間と空間の両面で統合された次元（integrated time-space dimensions）を提示する。記録はその作成時点から時間と空間の中に「固定される」（fixed）が、レコードキーピングの制度が記録を運んでいき、さまざまな時間や場所で生きる人々にそれを提供して、多様な目的のための利用を可能にするのである。

　オーストラリアにおいては、レコード・コンティニュアムはレコード・マネ

ジャーとアーキビストをレコードキーピングという傘のもとに統合する使命を果たすための方法を提示している。レコード・コンティニュアムの理論は、すべてのレコードキーピング専門職が共有する統一的な目的に焦点を当てている。すなわち、業務、社会、文化といった領域において、社会的活動と業務活動に関するかけがえのない利用可能な証拠へのアクセスを可能にし、また説明責任を果たすようなレコードキーピング制度の枠組みを提供する、というものである。

レコード・コンティニュアムの理論と実践は、記録には永続的な価値をもつ記録(すなわちアーカイブズ)が含まれる—しかしそれに限られるのではない—という考え方に立脚している：

> アーカイブズ文書(記録)(the archival document [record])は、行為の結果として生じる、記録された情報であると概念化することができる。それは、あらゆる種類の業務を行う過程における社会的活動、組織的活動の副産物として作成される。その業務が政府によるものか、企業によるものか、コミュニティ組織によるものか、民間人によるものかを問わない。そこで、アーカイブズ文書はその文脈性(contextuality)と行為性(transactionality)によって定義される。行為の記録化(documentation)はあらゆる保存媒体のもとで起こりうるし、それはますます電子的な過程になりつつある。オーストラリアおよび北米においては、「記録」および「アーカイブズ」の語をそれぞれ「現用のアーカイブズ文書」および「保存すべく選別されたアーカイブズ文書」という意味で用いることによって、レコードキーピング専門職はレコード・マネジャーとアーキビストへと混乱のままに分離してしまった。アーカイブズ文書という統一的な概念は、記録とアーカイブズの両方を含むものである。この概念は、行為の記録を管理する過程の連続体(コンティニュアム)に注目しており、その結果、記録の証拠としての質は保持されることになる。何よりもまず、アーカイブズ文書は行為の証拠を提供しており、その文書自体が行為の一部である。そして、アーカイ

ブズ文書の意味や情報的価値はこの証拠を提供していることに由来する。アーカイブズ文書を効果的に作成し管理することは、それを利用し、時間と空間を越えた社会の中の関係を規定する（govern）という役割を果たす上で不可欠である。アーカイブズ文書の効果的な作成・管理は、情報リッチな社会の前提条件でもあり、政府組織および非政府組織の公的な説明責任、情報公開（freedom of information）とプライバシーの法制度、人々の権利と資格の保障、そして永続的価値をもつ文書からなる記録遺産（archival heritage）の品質を支える。アーカイブズ文書の概念は、記録された情報の本質や、社会機能の継続にとっての行為記録の重要性について、理解をさらに広げる上での枠組みとなりうるものである。

レコード・コンティニュアムの理論は、この統一的な概念から生まれたレコードキーピングの役割についてのアイディアに関係するものである。その役割は、次の5点の領域において果たされる。第1に、ガバナンスにおいて記録が果たす役割がある。それは人々と組織の関係を統制する役割であり、権力や権威を発揮する手段として機能する。第2に、レコードキーピングと説明責任との関係がある。この場合の説明責任とは、お互いに何をするかを説明しあうといった最も広義のものであり、団体、社会、文化、歴史にかかわる説明責任を含む。第3に、レコードキーピングが団体の記憶や集合的記憶を構築する上で果たす役割がある。とりわけ、記録が経験知（experimental knowledge）を取り込む場合に当てはまる。第4に、レコードキーピングが個人的および集合的なアイデンティティの証拠を裏付け、それをもたらすという、ある種の役割を果たすものとして認識される場合がある。第5に、新たな記録が段階を追って作成されるにつれ、記録が付加価値のある情報の源として機能したり、財産として利用されたりする場合がある。

社会学者アンソニー・ギデンズ（Anthony Giddens）はその著作『The Constitution of Society』[訳注3]において、配分的（allocative）かつ権威的（authoritative）な資源としての情報について語っている。配分的資源としては、情報は「環境

の特質、生産の手段、あるいは生産された物」でありうる。権威的資源としては、情報は「社会的時空を統制ないし規定する手段」であるとギデンズは述べている。すなわち、時間と空間を越えて人々と組織の間の関係を規定し、永続させる手段ということである。ここまでに概観したレコードキーピングの目的と結びつけるならば、このような考え方によって記録の特性を描き出すこともまた有益である。付加価値情報の源として、記録は配分的資源の機能を果たす。一方、活動とアイデンティティの証拠として、記憶として、また権威と権力を発揮する手段として、記録は権威的資源の機能を果たすのである。

レコードキーピングの場所

　アーキビストの多くは自分たちの居場所について、アーカイブズ保管庫（archival repositories）の壁の中にある［資料としての］アーカイブズやアーカイビング機能を指し示すことによって、長年説明してきた。オーストラリアでこれがとりわけ当てはまるのは、収集専門のアーキビスト（collecting archivist）[訳注4]、アーカイブ機能が図書館機能と密接に関連しているような州政府における政府系アーキビスト、そして企業の歴史編纂ないし記念のための事業から活動を始めた企業アーキビスト、であった。一方でレコード・マネジャーは、集中的ファイリング・システムや記録保管庫（records stores）における記録管理に追われることが多かった。このようなアーキビストやレコード・マネジャーにとって、保管庫や戸籍役場（registry）、記録保管庫の壁はそれぞれの居場所の境界であり、組織の業務過程、記録管理、アーカイブズ管理の間に引かれた境界線の基礎を成すものであった。なかには、米国の国立公文書館・記録管理庁（NARA）における記録のライフサイクル・モデル、そこでの紙記録を基盤とした考え方（paper mind-set）、またそこでの記録管理やアーカイブズ業務の概念をもとに、自分たちの業務を組み立てた者もいた。そこでは特定の保管戦略や方法が、その目的や成果よりも重視された。その他の者、特に収集専門のアーキビストは、所蔵資料の管理や研究向けサービスの提供を重んじる手稿図書室（manuscript library）の伝統に立って、自らの業務を描き

出していた。

　しかし、オーストラリアには別の伝統もあった。その伝統の中で働くレコード・マネジャーとアーキビストは長年にわたり［自らの］場所について［上に述べた伝統とは］異なった概念を発展させてきており、それはレコード・コンティニュアムの概念につながるものであった。オーストラリア国立公文書館（Australian Archives）[訳注5]や州政府に勤務していた者の多くは特にそうであった。こうしたところでは、アーカイブズ機関は行政の説明責任という目的に資するべく、説明責任を果たし得る公的なレコードキーピングの監督機関という役割を与えられ、同時に、長期的な組織記憶および集合的記憶を維持する者という役割をも与えられた。また、記録やアーカイブズに関する活動が自機関の業務過程に密接に結びつくような、企業のレコード・マネジャーやアーキビストにとっても、この［別の伝統］が当てはまった。さらに、自分たちはもとからレコードキーピング専門職だと自認している、オーストラリアのアーキビストとレコード・マネジャーという混成的一群（hybrid group）にとっても同様であった。

　レコードキーピング専門職にとって、レコード・コンティニュアムは以下のことがらを説明することばを提供するものである。

・レコードキーピングとアーカイビングの過程を統合する一貫した体制を確立し、管理し、監督するもの
・以下を満たす社会的活動、業務活動に関する記録の取り込み、維持、提供
・かけがえのない、アクセス可能で、利用可能な

　　証拠（Evidence）
　　　に対する
　　業務上のニーズ、社会的ニーズ、文化的ニーズ

・以下の各点を行うためのレコードキーピングの枠組みを提供する
　　＊　ガバナンスの推進
　　＊　説明責任の支援
　　＊　記憶の構築

＊　アイデンティティの構築
　　＊　信頼性のある付加価値情報源の提供

これらの使命を果たすべく、レコードキーピング専門職は以下のことを行う。
・説明責任を果たし得るレコードキーピングの文化をはぐくむ
・以下の目的のために、レコードキーピングとアーカイブズに関する一貫した体制を確立する
　＊何がかけがえのない証拠で、その価値がどれだけの期間もつのかを決める
　＊証拠とその意味を長期間にわたり取り込み、維持し、提供する
・これらの体制を監督し、監査する

　記録に関する統一的な概念が、長年にわたりオーストラリアのレコード・マネジャーやアーキビストの業務の統合を支えてきたが、電子記録がもたらす特殊な課題と、大規模なパラダイム転換を経るという全般的な経験によって、この状況はさらに大きく進展した。
　オーストラリアをとりまく電子レコードキーピングの方針・戦略の開発と、標準の制定をめぐる近年の先駆的な共同作業の中でこそ、我々はコンティニュアムに基盤を置いて発展してきている専門家としての実践の特徴をきわめて明瞭に確認できるようになったのである。

ライフサイクルの概念

　レコードキーピングの責任のコンティニュアムについてさらなる検討を始める前に、ライフサイクルの概念とその理論がレコード・マネジャーとアーキビストの関係をどう位置づけているか、レコードキーピングに関する各々の責任をどう定義しているかについて考察してみたい。表1は、ライフサイクルの概念とさまざまなかたちのライフサイクル・モデルを説明したもので、フランク・アップワードの文章からの引用である。

表1：記録のライフサイクル

はじめに

　ライフサイクルは、自然科学においてはもともと、生物のライフ・ヒストリーを構成する一連の過程の全体と定義される。個体はその属する種や属と同じライフ・ヒストリーを共有しており、世代を超えて確認できるパターンの繰り返しの中にある。カエルがライフサイクルの全体を経過していく場合、卵からオタマジャクシになり、若いカエルから年とったカエルへ、そして死んだカエルへと変化していく。

　社会科学では、このモデルは人のライフサイクルにおける儀礼を説明するのに用いられてきた。例えば、誕生から成人社会への加入、結婚、そして死である。通常、それぞれの段階は、コミュニティにおける権利と責任を確認する儀礼と強い関係をもっている。自然科学の見方と同様、社会学の見方も生から死にわたる世代を越えたパターンを提示している。

　レコードキーピングにおけるライフサイクルとは、記録には世代を超えて繰り返しみられる特徴があり、その特徴は段階ごとに記述されうることを示している。その前提にあるのは、個々の記録には長い期間をまたがって観察できる段階があるということである。そのパターンは反復的なもので、それぞれの記録に当てはまるものである。以下にみるように、儀礼的な側面から記録のライフサイクルを議論するという理論もあるし、自然界のライフ・ヒストリーを扱うような見方に立つものもある。

ライフサイクルの型

「自然な」ライフ・ヒストリー型

　記録管理の文献における最も基本的なレベルにおいて、記録のライフサイクル概念は記録の作成、維持、処分の過程を含んでいる。たいていの場合はそこに利用［の段階］が加えられるが、それは独立した段階であることもあるし、維持の段階と一緒に扱われることもある。提供［の段階］が加えられることもある。記録がアーカイブズ機関へ移管されていき、無事にその中におさまるといった過程の段階に着目して、さらに段階を加えることも可能で

ある。それは通常、識別、評価選別、受入、記述、維持、アクセスなどとして表現される。この表し方は自然科学のモデルと似ている。おそらく、すべての記録のアイテムは、廃棄によって記録の生涯が短くならない限り、同じサイクルをたどるものである。

　記録のライフサイクルにライフ・ヒストリー全体を当てはめたアプローチの例としては、1940年代に米国の国立公文書館が公式にとったアプローチがある。それは、作成される記録の量の増大に対処するため、記録の作成、維持、処分の過程を概念化する手法として開発された。記録管理とアーカイブズ管理のモデルは、だいたい以下のようなものとして策定された。

　　記録管理　アーカイブズ管理
　　作成
　　　維持
　　　　検索
　　　　　処分／評価選別
　　　　　　受入
　　　　　　　記録化
　　　　　　　　維持
　　　　　　　　　アクセス提供

　米国国立公文書館のアプローチにおいて、記録の「保持と処分のスケジュール」訳注6を承認する過程は、アーカイブズ機関と記録作成機関との間のギャップを埋めるひとつの方法だった。

社会儀礼型

　ヨーロッパ型のライフサイクルは、記録の物理的な再配置に関する通過儀礼に焦点を当てていた。例えば「アーカイブズの3つの時期」と呼ばれるアプローチは、現用、半現用、非現用の記録の保管に立脚している。記録が現用保管される段階から、中間的なレコードセンターへ、そしてアーカイブズへ移管されるという、これら3つの大きな移行段階の中で、一定の出来事が起きると予測されている。これらの段階は、行動に関する真正で信頼できる証拠としての記録を維持するというアーカイブズ機関の権利と責任に対応している。アーカイブズ機関の権限は、レコードキーピングの過程における各段階において説明され、規定されるのである。

6．きのう、きょう、あす　　197

> 記録管理とアーカイブズ管理の混合型
>
> 　ライフサイクルの通過儀礼型とライフ・ヒストリー型とを結合させると、たくさんの複雑さを扱うことができそうなモデルを生み出すことが可能となる。
>
> 　例えば、アーカイブズと記録の管理に関するエディス・コーワン大学（Edith Cowan University）のビデオシリーズ[訳注7]で示されるのは8段階のモデルである。ここでは「アーカイブズの3つの時期」にライフ・ヒストリーの5つの要素を加えている。円グラフで示されている8つの段階は、作成、配布、利用、現用保管、移管、非現用保管、処分、永久保管（アーカイブズ）である。
>
> 　　　　　　フランク・アップワード

　すべてのライフサイクル概念の型に共通するのは、レコード・マネジャーとアーキビストの業務を区切る見方である。レコード・マネジャーとアーキビストの権限と責任は、ライフサイクルのまったく別々の段階にかかわり、その別々の段階におけるレコードキーピング上のまったく異なった目的にかかわるものとして表される。レコード・コンティニュアムの理論と実践によって根本的な異議を唱えられているのは、この世界観なのである。

レコード・コンティニュアムの理論と実践

　レコード・コンティニュアムの理論と実践の主要な特徴点は表2のとおりである。ここではライフサイクル概念に対する批判も展開されている。

表2：レコード・コンティニュアムに基づく理論と実践の特徴

　レコード・コンティニュアムはまず原点に戻って、記録について、また社会におけるレコードキーピングの役割について、定義している。これは、記録というのは継続的保存価値をもつ記録（＝アーカイブズ）を含む、という統一的な概念に特徴がある。この概念は、記録のもつ証拠性(evidentiary)、および記録が行為に関連するという性質を強調している。

　レコード・コンティニュアムはとりわけ、論理的実体としての記録や、記録相互についての動的な関係性・つながり、また記録とその作成・利用の文脈の間にある動的な関係性・つながりにかかわりがある。

　レコード・コンティニュアムは、以下のような特徴をもつライフサイクル・モデルを退けるものである。

- 記録を中心とする
- 物的実体としての記録にかかわる
- 保管の役割と戦略の中に閉じこもっている
- 業務とレコードキーピングの過程の統合ではなく、記録管理の実務（固定した段階にある記録に対してなされる業務）にのみ焦点を当てている
- 現用性、選別・移管の行為、研究的価値といったシェレンバーグ的な基準 (Schellenbergian criteria) に基づいて、「記録」と「アーカイブズ」を不適切にも区別している
- その結果、レコード・マネジャーの業務とアーキビストの業務の間に境界線を引き、「死せる記録」あるいは少なくとも「選ばれしもの」がアーカイブズとして生まれ変わり、保管庫というアーカイブズの天国に至った時に、レコード・マネジャーとアーキビストとの間でバトンが渡されるものとしている。

　レコード・コンティニュアム［の立場］では、記録のライフサイクルに関する理論と手法によって次の3つの現象が生じてしまうと考える。すなわち、アーキビストは主に歴史研究のためにコレクションを管理する者であるとみなす「歴史のわき道」(historical shunt) としての性質；記録管理コミュニ

ティが本来的に専門職を補助する存在(paraprofessional)でしかないという性質；伝統的な記録管理とアーカイブズ・サービスがもつ顧客層―それぞれ、組織の運営スタッフと歴史研究者が当てはまる―の小ささ、の３つである。

レコード・コンティニュアムは、レコード・マネジャーとアーキビストをより広範なレコードキーピング専門職に属するものとしてとらえている。その上で、レコードキーピングの現用的、規制的、および歴史的な目的に関連し、さらなる専門分化が起こりうることは許容している。

レコード・コンティニュアムは、オーストラリア社会におけるレコードキーピング専門職の使命と、組織的、民主的、そして歴史的な説明責任とを結びつけ、さらに社会におけるレコードキーピングの広範な役割(レコードキーピングの社会学)とを結びつける。

レコード・コンティニュアムは、以下のことがらにかかわるオーストラリアの伝統から生まれたものである。

- 公的部門のレコードキーピングにおける、記録登録簿(registry)および記録登録官(registrar)の役割
- 現用のレコードキーピングの統制およびアーカイブズにおける遺産の保存を［ともに］アーカイブズ機関に委任すること(これは、アーカイブズ機関は二重の役割を有しているという考え方に特徴がある。すなわち、公的な説明責任の履行と、アーカイブズの品質の保証である。)
- シリーズ・システム[訳注8]の開発を促した必要性と理論

レコード・コンティニュアムは、諸外国およびオーストラリアにおける「脱保管論者」(postcustodialists)[訳注9]たちの業績と論述から生まれたものである。

レコード・コンティニュアムは、指導的(steering)な役割と日常的(operational)な役割とを区別し、レコードキーピング専門職のもつ以下のような指導的な役割を強調する。

- レコードキーピング政策の形成者
- 標準の制定者
- レコードキーピング・システムと実施戦略の設計者
- コンサルタント
- 教育者／研修講師
- 唱道者(advocates)
- 監査人

> 　レコード・コンティニュアムは、評価・選別、制御（control）、保管、アクセスなどのレコードキーピング業務の再定義、再構築（reinvent）を目的とするものである。
> 　レコード・コンティニュアムは、広範囲のステークホルダーや顧客を特定し、記録の長期にわたる多様な利用を想定している。
> 　レコード・コンティニュアムは、業務面、説明責任の面、情報の面、および文化の面にかかわるプレイヤー間の協力関係を構築する。

　レコード・コンティニュアムは、記録の作成、維持、処分に対するライフサイクル的な見方にとって代わるだけのものではない。必要な管理のための統合的なアプローチを暗示するだけのものでもない（そのような役割も果たすが）。それは、レコードキーピングの過程を統合的にとらえることを可能にする概念なのである。しかし、あらゆる概念と同じく、これはさまざまな観点からみることができる。コンティニュアムにおいては各要素はそもそも分化できないものであり、管理のためにはなんらかの観点を設定しなくてはならない。あたかも、屈折機械が可視光線の束を見せてくれるのと同様である。

　フランク・アップワードが検討した3つの観点は、以下の側面に焦点を当てている。

・現用的レコードキーピング
・規制的レコードキーピング
・歴史的レコードキーピング

　現用的レコードキーピングという見方は、継続的保存価値がある限り記録を呼び出し、再提示し、配布するのを可能にするため、その記録を取り込み、作成時の文脈に位置づけるには何が必要か、という観点からレコードキーピングの過程を見ている。歴史的レコードキーピングの見方は、10億分の1秒であろうと100万年であろうと、ある時間にわたって記録とその意味を維持するには何をしなくてはならないか、に焦点を当てている。規制的レコードキーピングの見方は、レコードキーピングの過程をどう標準化し、統制し、監視するかという観点からそ

の過程を見ている。これらすべての見方は、記録が奉仕する多様な目的と、同時代または将来にわたって関係を有している。この目的は、記録を作成した組織のため、その組織の後継組織のため、あるいは社会全体のためのものである。

レコード・コンティニュアムのモデル

レコード・コンティニュアムのモデルは、レコードキーピングに関する責任のコンティニュアムの検討のために有益な枠組みを提供してくれる(以下のモデルの著作権およびすべての権利はフランク・アップワードにある)。

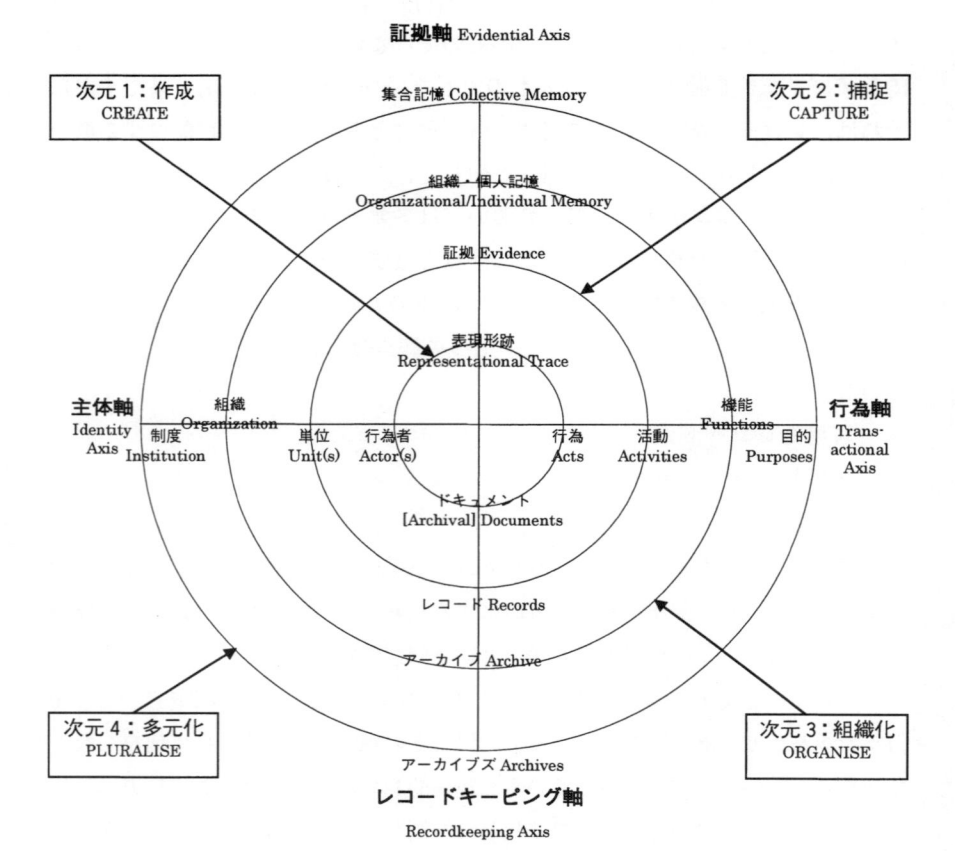

証拠軸 Evidential Axis

次元1：作成 CREATE
集合記憶 Collective Memory
次元2：捕捉 CAPTURE

組織・個人記憶 Organizational/Individual Memory

証拠 Evidence

表現形跡 Representational Trace

主体軸 Identity Axis
組織 Organization
制度 Institution
単位 Unit(s)
行為者 Actor(s)
行為 Acts
活動 Activities
機能 Functions
目的 Purposes
行為軸 Trans-actional Axis

ドキュメント [Archival] Documents

レコード Records

アーカイブ Archive

次元4：多元化 PLURALISE
アーカイブズ Archives
次元3：組織化 ORGANISE

レコードキーピング軸
Recordkeeping Axis

このモデルは、レコード・コンティニュアムの概念化の手法と、私たちの組織と社会におけるレコードキーピングについての考え方を提供してくれる。このモデルは、
- コンティニュアムの鍵となる証拠、レコードキーピング、および文脈という特徴を同定し、相互の関係を確定し、
- レコードキーピング機能の多次元的な性質を表現し、
- コンティニュアムのもつ証拠、レコードキーピング、および文脈という特徴を、レコードキーピングの機能にかかわる次元と対照させて位置づけ、
- 広範な社会—法制度的環境、技術的環境に自らを置いている。

コンティニュアムを次元ごとに読む

レコード・コンティニュアムは包括的かつ多次元的であり、それはあたかも光の束が「屈折」して、何色かの層に分かれるようなものである。表3はコンティニュアム・モデルを次元ごとに読解したものである。

表3：レコード・コンティニュアムの次元

次元1 作成（Create）
　第1の次元は、行為（act）（意思決定、コミュニケーション、行為（acts））を行う行為者（actor）、行為それ自体、行為を記録したドキュメント（document）、そして行為の表象である証跡（trace）を含んでいる。

次元2 取り込み（Capture）
　第2の次元は、ドキュメントを取り込む個人および団体のレコードキーピング・システムを含んでいる。ここでの［ドキュメントを取り込む］文脈は、活動に責任を有する単位（unit）による社会的および業務上の活動の証拠（evidence）としてのドキュメントの機能を支える、というものである。

次元1と次元2は施行（implementation）の次元であり、そこでのプレイヤーはデスクトップ・オペレータや管理者、作業的役割を担うレコードキーピング専門職などである、と考えることもできる。これらの次元で活動する際、私たちは証跡を取りあげ、それが証拠として機能するように関心を傾ける。

次元3　組織化（Organise）
　第3の次元は、レコードキーピング過程の組織化を含んでいる。団体や個人が自らのレコードキーピング体制をいかに定義し、そうすることによって自らの業務上または社会的な機能を記憶するものとしてのアーカイブ（archive）をいかに構築・構成するか、についての次元である。

次元4　多元化（Pluralise）
　第4の次元は、アーカイブズ（ａｒｃｈｉｖｅｓ）がいかに包含的な（encompassing）（または環境にかかわる（ambient））枠組みとなるかについてのものである。それは、個人や団体にまつわる、制度化された社会的目的（institutionalized social purpose）と役割をめぐり、社会・歴史・文化における集合的記憶を供給するための枠組みである。
　次元3と次元4は制御、規制、標準化、監査の次元であると考えることができる。そこでは、指導的役割をもつレコードキーピング専門職が機能する。第3の次元では、団体の記憶の形成、管理、アクセスに関する「内部の」課題に関心が寄せられる。第4の次元では、私たちは本質的に「外側」から内部を見て、組織と制度の境界を越えて集合的記憶を構築することに関心を寄せる。

　コンティニュアムの各次元は時間を基礎とするものではない。記録は作成の瞬間から現用でもあり歴史的でもある。そもそも、記録は時間の中に「凍結」（frozen）され、文書の形体（documentary form）に固定され、作成の文脈と結びついている。記録は時間と空間を超えて、過去の出来事と永久につながっている。しかし同時に記録は時間と空間から解放され（disembedded）、これらの中を行き来しており、利用の文脈の中で再提示される。
　表2で示されたように、レコード・コンティニュアムの理論と実践は記録の

論理的側面と、他の記録との関係、作成・利用の文脈との関係に焦点を当てている。ゆえに、このモデルは動的で仮想的な場（「論理的、あるいは仮想的、あるいは多元的リアリティ」の場）の図解であり、その場は紙の世界であっても、常に存在していたものである。

　次元4について考える上では、以下の点を考慮することが重要である。
- 集合的記憶として機能するかけがえのない証拠を統制する社会的・文化的規範を特定または構築すること
- 特定の組織や個人の活動範囲を越えて記録を流通させるためのレコードキーピングの枠組みをつくり上げること
- レコードキーピングにおいて最も広範囲にわたる構造的・機能的な文脈を表現するようなナレッジ・ベースと分類体系を開発すること
- 特定の組織や個人の寿命を越えて記録を流通させるための保管とマイグレーション（migration）の戦略をきちんと位置づけること
- 制度の壁を越えてアクセス管理を行うためのアクセス戦略を開発すること

次元3について考える上では、以下の点を考慮することが重要である。
- 個人や組織の記憶として機能するかけがえのない証拠を統制する個人的または組織的な必要条件を特定すること
- 個人または組織の領域におけるレコードキーピングの枠組みをつくりあげること
- レコードキーピングにおける個人や組織の文脈を表現する組織のナレッジ・ベースや分類体系を開発すること
- 特定の個人や組織の寿命が続く限り記録を流通させるための保管とマイグレーションの戦略をきちんと位置づけること
- 特定の個人や組織のもつルールに基づいてアクセス管理を行うためのアクセス戦略を開発すること

　次元1と次元2において、その過程やシステムは、次元3と次元4で設定された枠組みにしたがって確立され、次元3と次元4の枠組みが求めることから影響を受ける。

次元2においては、レコードキーピングの過程とシステムは、次元3と次元4で設定された設計上の要件、規格、ベスト・プラクティス・モデルにしたがって実行に移される。ここで実行される過程やシステムでは以下のことが行われる。

- 業務過程の中の特定の時点（あらかじめ決められた「境界」を越える時点）において記録を取り込む
- メタデータを取り込み、維持する。ここでのメタデータは、業務や社会的活動を記録するものとしての質を保証するために必要であり（すなわち、他の記録との関係の中に記録を位置づけ、活動の文脈と記録とを関連づけるためのメタデータだと言える）、また、記録の継続的な利用可能性（完全性、正確性、信頼性）とアクセス可能性を管理するために必要とされる。
- 適切なアクセス許諾や利用者の意向にしたがって、記録を長期間にわたり利用に供する
- 記録を継続的に保管し、その安全を守る

次元1においては、行為、コミュニケーション、意思決定が記録化される。ドキュメントを作成・制御する過程では以下が実行される。

- 内容の取り込み
- 構造（文書の形体）の取り込み
- 直接の関連がある活動の文脈の中にドキュメントを位置づけ、検索を容易にする
- ドキュメントを保管し、そのセキュリティを保つ

レコードキーピングにかかわる統合的な責任

記録に対する組織のニーズを満たすことは、「一次的な」記録の利用であると言われてきた。組織的目的のための証拠としての記録の一次的な利用がいったん終わると、それぞれの機関は機関それ自体の証拠—集合的記憶—として記録を扱うものであるとみられてきた。このような扱い方は記録の「二次的な」利用であると言われてきた。組織の記憶や集合的記憶といった問題についてのこ

のような見方は、ライフサイクルの概念と結びついていた。

　レコード・コンティニュアム・モデルは、集合的記憶と組織の記憶とを区別することに賛同している。レコード・コンティニュアムにおいては、社会のニーズは次元4の問題であるとしており、組織のニーズは次元3に関するものであるとしている。しかし、記録は初期段階では組織の記憶のために奉仕し、その後の段階で集合的記憶のために奉仕する、というようなライフサイクルの定式化とは異なり、レコード・コンティニュアム・モデルは、記録は作成された時点から組織の記憶としても集合的記憶としても同時に機能する、という考え方を採用している。それぞれの組織は、記録が組織の記憶としていかに機能するか、にとりわけ関心があるのに対して（次元3の観点）、社会は、記録が集合的記憶としていかに機能するか、に関心がある（次元4の観点）。

　ライフサイクルや「アーカイブズの3つの時期」という考え方に立つレコード・マネジャーとアーキビストの定義では、レコード・マネジャーは組織の記憶を扱い、アーキビストは集合的記憶を扱うとしている。コンティニュアム論者はこのような考え方をとらない。彼らは、レコードキーピング専門職は記録のもつ多様な目的に関与すると考える。現用的、規制的、また歴史的なレコードキーピングは、順番に訪れるものではなく同時に発生するものであるととらえる。この点は、クリス・ハーリー（Chris Hurley）が歴史的レコードキーピングの観点について以下のように述べたとおりである。

　電子レコードキーピングが我々に示しているのは、アーカイブズの方法論を記録の生涯全体にわたって適用しなければならないということである。記録が年数を経るにつれて生じる新しい問題など何もない。電子記録の管理に関するあらゆる技術的課題は、作成の瞬間に生じるのである。それぞれの機関は、電子記録をあらゆる長さの時間—1秒でも100万年でも—にわたって管理するためには、アーカイブズ業務を適正に行わなくてはならない。

　コンティニュアムの考え方によれば、レコードキーピング専門職の役割はレ

コードキーピングの枠組みをつくり上げることにかかわるものである。この枠組みとは、記録が現時点および長期間にわたって多様な目的を果たすように、その記録を作成の時点から管理できるようにするものである。このような枠組みをつくり上げることの中には、記録とアーカイブズに関する技能や責任の統合も含まれる。

責任のコンティニュアム：過去、現在、未来におけるパートナーシップの構築

パートナーシップの構築

レコードキーピング専門職は、コンティニュアムの枠組みにおける目的を達成するため、広範囲のステークホルダーとパートナーシップを構築する必要がある。レコード・コンティニュアム・モデルは、さまざまな次元において活動するプレイヤーとパートナーシップを構築するという発想の起点ともなりうる。例えば以下のようなプレイヤーである。

次元4　多元化
　文化遺産関係者
　社会学者
　歴史編纂者
　その他の情報専門職、例えば図書館員
　IT 政策形成者（IT shaper）
　立法者
　その他の標準制定者（standard setters）や標準制定機関（standard authorities）
　監視者（watchdogs）
　一般市民

次元3　組織化
　　情報管理者
　　IT 部門責任者
　　企業図書館員
　　情報公開担当者（FOI officers）
　　監査人
　　企業弁護士
　　最高経営責任者・経営幹部
　　会計担当者
　　業務過程再設計の担当者（business process re-engineers）

次元1・次元2　作成・取り込み
　　運用管理者
　　IT オペレーション・スタッフ
　　システム・アドミニストレータ
　　管理職
　　デスクトップ・オペレータ

　レコード・コンティニュアム・モデルは、それぞれの次元における活動についての潜在的かつ戦略的な協力関係を明らかにするのにも役立つ。例えば以下のような関係である。

次元3・次元4　組織化・多元化
　　レコードキーピングが、組織の説明責任や民主主義のための説明責任に関する必要条件を支援するものであることを保証するための、情報公開担当者、監査人、法務担当者、経営幹部、監視者、規制担当部局（regulatory authorities）との協力
　　組織や制度の内部で、またはその枠組みを越えて、電子ネットワーク環

境におけるドキュメントの発見と提供を支援すべく、包括的な情報アーキテクチャとメタデータ仕様を開発するための、情報管理者、IT専門職、図書館員との協力

次元3　組織化
　　レコードキーピングと業務過程を統合するための、政策形成者、経営者、業務過程設計者との協力
　　組織のレコードキーピング要件を満たすべく、情報通信技術の発展と利用（takeup）を促進するための、IT管理者との協力

きのう、きょう

　近年、オーストラリアではレコード・コンティニュアムの枠組みにおいて、パートナーシップの構築に非常な成功を収めてきた。それは特に、電子レコードキーピング、標準の策定、専門職教育や継続教育の分野においてである。標準の開発における2つの著名な事例は、オーストラリア記録管理規格（Australian Records Management Standard）と全豪記録・アーカイブズ能力規格（National Records and Archives Competency Standards）がもたらしたものである。オーストラリア規格 AS 4390 は世界初の全国的記録管理規格であり、現在は国際規格として策定が進んでいる[訳注10]。これはレコード・マネジャー、アーキビスト、規格制定者の共同作業によってつくられたものである。レコード・コンティニュアムの枠組みに当てはめれば、AS 4390 はレコードキーピング業務の任意的な規範となるものである。記録・アーカイブズ能力規格も、レコード・コンティニュアムの枠組みの中で策定されたものである。オーストラリア記録管理規格と同じく、全豪記録・アーカイブズ能力規格はレコードキーピングがすべての組織にわたる従業員とシステムの共同作業によって行われる必須の機能であると位置づけている。この考え方によれば、すべての人がレコードキーパー（recordkeeper）であり、レコード・マネジャーとアーキビストは社会におけるレコードキーピングの専門家であるということになる。

オーストラリアで現在働く838万人のうちのほとんどが、なんらかの記録を管理する必要があるといって差し支えない。しかし、その中核的な仕事が記録やアーカイブズ関連の業務であるような人や組織はほんの一部である。

　そこで、この規格策定プロジェクトは産業界全体にまたがるものとなることが志向された。すなわち、策定される能力規格はすべてのレコードキーピング業務に適用され、誰がその業務を行うかを問わない。したがって、このプロジェクトは、レコード・マネジャーやアーカイブズのもつ能力の定義にとどまらず、我々の社会におけるレコードキーピングの構成要素をも定義しようとしているのである。

　[オーストラリア記録管理規格と全豪記録・アーカイブズ能力規格という] これら2つの事業は、現用的、制度的、そして歴史的レコードキーピングを一貫したものとしてとらえた規格を制定することに関して、長期的な協同作業のための強固な基盤をつくり上げた。

あす

　インターネットなどのグローバル・ネットワーク上における文書的情報オブジェクト（document-like information objects（DIO））の驚異的な増加は、情報専門職、そしてほぼあらゆる人にとって不意をつくような突然の現象でした。この3年足らず（1993年から1996年）でインターネットは急激に拡大し、自らのクローンを増やしていきました。そこはITエリートが支配する空間から、「無制限」な情報「バイキング（Smorgasbord）」会場になりました。すなわち、誰もが即座にDIOをつくり出し、何億人もの顧客に提供できるようになったのです。DIOは一度つくられてネットにのったら勝手に流通する商品となります。DIOの出所、品質、完全さ、透明性、アクセス可能性を保証する規格やプロトコルといった枠組みは存在しないので、その検索性、信頼性、価値を確かめることはできません。DIOはその作成者からの認可や作成者への補償のないまま、利用され、複製され、分解され、悪用されるのです。

　（アン・ペダーソン（Ann Pederson）、1997年4月）

電子ネットワーク環境においてドキュメントの管理、発見、提供を支援するために、ある組織や制度の枠内で、またはその枠を越えて、一貫した情報アーキテクチャやメタデータ仕様を策定するには、IT専門職、図書館員、情報管理者、文化遺産関係者、その他の利害関係者と協力することが、当面の最優先の課題である。とりわけオーストラリアのレコードキーピング界は、紙の世界におけるあらゆる記録情報を管理してきた枠組みに匹敵するような、ヴァーチャル世界における規則・規格の基盤をつくり上げるための、国際的な取り組みにかかわることが求められている。規格制定のためのさまざまな努力とともに、レコード・コンティニュアムはレコードキーピング界からの貢献のあるべき姿を構築する上で強力な枠組みとなるのである。
　今日の電子ネットワーク環境において、記録は拡張を続ける他の情報資源とともに管理される。ネットワーク環境の中では、情報資源を適正に識別、認証し、その品質を評価する必要がある。また、必要とされる間は即座にアクセス可能で検索でき、体系的なやり方で処分できる必要がある。アクセスと処分の条件を管理し、監視する必要がある。あらゆる文書的情報オブジェクト（DIO）を効果的にコントロールできるかどうかは、信頼できるメタデータ—DIOの構造、内容、文脈、重要な管理上の必要条件を特定した正確な情報—の個々のDIOへの埋め込み、包含、または永続的リンクによって、DIOの性質や品質が証明されているかどうか、にかかっている。正確なメタデータは、真正で信頼できる情報資源や記録を利用者が発見、識別、選択、利用できるためのツールである、という認識がますます広がっている。
　現在のところ、ヴァーチャル世界には規則・規格に関する適切な基盤が欠如している。ネットワーク環境の中でDIOを認証、保護、管理し、アクセス可能にするため、メタデータに基づく枠組みの開発を急ぐ必要がある。
　世界中の情報管理・ITの専門職、文化遺産関係者、図書館員、規格制定機関は、以下のような作業を協同で始めつつある。

・ネットワーク環境、特にインターネット上で利用できるあらゆるDIOの属性についてのメタデータ要素（例：タイトル、作成者、日付、主題、他の情報資源へのリンク、知的財産権の状況）について、包括的ないし中核的な要素のセットを特定し、合意を締結する。
・特定の種類のDIOに関する既存のメタデータ仕様（例：図書館目録レコードのためのMARC規格[訳注11]）と、上記の中核的セットとをマッピングする。その目的は、特定部門向けのセットと同様のメタデータを特定し、包括的なメタデータ仕様にあわせて標準化することである。
・特定部門向けのメタデータ要素のセットを標準化し、包括的なセットとの相互運用性を保証する。

　この文脈において、レコードキーピング専門職は、商業的、社会的、文化的に重要な情報資源、つまりネットワーク環境において重要な情報のサブセットの管理を担当することになる。レコードキーピング専門職は、この領域における全国的、国際的な取り組みにもっと関与する必要があるのである。我々は自らの方法論、標準、方式を発展・拡大させて、ネットワーク環境における記録の記述、組織化、発見を推進しなくてはならない。特に、レコード・マネジャーとアーキビストは以下の3つの領域について協同で取り組むことが緊急に求められている。

レコードキーピング部門に固有なメタデータの仕様

　活動の電子記録などのDIOを管理し、継続的にアクセスできるようにするためにすべきことは、そのDIOとともにあるか不可分に結びついたメタデータによって解決できるものが多い。その作成時点において記録に付与され、場合によっては他のDIOにも付与されるような、レコードキーピング・メタデータのセットが必要である。この付与の方法には、埋め込み（embedding）、カプセル化（encapsulation）[訳注12]、メタデータの集積場所へのリンクなどがある。我々の部門に固有のメタデータのセットは、ダブリン・コア（Dublin Core）[訳注13]

などの包括的メタデータ標準や、他の部門に固有のセットとの相互運用性が保証された枠組みの中での開発が求められる。このような事業と同様の国際的な事業はさまざまあり、デイビッド・ベアマン（David Bearman）が開発した業務受容可能コミュニケーション参照モデル（Reference Model for Business Acceptable Communications）訳注14、ブリティッシュ・コロンビア大学によるドキュメント・テンプレートに関する成果訳注15、アーカイブズ記述のための全国的、国際的な標準訳注16などがある。しかし、オーストラリアはコンティニュアムの考え方に基づき、この領域において価値ある貢献ができるのである。特に、登録システム、記録管理用のオートメーション・パッケージ、オーストラリアのシリーズ・システムなどで使用されている既存のメタデータ・スキームの標準化、コード化、統合を進めることによって貢献ができるのである。

メタデータの一般的コアセット

また、我々は一般的なメタデータ・エレメントの標準セットを開発する国際的取り組みをよくよく注視し、これに対して影響を与えていく必要がある。これは、あらゆるメタデータ・エレメントのコアセットの開発にあたってはレコードキーピングに必要な条件を満たすようにさせるために不可欠である。

ダブリン・コアやウォーウィック・フレームワーク（Warwick Framework）訳注17といった取り組みは、包括的および部門固有のセットが適用できるような、包括的なメタデータ・セットおよび部門横断的な枠組みを確立することが目的である。例えば、ダブリン・コアは、インターネット上のあらゆるDIOに適用できる15のメタデータ・エレメントまたはディスクリプタの最小限のセットを示している訳注18。このコアセットは、インターネット上の文書的オブジェクトに埋め込まれるか、永続的にリンクできるように設計されており、とりわけ検索能力の向上を目的としている。また、あえて「拡張可能」なように設計されており、その15のエレメントは、DIOについての情報をさらに提供するために特化されたメタデータ・エレメントのセットの中で拡張することができる。例えば、ダブリン・コアの基本的な主題ディスクリプタは、米国議会図書館型の

件名標目表や、レコードキーピングのメタデータ仕様における機能分類ディスクリプタ[訳注19]において活用することもできる。ただし、それらがダブリン・コアの仕様と相互運用ができるかたちで標準化されていることが条件である。

情報ロケータとフィルタリングの計画

　また我々は、AusGILSやPICSなど、情報ロケータやフィルタリングのシステムに関する事業についても注視し、これらの事業に貢献をするために、オーストラリアのレコードキーピング界が協同する方途を見出す必要がある。

　情報ロケータ・システムは、情報資源の指示と位置特定のための知識構造を提供するものであり、情報フィルタリング・システムは、情報を受信する段階でその出入りをフィルタリングするものである。

　AusGILS計画は、連邦政府情報管理執行委員会（Commonwealth Government's Information Management Steering Committee（IMSC））（委員長：エリック・ウェインライト（Eric Wainwright）（オーストラリア国立図書館））と同委員会の情報技術タスクフォース（座長：ダグマー・ペイラー（Dagmer Parer）（オーストラリア国立公文書館））の成果をもとに始まったものである[訳注20]。AusGLISは、米国連邦政府のシステムをモデルとして、政府の情報資源を指示し位置特定をするための知識構造を示す。AusGLISに関するIMSCの勧告では、国立公文書館はAusGLIS用メタデータ仕様の開発を主導する機関とされている。このプロジェクトが進展すれば、政府と民間の広範囲の情報・レコードキーピング界にとってきわめて大きな意義をもつことになるだろう。そして、そのための資金がこれらの業界から提供されることが必要だろう。

　インターネット・コンテンツ選択プラットフォーム（PICS: Platform for Internet Content Selection）は、情報やWebサイトを受信する段階でそれらの出入りをフィルタリングするシステムの一例である[訳注21]。これはW3コンソーシアム（W3 Consortium）[訳注22]が開発してきた。もともとこのシステムは検閲ツールであるとみなされていたが、このシステムとそれに関連する研究は、情報の発見、プライバシーの保護、情報の認証、知的財産権の制度運営を

それぞれ区別する上で非常に役立つ。PICSのような事業では、フィルタリングは情報資源に対するラベリングに立脚しており（ラベルは埋め込まれていたり、オブジェクトとともに送信されたり、第三者によって提供されたりする）、メタデータ標準はラベリング・スキーマの開発にとって不可欠である。

おわりに

　これまでに述べた領域のすべてにおいて協力関係と共同作業を確立することによって、以下の点に寄与することができるはずである。

- 政府、商業、社会の説明責任、および文化的目的のために、現在および将来にわたって、ネットワーク環境の中で共通のユーザ・インターフェースを用いて活動の記録へのアクセスを向上させること
- 市民の権利や資格を支え、行政と民主主義の説明責任を支える政府情報について、その透明性とアクセス可能性に関する目標を支援すること
- 電子商取引を支えること
- 必要とされる間、ネットワーク環境における記録の真正性、信頼性、品質、耐久性を確保すること
- ネットワーク環境における記録のアクセス条件と処分の問題を解決すること

　これらの活動によって、情報資源の完全性、真正性、信頼性、透明性、耐久性に関する我々の専門知識を、情報、組織と民主社会の説明責任、文化遺産などにかかわるより広範なコミュニティと共有することもできるようになるのである。

　レコード・コンティニュアム論が立脚する考え方によれば、これまで述べてきた夢のような目標を実現できるかどうかは、レコードキーピングという傘のもとで我々が協同できるかどうかにかかっている。これを成し遂げることによって、我々は現用的、歴史的、および規制的［レコードキーピング］といっ

た考え方を、社会におけるレコードキーピングの責任のコンティニュアムに関係づけることができ、きのうときょうの基盤の上に共通のあしたを築くことができるのである。

訳　注

訳注1　本論文の鍵となる概念であるrecords continuumについて、ここでは「レコード・コンティニュアム」という片仮名語をあてた。そのまま訳せば「記録連続体」となるが、日本語で「連続体」というと、むしろrecords continuumの概念が乗り越えようとする、時間軸に沿って記録が変遷を遂げていくさまがイメージされてしまう、という批判がなされている。この点については、安藤正人．"I部2編1章　アーカイブズ学の地平". アーカイブズの科学. 国文学研究資料館史料館編. 東京, 柏書房, 2003, p. 185-186.（上巻）の注21を参照されたい。適切な訳語の検討は今後の課題である。

訳注2　recordkeepingの訳語も同様に「レコードキーピング」とした。本論文でも引用されているアン・ペダーソンは、この語を以下のように定義している。「recordkeeping：業務の完全かつ正確で信頼できる証拠を、記録情報のかたちで作成し、維持すること。以下の内容を含む。a. 業務における記録の作成と、適正な記録の作成を保証する手段　b. レコードキーピング・システムの設計、稼動、運用　c. 業務上使用される記録の管理（伝統的にはレコード・マネジメントの領域）と記録史料の管理（伝統的にはアーカイブズ・マネジメントの領域）」。（Pederson, Ann. "Archives & Recordkeeping Glossary". Understanding Society through its Records. (online), available from <http://john.curtin.edu.au/society/glossary/index.html>, (accessed 2006-02-12).）すなわち、記録管理システムの設計の段階から、レコード・マネジメント、さらにアーカイブズ・マネジメントまでをすべて包含するのが、レコードキーピングの概念である。

訳注3　Giddens, Anthony. *The Constitution of Society: Outline of the Theory of Structuration*. Cambridge: Polity Press, 1984, 402p.

訳注4　アーカイブズ機関にとっての上部機関（親機関）以外から収集した資料を扱うアーキビストのこと。

訳注5　現在の名称はNational Archives of Australia。

訳注6　米国連邦政府の各機関が作成する、どのような記録をどのくらいの期間保存するかを記載した計画表（スケジュール）。この作成・改訂にあたっては、国立公文書館による承認を得る必要がある。

訳注7　Edith Cowan University. *The Records Environment. Perth, Media Production Unit*, Edith Cowan University, 1992-, 5 vols. (VHS) を指すと思われる。

訳注8　オーストラリア国立公文書館で開発された、アーカイブズの編成・記述（目録作成など）についての理論・技法。アーカイブズ編成の基本単位を作成組織ではなく業務とすることで、組織改編への対応を図っている。オーストラリアの公的アーカイブズ機関の多くが採用している。

訳注9　とりわけ電子記録の時代には、アーキビストの役割は単に所蔵資料の保管庫の番人（custodian）にとどまるものではない、という考え方に立つ人々。

訳注10　AS 4390をもとにして、国際標準化機構は2001年にISO 15489-1:2001およびISO/TR 15489-2:2001を策定した。

訳注11　MARCは機械可読目録（MAchine-Readable Cataloging）のこと。MARCのための規格としてMARC21（米国議会図書館）、JAPAN-MARC（国立国会図書館）などがある。

訳注12　ここでは、メタデータとそれを実行する手順ないしソフトウェアを一体化すること。

訳注13　Dublin Core Metadata Initiative. (online), available from <http://dublincore.org/>, (accessed 2006-02-12).

訳注14　Archives & Museum Informatics. "Metadata Specifications Derived from the Functional Requirements: A Reference Model for Business Acceptable Communications". (online), available from <http://www.archimuse.com/papers/nhprc/meta96.html>, (accessed 2006-02-12).

訳注15　これを開発した研究プロジェクトについては以下を参照のこと。The Preservation of the Integrity of Electronic Records. School of Library, Archival & Information Studies, University of British Columbia. (online), available from <http://www.interpares.org/UBCProject/index.htm>, (accessed 2006-02-12).

訳注16　アーカイブズ記述のための全国的な標準としては、英国におけるMAD、カナダにおけるRAD、米国・カナダにおけるDACSなどがある。国際的な標準としては、ISAD(G)、ISAAR(CPF)、EADなどが開発されてきた。詳しくは、森本祥子."アーカイブズにおける記述標準化の動向".図書館目録とメタデータ：情報の組織化における新たな可能性.日本図書館情報学会研究委員会編.東京,勉誠出版, 2004, p. 145-164.（シリーズ図書館情報学のフロンティア, 4）

訳注17　Warwick Frameworkについては以下を参照。杉本重雄.Dublin Coreについて（第2回）.情報管理. vol. 45, no. 5, 2002, p. 321-335.

訳注18　ダブリン・コアでは、最小限のメタデータ記述項目（エレメント）として、以下の15項目を定めている。タイトル（Title）、作成者（Creator）、キーワード（Subject）、記述内容（Description）、公開者（Publisher）、寄与者（Contributor）、日付（Date）、資源タイプ（Type）、記録形式（Format）、資源識別子（Identifier）、出所（Source）、言語（Language）、関係（Relation）、時空間範囲（Coverage）、権利管理（Rights）。

訳注19　具体例としては、オーストラリア連邦政府のAustralian Governments' Interactive Functions Thesaurusが挙げられる。National Archives of Australia. Australian Governments' Interactive Functions Thesaurus - AGIFT: 2nd Edition. (online), available from <http://www.naa.gov.au/recordkeeping/thesaurus/index.htm>, (accessed 2006-02-12).

訳注20　AusGILSは現在、"AGLS Metadata Standard"として制定されている。National Archives of Australia. "AGLS". (online), available from <http://www.naa.gov.au/recordkeeping/gov_online/agls/summary.html>, (accessed 2006-02-12).

訳注21　W3C. "Platform for Internet Content Selection (PICS)". (online), available from <http://www.w3.org/PICS/>, (accessed 2006-02-12).

訳注22　World Wide Web（＝W3）に関する技術の標準を定める国際非営利組織であり、インターネットやWebにかかわりの深い企業、大学・研究所、個人などが参加している。1994年設立。

第Ⅲ部

レコードキーピングのこれから

7. スクリーンの向こう側
──レコード・コンティニュアムとアーカイブズにおける文化遺産

テリー・クック
（古賀崇訳）

初出：
（原著）Terry Cook. Beyond the screen: the records continuum and archival cultural heritage. *Australian Society of Archivists 2000 Conference.* Melbourne, Aug. 18, 2000. Available from < http://www.mybestdocs.com/cookt-beyondthescreen-000818.htm >

（翻訳）訳し下ろし

■著者紹介

本書p.118、「5. 過去は物語の始まりである」における著者紹介を参照。

今年のこの大会のテーマは「スクリーンの向こう側：組織と社会の記憶を把握する」です[1]。これから行われる興味深い分科会の多くが扱うのは、アーカイブズおよび他の文化機関における文化、遺産、歴史にかかわる側面、およびそれに関連して、伝統的方法であろうとウェブに基づく方法であろうと私たちが抱える多くの利用者との関わり合いを改善すること、であります。多くの利用者がアーカイブズをどのように見ているか、それは主に、オーストラリアの遺産について学ぶための何よりの源として、またコミュニティ、地域および国家という大きな歴史的展開の中で自分が何者であるかを個人、家族、集団として確認するための何よりの源として、であります。彼らにとってのアーカイブズとは、現在をより楽しむため、ひいてはより明るい未来を描き出すために過去を記憶する、ということにかかわるものなのです。[この大会では] 今日から明日にかけてこうした事柄を探っていくために一連の刺激的な演題や発表者の方々が私たちのために用意されているわけであり、私も一個人としてこれらすべてに耳を傾けることを楽しみにしております。

　今大会のテーマがアーカイブズの文化的・歴史的側面に焦点を当てている、というのは、しかしながら、またまさしく、オーストラリア・アーキビスト協会が最近の大会で主に扱ってきたテーマからは明らかに転換していることを示しています。最近のテーマというのは、国内でのアーカイブズに関する中心的な論考、それによってオーストラリアの人々が国際的に一番認知されてきた論考です。つまり国内の論考は、最近の本協会大会と同様、「レコードキーピング」[訳注1]に関する事柄に焦点を当ててきましたが、それはしばしば、政府機関および営利企業における記録管理と伝統的に呼ばれてきたものと、ほとんど同一視されてきました。「レコードキーピング」に関する論考で扱われてきたものの中には、私たちの組織を嵐のように突き抜けるコンピュータ化された情報の中から、適切なメタデータを用いつつ、電子記録を意味ある文脈の中でいかに把握するか、という困難な課題に取り組むものがあります。また、現代的な組織——その組織が求めるのは「レコードキーパー」であり、アーキビストではないのです——で働く「レコードキーパー」のために、様々な産業領域に当てはまる

職務を開拓し、彼らの能力を陶冶しよう、という論考もあります。文書の性質を、業務をめぐる信頼性・真正性のある証拠として、また公共生活および民主制自体に対するアカウンタビリティを裏付けるものとして、捉えようとする論考もあります。アーカイブズにおける選別を、歴史上の記録を保存するという方向から引き離し、重要な業務上の機能が確認（あるいは選別）され、信頼できる記録がこうした機能の証拠として作成されることを保障する、という方向へと向けようとする論考もあります。そして、少なくともここオーストラリアでは、こうした支配的な論考よりも多く提起され、またこうした論考を理論と洞察の面で支えているのは、レコード・コンティニュアムのモデルなのですが、これは社会生活（institutional life）における「レコードキーピング」のもつ多様な側面を要約していると同時に、アーキビストを「レコードキーパー」として定義づけることに正当性を与えているのです。アーカイブズをめぐるこうした新しい論考はもちろんオーストラリアに特有のものではありませんが、この地においてはこの論考が最も徹底し洗練されたかたちで現れている、と思います。しかし、国際的に活躍するアーカイブズの理論家の多くもまた、同じような「レコードキーピング」の理想を将来のアーキビストたちに向けて主張しているのです。

　このように、オーストラリアとその国外において「レコードキーピング」に関する論考が圧倒的である中で、個人、私有、家族、集団のアーカイブズについてはほとんど注意が払われていません。エイドリアン・カニンガム（Adrian Cunningham）と私が主張しているように[2]、この種のアーカイブズは「常軌を逸するほどに（beyond the pale）」、冷たく暗い場所に放り投げられています。そこでは、私的な文書とそれを保護するアーキビストが、オーストラリアにおいて主流である公的記録を扱うアーキビストの手によって、また彼らをこの国の内外で支えるアーカイブズの教育家・理論家によって、放逐されているように見えます。ビジネス上のやりとり、証拠、アカウンタビリティ、メタデータ、電子記録、アーカイブズの分散的保管（distributed custody）に関する語りが多くを占める新たな論考においては、歴史、遺産、文化、研究、社会的記

憶、アーカイブズの文化施設での集約的保管（curatorial custody）という点に焦点を当ててきた伝統的な論考が入り込む余地はほとんどないように見えます—なお、［伝統的な論考が焦点を当ててきた］後者の点は、それが個人の記録にかかわるものであろうと、公的な、あるいは機関のアーカイブズにかかわるものであろうと［状況は］同じです。ある人が主張するように、アーキビストによる「レコードキーピング」はビジネス上の活動であり、文化的な仕事ではありません。アーカイブズはビジネス上の過程における作成を起点として存在するのであり、文化的な資産として存在するのではありません。関心の連続体（コンティニュアム）が記録生産者、レコード・マネジャー、アーキビストを結びつけています。

　アーカイブズの遺産的ないし文化的目的を擁護するという政治的偏見をもつとされるアーキビストは、作成者が記録をもはや必要としていない—あるいは作成者が存在しなくなってしまった—記録のライフサイクルの最終地点で、記録がアーカイブズに届くのを受け身の姿勢で待っていた平穏な時代に時計の針を戻そうとしている、何かしら時代遅れの者として見なされます。このようなアーキビストは、コンピュータ技術と組織の変容という時代の最先端にあって積極的に政策形成にかかわるよりも、見栄えのよい展示物を準備したり、歴史を記述する学者とつきあったりしているほうが心地よいのだ、と思われています。

　これらの歴史・文化系の伝統的アーキビストは、間違いなくほこりを薄くかぶっている状態にあるでしょうが、影響力のある篤志家のもとで午後のお茶の時間を楽しんではいない状況において、要は分かっていないだけだ、ということになります。彼らは記録よりも遺物を扱うのが好きなだけで[3]、もっと言えば、専門職が情報時代に動的に適応しつつある現状にあって、たぶん彼らアーキビスト自身が遺物だ、ということになります。アーカイブズの団体とレコード・マネジメントの団体との統合すら、うわさされていますが、それは手稿を扱うアーキビストを、常軌を逸するどころではなく冷ややかな場所へとまさに置き去りにし、公的記録を扱うアーカイブズのもつ遺産的・文化的役割をより一層おとしめるでしょう。

アーカイブズの専門職におけるこうした党派的な口調は、特に北米において声高ですが、そこでは新しいアプローチを主張する者が伝統的なアーキビストに対して、次のようなことばを文章の上で用いたことがあります。曰く、時代遅れ、愚か者、心理面に障害をもつ自己妄想の犠牲者、精神面で無能な者、と[4]。しかし、オーストラリアのあるアーキビストは、伝統的なアーキビストのもつ専門的な知的性を、赤ん坊はキャベツ畑からひとりでに現れる[訳注2]と信じる者になぞらえる、ということをやってしまったのです[5]。

　今、私は何らかの効果をねらってちょっと言い過ぎてしまいましたし、この手のレッテル貼りをやる場合、また色々な考えをあまりに単純化して1対1に分けてしまう場合には、確かにわら人形のような、実在しそうもない幻想をつくってしまう危険性があります。しかし私の説明が現実の全体ではないとしても、それは確かに、オーストラリアのアーカイブズ事情を両方のイデオロギーの側から、また国内・国外のどちらにいるかを問わず見ている、数多くのアーキビストたちの間で共有している現実ではあります[6]。

　私がはるかかなたカナダにおいて感じ取り、以来、オーストラリアのアーキビストたちとの5週間にわたる議論を通じて確信したのは、次のようなことです。今年のオーストラリア・アーキビスト協会大会の主眼は、アーカイブズの文化・遺産にかかわる側面をことばで表し、常軌を逸すると言われたところからこうした側面を呼び戻し、そしてここ10数年における「レコードキーピング」をめぐる論考にバランスを取り戻すという、真剣な取り組みであるのだと。

　いわゆる伝統的なアーキビストたちは、キャベツと赤ん坊の正しい因果関係なんて知ってるよ、と断言しています。彼らは、皆さんの間で高い定評のある雑誌の名前が『アーカイブズと手稿（*Archives and Manuscripts*）』[訳注3]ということで結局うまくバランスがとれていることも知っています。それが『本当は業務上のやりとりをめぐる証拠を背負う記録を意味するところのアーカイブズ』だとか『こんなやっかいな手稿はとにかく図書館員の手に委ねておけばよく、我々真のアーキビストは「レコードキーパー」としての共通の利害の中でレコード・マネジャーと手を携えることができるのだ』などと改題されるべき

ではないことも。

　けさの私のメッセージには3つの明確な論点があります。1) アーカイブズの専門職は、少なくとも英語圏においては深刻な分裂状態に脅かされていること。この分裂状態というのは、すでにこの専門職における個人的な敵意の中で生じており、業務上・研究上の課題とは相容れず、さらにより深くより根本的なところでは、教育・研修業務や職能記述とも相容れないものです。2) こうした分裂状態がアーカイブズの世界全体をものの見事に断片化させるならば、被害をこうむるのは私たちの顧客、私たちの記録、私たちの社会におけるより広い使命であり、社会のもつ過去をめぐる知識や社会の自己理解もまた同様であること。3) そのような道を進む必要はないこと、です。

　本日の私の話は包括的なもので、すべてのアーキビストたちにとってのものの考え方や戦略的関心が共通していること、また特にオーストラリアではその通りであることを、この話が示唆してくれることを望んでいます。特にオーストラリアでは、と述べたのは、皆さんがこの地で行ってきたことが、英語圏でのアーカイブズ界を差し迫った危機から救い出してくれるものと考えているからです。こうした点は、レコード・コンティニュアムの諸要素をすべてのアーキビストにとっての統一的な見通しとして再考することにかかわっています。それゆえ、私はこの開会講演のタイトルを大会テーマからわずかに変えています。私のタイトルは「スクリーンの向こう側：レコード・コンティニュアムとアーカイブズにおける文化遺産」です。

　先ほど述べたような背景のもとでこの主題を探っていく中で、私は次の3つの大きなテーマに触れたいと思います。1) 証拠と記憶とを区別することと、この2つの概念について改めてバランスをとる必要性。2) アーカイブズ理論と選別理論の中核において必然的に生じる矛盾、およびそれにいくらか関連する選別それ自体をめぐる議論。3) アーカイブズの世界で広がりつつある亀裂をつなぎとめる手段として、このような論点および私たちが生きる情報文化を通じ、レコード・コンティニュアムの諸側面を簡単に再検討すること、です。

＊　＊　＊　＊　＊　＊　＊　＊

　組織および記録としてのアーカイブズの目的、方向性、そしてその性質自体をめぐり、したがってアーカイブズの社会における使命をめぐり、最も根本的な分裂と言えるものは、証拠と記憶をめぐる未解決の緊張関係にかかわっています。アーカイブズをめぐる中核的な神話は、伝統的に証拠にかかわるものでした。アーカイブズにおける偉大な先駆者であるヒラリー・ジェンキンソン卿(Sir Hilary Jenkinson) は今 [20] 世紀初頭において、当時の [「彼の (His)」を強調する点で] 性差別的な言い方ではありますが、理想的なアーキビストを次のように描き出しています。「彼の信念、それは証拠の神聖性にあり。彼の使命、それは彼がかかわる文書に結びついている証拠の一片々々を保護することにあり。彼の目的、それは偏見や後知恵を排し、知ることを願うすべての者に対して、知るための手段を与えることにあり…。」[7]　ここで引用した部分は彼の著作のうち少なくとも4つに現れており、したがってこの点をヒラリー卿は重要と考えたのは確かです。

　「フォンドの尊重(respect des fondes)」、原秩序、出所というアーカイブズの中心的な概念は、まず19世紀のフランスとドイツで定義づけが成され、次にジェンキンソンによって称揚され、それ以来主要な教科書の執筆者たちによって継承されていますが、それらは、記録の作成を引き起こした機能的・構造的文脈を証拠づけるものとしての記録を保存するものとして明言されています[8]。これに対応して、こうした文脈は関連する記録を真正なものとして正当化し、何らかの事実、言い換えれば歴史家やその他の者によって信頼されうる何らかのものに対する証拠を正当化します。[一方で]こうした文脈を欠く、他のものとは隔絶した1枚の紙切れは信頼されず、それは実際には偽物、無認可の写し、あるいは改ざん版であり得る、ということになります。こうして、このような文脈の透明性があれば、記録は、事実、行動、思考に関する信頼ある証拠となる、と主張されています。真正性・信頼性のある記録を証拠として保有することが、現代の「レコードキーパー」、ひいてはアーキビストすべてを意欲づける

限りにおいて、彼らはネオ・ジェンキンソン主義者であると言えます。これは確かによいことであり、こうした原則をコンピュータ化された記録に当てはめようとする努力は必要かつ賞賛に値します。この点は1回しか言いませんが、よく銘記しておきたいと思います。ここでの（また他の機会での）私の話は、レコード・マネジャーや「レコードキーピング」上の課題—これには私自身が十分にかかわっています—に反対するものではありません。むしろ、私の話は「レコードキーピング」の展望や包括性を高めようとしているつもりです。

とは言え、このように証拠という点に焦点を当てることには別の意図もあります。元来の証拠の保持という点にかたくなに固執することには、証拠を担うというアーカイブズの性質に対してのアーキビストの介入を完全に排除するか、あるいは極限にまで抑制する、ということをも意図していたのです。それはジェンキンソンの言う文書上の「真実」、大文字で書かれた「真実」を保護するためでした。このような意味でのアーカイブズの使命のもとでは、アーキビストは［記録の］作成者と研究者との間に立つ、中立的、客観的、非党派的、受動的で正直な仲介者と見なされます。アーキビストは、決して記録を選別・選択することはなく、ジェンキンソンの言う通り「偏見や後知恵を排し」て働きながら、単に作成者から記録を「自然な」残留物として継承するに過ぎない、というわけです。

このように証拠を重要視することは、アーカイブズ専門職のもつ古文書学上の起源、あるいはその先駆的な教科書のみに基礎を置いているわけではありません。デヴィッド・ベアマン（**David Bearman**）は、電子記録のアーカイブズ的保存をめぐる重要な思想家として、またここオーストラリアにおける「レコードキーピング」の概念に早くから重大な影響を与えた者として、1994年の自身の論考集に『電子上の証拠：現代の組織における記録管理の戦略』との題名を付けました。また彼は、電子世界における「レコードキーピング」のための機能的要件というピッツバーグ大学の画期的なプロジェクトの名前を、その最終段階で、証拠のための機能的要件と改めたのです[9]。

ブリティッシュ・コロンビア大学における電子記録研究プロジェクトは、「真

実性」と「信頼性」のあるコンピュータ上の記録を長期間にわたり保存するための戦略の開発を、その中心的な目標として位置づけました。ここでは、質の高い証拠をめぐり、また脱文脈化した情報や脆弱なデータとは対照的に信頼のおける「記録」をめぐり、「真実性」と「信頼性」が一組の合い言葉になっています。また、米国国立公文書館・記録管理局長官のジョン・カーリン（John Carlin）による同局の1997年の戦略的計画は、「かけがえのない証拠に対する常時アクセスの保障」と名付けられています。

　しかしアーカイブズはまた、記憶をも保存しています。ジョン・カーリンのことばに戻ると、そのキーワードは「かけがえのない」であり、それが暗示するのは、証拠全体の中でどの小さな部分が「かけがえのない」ものなのかをどうやって判断するかが重要だ、という点です。世界中における、アーカイブズをめぐる法制度、その使命・管轄をめぐる公式の声明、アーカイブズの年次報告、またアーカイブズの上級職員のスピーチは、アーカイブズの中心的な役割は国家、人々、機関、運動、個人の「集合的記憶」を保護することである、と繰り返し言及しています。あるいは、「重大性」「価値」「重要性」をもつ記録を保存する、との言い方をする場合もありますが、別の角度から見れば、再びカーリンが言うところの「かけがえのない」証拠として、そうでないものと対比させて記憶するに値するものを保存する、ということになります。アーカイブズはこの視点からすれば、狭い意味でのアカウンティビリティや業務上の継続性にかかわるものというよりは、あらゆるメディアの中の記録された情報を通じて、過去について、歴史、遺産、文化について、個人の起源や家族のつながりについて、私たちが人間として何であるかについて、そして私たちに共通する人間性の一端について、記憶するための源である、と言えます。

　とは言え、周知のごとく、記憶は選択的なものであります。それは個人についても、社会についても、そしてアーカイブズについても当てはまります。記憶とともに忘却もやってきます。記憶とともに、ある記録やその作成者を特権化することも、それ以外の記録やその作成者を片隅に追いやったり黙らせたりすることも余儀なくされます。あらゆる媒体により過剰な文書作成（over-documentation）が莫大な量で成される世紀が到来する中で、アーキビストは1940年代に選別の問題に真正面から直面し始めましたが、それ以来ずっと、世界のアーキビストたちの大半は、業務上の短期間の利用を超えて保存される、わずかながら貴重な記録を自らの手で選び出し、その残りの大部分を廃棄する（あるいは慈悲をもって無視する）のを正当化する権限の多くを手にする、という責任を受け入れてきました。このように記録の相対的な重要性を判断することにより、アーキビストは必然的に自らの価値観を注ぎ込むことになり、ジェンキンソンが言うように作成者の残した文書全体を受動的に確保し、保持し、管理するという立場から離れ、アーカイブズの遺産を積極的に形成することによって社会的記憶の作り手となるのです。

アーカイブズをめぐる近年のポストモダンの立場からの哲学的・歴史的な研究は、権力、イデオロギー、記憶が仲介される場という、論争の的となるようなアーカイブズの性質を跡づけているに過ぎません。このように集合的な記憶を形成することを通じて、公的記録に携わるアーキビストは私的な手稿の収集家と多くの共通点を分かち合うことになります。この両者とも、現在を通じて未来のために過去を仲介します。両者とも、個人であろうと組織であろうとその作り手がもつ記憶を保存します。そして両者とも証拠を必要としています。ここで言う証拠とは、個人のレベルでは、スー・マケミッシュ（Sue McKemmish）が興味深く探索しているところの「私が私である証拠（evidence of me）」であり[10]、また機関のレベルでは、新しい「レコードキーパー」たちが十分に正当化してきたものです。

証拠と記憶。これらは互いに相容れない二分法なのでしょうか。あるいはおそらく、この2つは同じアーカイブズというコインの両面として存在し、破壊的ではなく創造的な緊張関係を保ち、アーカイブズ活動にとって本質的に正反対の意味合いをもっているにもかかわらず、お互いにとって片方がないと意味のないものになってしまう、ということなのでしょうか。信頼性のある証拠が文脈の中に位置づけられることがなければ、記憶は誤りになってしまうか、少なくとも偽物、改ざん物、想像の産物に変化してしまう、というのは確かです。

記憶の影響力や必要性がなければ、証拠は意味のないものになり、採用されません。文書上の証拠（documentary evidence）に基づく記憶の構築にあたってアーキビストによる仲介・介入がある、という点が認められなければ、その証拠が中立的、客観的、「真実」であるとの主張は、よくて空しく響くだけであり、また悪ければ専門職の傲慢として聞こえてしまいます。歴史家たちが示唆し始めていることですが、証拠の性質自体は、一連の普遍的な基準または古文書学上の定式よりも時間、空間、社会的習慣によって定められます[11]。

先週の『キャンベラ・タイムズ』紙の1面記事に、「盗まれた世代（stolen generation）」[訳注4]［のアボリジニ］の子供らによる訴えを退ける判決を扱ったものがありましたが、その見出しは次のように書かれていました。「真実と正義は無し、あるのは法と証拠だけ。」[12]　ここにはアーキビストが考えるべきことがあります。確かに証拠というのも疑問の余地なく決定的に重要なのですが、より考えるべきことは、手短に言えば、行政、司法、アーカイブズ、歴史、社会といったことのほうにあります。「法と文学」という新たな学際的領域が、こうした問題には有益です。これは［法と文学の］2つを一体化させるものでも、ましてやいずれか片方を持ち上げるものでもなく、お互いが両者から学びあうことを目指すものです。確かに一方（法）は定式的、分析的であり、倫理や社会科学の基準によって判断される社会統制のシステムとしてあり、もう一方（文学）は非定式的、物語的であり、美学や人文主義の基準によって判断される想像力に満ちた創造性のシステムとしてあるのですが[13]。証拠と記憶というのも、これと同じように気前よく何かを生み出すようなやり方で、アーキビストによって検討されてはいけないのでしょうか。

　　　＊　＊　＊　＊　＊　＊　＊　＊

私の2番目の要点になりますが、アーカイブズ理論と選別理論の関係は、それぞれ証拠と記憶との区別に、まさしく対応するものです。アーカイブズ理論は記録の性質から発生しています。すでに述べたように、古典的なアーカイブ

ズの教科書において、アーカイブズ理論は、記録のもつ組織立った性質と証拠という属性、またその記録が作成されその時代で利用される際の文脈に、焦点を当ててきました。この点をめぐり、先駆的な思想家たちは自身の関心事について、情報が稀少だったかつての時代から継承されてきた、不確かな出所、複雑なフォーマット、難解な分類法をもつ古い記録を整理・記述することだと、まったく自然に考えていました。証拠をめぐるこうした理論的な概念は、それがアーカイブズと図書館との歴史的な区分を意識的に形成していくにつれ、アーカイブズ的な思考法と専門職のアイデンティティのまさに中核となりました。忘れてならないのは、こうした概念は情報過多の現代以前に発展していた、ということです。つまり現代は、アーキビストたちがただ単に生き残っている記録すべてを引き継ぐというのではなくて、どの記録を残すのか選別をしなければならないことに思いをいたす、あるいはそうする必要に迫られている時代なのです[14]。

　しかしながら、このような古典的なアーカイブズ理論は、選別理論と直接の関連性はもちません。選別理論は、記録の価値にかかわり、なぜ特定の記録が重要視されアーカイブズによって保存されるか、なぜ他の記録は重要でないと判断され廃棄されるか、という理論や原則にかかわるものです。記録が本来的にもつ性質は、毎日何十億と作成される記録のうち、どれが実際に長期間持続するアーカイブズ的価値をもつかという点を判断するには役に立ちません。本質的に、すべての記録はその作成者の行為や取引、思考や感覚について、ある程度までの証拠を担い、またすべてが独自の秩序と文脈をもちます。しかしそうは言っても、何を保存して何を廃棄するかを区別するための選別にあたって用いられる、価値、重要性、重大性、その他のことばを定義する時に、何かがずっと前に先立って存在しているわけではありません。特別にして重要であるのは、記録のもつ証拠・文脈にかかわる性質ではなく、行動ややりとりをめぐる様々な、異質な文脈のもつ相対的な重要性です。それをより高いレベルで言えば、機能とプログラムないし活動となり、さらに高いレベルで言えば、コミュニティや社会の期待となりますが、それらが作成されるべき記録の原因となっ

ているのです。学校長のオフィスにおいては、記録は大きく改訂されたカリキュラムを実行するために、また鉛筆を注文するために作成されるでしょうが、そこでは明らかに、ある機能が長期にわたる重要性をもつ記録を生み出す一方で、ほかの機能はそうではないのです。単純に言えば、それが機能的マクロ選別の理由となるものです。つまりそれは、どの機能、業務過程、活動、個人が長期的な価値をもつ記録を生み出しそうであるか、またどの要素がそうでないか、を決めるものであって、何十億もの記録、あるいは何万ものシリーズを（業務のより大きな枠組みの中で）直接読み込んで、そこにありそうな歴史的な研究上の価値を判断しようとするのとは異なります。

　アーカイブズ理論と選別理論とを比較するのは、したがって、リンゴとミカンを比較するようなものです。そこからさらに進んで、この2つが一貫し、あるいは融合するものだと期待するのは、リンゴ（apple）とエルヴィス（Elvis）とを比較するようなものです。とは言え、アーカイブズ理論と選別理論とを混同するのは、あからさまなものであろうとそうでなかろうと、時々は起こり得ることです。例えば、カナダで最も大胆なネオ・ジェンキンソン主義者は、アーキビストが選別において重要な役割を果たすことを否定しています。それは、まさにジェンキンソンが主張したように、それは記録とアーキビストのもつ客観性と主張されているものを脅かすことになりますし、古典的なアーカイブズ理論が要求し、今は電子時代向けに改めて主張されているように、作成されたすべての記録がよい証拠を支えるということを保障するために介入が成される、という点をこの主張はくつがえしてしまいます。そこまでは言わずとも、選別というのは記録作成者にとっての長期的な必要性もしくは作成者による記録の内部的な利用を見積もるところに限定すべきだ、とネオ・ジェンキンソン主義者は主張しています[15]。

　このようなネオ・ジェンキンソン主義をより穏健にした姿勢が、ここオーストラリアにおける、「AS［オーストラリア国家標準］　4390:記録管理標準」に関する解説文のいくつかに見て取れます。こうした姿勢を明確に打ち出しているある論者は、証拠と記憶との間の亀裂をつなぎとめようともしているのです

が、次のように述べています。「この［AS4390という］しくみのカギとなる要素は、レコード・マネジャー（現用記録のために働く）の機能とアーキビスト（非現用で歴史的な記録について働く）の機能との分化という、北米では伝統的な点を拒否する点にあった。オーストラリア的なしくみに固有な点は、アーキビストが歴史的記録を保存するというのであれば、彼らはまず何よりも現用記録が適切に作成され管理されることを保証しなければならない、という哲学である。」16) 歴史的な記録はどんな用途であろうと、その適切な作成・管理を通じて信頼ある証拠を備えるに足る性質を備えていなければならない（これはアー・カイブズ理論のほうにかかわる点です）、という後半の点に反対する人はいないでしょうが、前半の考えはより問題が大きく、悪い選別につながりかねないと私は考えます（これは選別理論のほうにかかわります）。AS4390標準それ自体は、より厳密なものです。そこでは選別を次のように定義しています。「業務上の必要性、組織のアカウンタビリティにおける必要条件、コミュニティの期待を満たすために、どの記録を把握し、それをどの期間まで保存するかを決めるという、業務活動を評価する過程。」 ステフェン・ヨーク（Stephen Yorke）が明記している通り、この標準はここでの最初の2者、すなわち業務上の必要性と組織のアカウンタビリティを評価する基準を打ち立てるところまでは進んでいるのですが、3番目の点［コミュニティの期待］については何も述べていないのです。アーカイブズに対するより広いコミュニティの期待を立証可能なほど明確に述べることはできないとヨークは正しく述べている一方で、こうしたコミュニティの期待は、自らの業務上の利用のため、あるいは社会全体が作成者にその行動に対する説明責任を果たすよう求めるためのニーズをはるかに超えていると、私の見るところ彼は大いに正当化しながら結論づけています17)。それでもより狭い意味で解釈するならば、「コミュニティの期待」ということばは、公的機関の説明責任を確保するために信頼性ある記録された証拠が残ることをアーキビストが保障する、ということを意味します。ここでは、証拠を基盤とするアーカイブズ理論によって、記憶に焦点を当てる選別理論は選別の領域自体からほとんど放逐されてしまいます。

記録の作成者にとっての「レコードキーピング」上の必要性や公的なアカウンタビリティの要件に基づいて選別に焦点を当てること、またレコード・マネジャーとアーキビストとの機能の間に根本的な「分化」はないと主張することは、アーカイブズのもつ文化的・遺産的側面を切り捨ててしまいます。ネオ・ジェンキンソン的な考え方は必然的に、明示された要点、予算の割り当て、記録の長期的な存続という点でビジネスおよび政府の必要性を優先させてしまうでしょう。このようなかたちで長期間生き残る記録においては、リスク回避、市場での機会、またやっかい事やアカウンタビリティを避けたいという欲求に基づく、記録の作成者にとっての狭い必要性に比べれば、ジェラルド・ハム（Gerald Ham）による魅力的なことばである「人間の経験がもつ幅広い領域」[18]、つまり豊かに織り上げられた集合的記憶として社会が求める記録が反映されることはないでしょう。ホワイトハウスの大統領、ソビエトの人民委員、南アフリカでアパルトヘイトを保障してきた警察力、ソマリアにおけるカナダ人の平和維持活動部隊（peacekeepers）訳注5、［オーストラリア北東部の］クイーンズランドの悪名高い政治家たち訳注6やアメリカの国税庁訳注7、これらは自分勝手な目的により記録を廃棄した多くの者たちの中の卑しい一例に過ぎないのですが、彼らの手に渡った記録の運命を、私たちは専門職として常に思い起こす必要があります。

　フランスでは、上級アーキビストの職にある者が政府機関の職を割り当てられ、記録の作成者といっしょになって働く、という方法が数十年にわたって行われましたが、小さな集団はより大きな集団に取り込まれてしまう、という当然の理由で崩壊してしまいました。確かに、多くのレコード・マネジャーはアーキビストのもつ教育、技術、能力、熱意を、同じ「レコードキーパー」として歓迎するでしょうが、アーキビストが選別にあたって行ってきたいわゆる伝統的な仕事を誰がやるのでしょうか。社会になりかわって自主的に発言し、社会のもつ文化・遺産的な必要性を解釈する仕事を誰がやるのでしょうか。それはもちろん、苦しい立場にあるレコード・マネジャーの仕事ではないでしょう。彼らは自ら望んでも必要とされる教育、知識、研究能力をなおさらもたず、権力

はあるが社会の希望や基本的なアカウンタビリティには熱心ではない利害関係者のもとでの受け身な雇われ人に過ぎないことが多いのですから。またもちろん、新しい「レコードキーピング・アーキビスト」の仕事でもないでしょう。彼らは今やいわゆる伝統的な記録管理業務に忙しく、結果としておそらく、彼らの教育や就業能力にかかわる基準は、オーストラリアの歴史と文化、政治学、社会学、文化人類学、多様なメディア関連の学問から成る研究上の内容や方法論よりは、「レコードキーピング」、情報管理、情報技術へと、徐々に焦点を移していくでしょう。そして、彼らは(レコード・マネジャーの一群と同様に)「人間の経験がもつ幅広い領域」を評価するのに必要な研究・分析を行うことも、またおそらくは記録を廃棄する者に抵抗できるほどの行動の独立を保つことも、不可能になるでしょう。この「研究」にかかわる点にはまた後で触れたいと思います。

　オーストラリア国立公文書館はより幅広い見通しを提供しています。ここ[の建物]でレファレンスを担当する区域に入ると、アーカイブズの用語や関連する法規制、サービス手続きやその料金、多くの研究領域における主要な情報源の解説、といった点にかかわる、膨大で魅力的でとても便利な「ファクトシート」の一群を目にすることができます。その最初のカテゴリー[アーカイブズの用語や関連する法規制]の中で、2000年3月刊という「ファクトシート」第4号が私の目をひきました。その題名は「アーカイブズとは何か」です。ハムレットが思いをめぐらせたように、それが問題なのです。アーカイブズは「その持続的な価値のために永久に保存される記録」と定義されています。しかしこの「ファクトシート」第4号では、次に続く見出しがより興味をひかれます。そこには「すべての記録はアーカイブズなのでしょうか」との問いがあります。これに対する回答は、大胆にも官僚的なごまかしを排し、次のように簡潔明瞭なものです。「いいえ。すべてのアーカイブズは記録ですが、すべての記録がアーカイブズになるとは限りません。政府機関、個人、団体が記録をつくり、蓄積させます。…こうした記録の多くは、現在の用途のための利便性がひとたび消滅すれば、廃棄されます。その持続的な価値のために保存されるものが、アー

カイブズと呼ばれるのです。」19)

　ここでの重要なことばは「すべてのアーカイブズは記録ですが、すべての記録がアーカイブズになるとは限りません」という点です。「すべてのアーカイブズは記録です」というのは、証拠、ジェンキンソン、「レコードキーピング」、アーカイブズ理論と同じ意味ですが、「すべての記録がアーカイブズになるとは限りません」というのは記憶、シェレンバーグ、社会的価値、選別理論と同じ意味です。アーキビストは、脱文脈的な情報や刹那的なデータのほうではなく、信頼に値する記録に対してその存在を可能な限り保障しますが、こうした記録のごく一部分をアーカイブズとして選択します。これらはともに［アーキビストという］専門職にとって重要な仕事ですが、その一方は「レコードキーピング」あるいは記録管理を志向しており、他方は文化や歴史を焦点に置いています。なぜどちらか一方が優勢でなければならないのでしょうか。なぜどちらか一方が伝統的あるいは間違った方向とさえ見なされなければならないのでしょうか。

　ここで、前述したアーキビストによる研究という点に立ち返りたいと思います。それは、再活性化した研究課題が［アーキビストという］専門職のもつ統一的な目的の核心を占める可能性がある、と私が確信しているためであり、またアーキビストによる研究というのは複雑で時には誤解されるがゆえに、［アーキビストの］教育基準や就業上求められる能力を決める時に研究の重要性が無視されがちだからです。莫大な記録の世界から［オーストラリア］国立公文書館のファクトシート第4号が指し示すものへと、少数のアーカイブズの存在を確かめるために、アーキビストが実行するのは、何らかのかたちで全体あるいは特別また突出したものを代表するような、歴史上また現代の機能と構造、およびカギとなる人物を発見するための独自の研究です。政府、組織、またより広いオーストラリア社会のいずれにおいても、こうした機能、構造、人物は常に時間と空間を超えて変化、発展していきます。またこうして変化する流れをも、アーキビストは研究を通じて確認、評価する必要があります。

　アーキビストはこうした研究を、出版される一般的な歴史知識に先立って行

います。それは歴史家がこうした知識を生み出すにあたり、アーキビストの先行研究に依存しているからです。こうした研究に基づいて評価と収集の対象がひとたび定まれば、実際に対象となる個人、集団、団体、コミュニティ、機関の歴史についての追加的な研究が必要となります。これは最も適切な媒体の中でどの記録が、該当する個人や機関の活動について、他の個人、集団、機関とのやりとりも含め、跡づけているかを判断するためです。ここでは、コミュニケーションのパターンや、記録媒体の性質や特徴に関する研究が、組織の文化や情報システムの関する研究に加えて必要となります。組織理論についての新たな知見は次のことを示唆しています。レコード・コンティニュアムのモデルとマクロ選別戦略──ともにアンソニー・ギデンズ（Anthony Giddens）に依拠しています[20]──の両者を支える機能─構造─行為の枠組みは、次のようなことに関する新たな知見を視野に入れるかたちで拡張されなければならない。それは、急速に変化する組織が今どのように機能しているか──ドキュメントや記録のような記憶に関するフォーマルな産物が、組織においてインフォーマルながら効果的なかたちをとる記憶戦略や学習組織と、どのように交流しあい、またある時はまったく別々に共存しているか、という点を含みます──、また、この組織が同時に、様々な経営形態、協調的な職場に関する様々な論考、組織の行動を活発化させる様々な社会ネットワークから、どのように影響を受けているか、ということである、と[21]。

　こうした流れに沿いつつ、組織文化におけるある研究の中で、2人の社会科学者はこう結論づけました。「組織の記録は、社会過程にかかわる他の産物と同様に、根本的に自覚的で利己的である。…記録は合法的目的のためにはその通りに表現され、非合法的な目的の場合はなおさらその通りだが、記録は決して中立的、事実的、技術的な文書としてとどまるわけではない。記録はある種の聴衆に効果をもたらすために…編成される。」[22]

　ヒラリー卿からは何と遠く隔たっていることでしょう。新旧双方の組織理論におけるこのような文脈的要素の複雑な連なりは、作成される記録の性質におのずと影響をもたらし、さらに特定の機関、作成者、機能、活動にかかわる記

録の重要性や価値を見定めるためにアーキビストが注意深く研究しなければならない要素となっているのです。

　こうした要素すべてを研究することで得られる知識に対し、アーキビストが（レコード・コンティニュアムの第4次元から）さらに付け加えるのは、前述の通り記録作成にかかわる直接の文脈がどんなに複雑になっていようとも、その直接の作成者がかかわる文脈を超えたところにあるアーカイブズの多元的な性質に基づいた見通しなのです。このような多元化されたより広い領域においては、何よりもまず、市民の国家に対する影響、関わり、衝突に焦点が置かれます。これは、特に周縁に追いやられた人々の声に耳を傾けるものであり、組織化された記録が個人や家族の記録をいかに補完・補足するかについて意味があり、機関や管轄をまたがる視点を含み、そしてもちろん、時間や空間を超えた考えを触発し、アーカイブズ上の記録の利用者のもつ需要を満たします。アーカイブズの内外におけるポストモダニストが一斉に声を上げつつあるように、この環境においては、アーカイブズは社会において力をもつ、動的で論争的な場であり、実は昔から常にそうだったのです[23]。

　私たちは、社会が私たちに託した力を、人間の記憶に関する広い領域を反映するために行使しているでしょうか。あるいは、国家による公式の物語りや社会の権力者を特別扱いしているのでしょうか。私が開拓してきたマクロ選別アプローチは、アーキビストが、統治を行う国家の過程、事業を行う企業の過程よりも、ガバナンスの過程を跡づけることを考えるように指し示しています[24]。「ガバナンス」とは、政府やビジネスの構造の内部作用と同様に、市民や集団の国家との対話・交流への認識、国家の社会への影響、社会それ自体の機能や活動をも含みます。機関の記録に取り組む際には、アーキビストは評価およびその後の活動すべてにあたり、政府のみならずガバナンスの記録にも焦点に当てるべきだ、との思いを、皆さんの考察に託しておきたいと思います。こうした見通しが受け入れられるのであれば、個人の文書や私的な「手稿」のアーカイブズに携わるアーキビストの仕事が、政府や機関のアーキビストの仕事によって首尾よく補完しあうでしょう。この点においては、機関アーキビストにとっ

てのマクロ選別方法論は、これと類似している、オーストラリアの収集アーカイブズ（collecting archives）[訳注8]のための包括的なドキュメンテーション戦略の構築に、直接的な影響を与えています[25]。

　エイドリアン・カニンガムが「地上より永遠に（from here to eternity）」[訳注9]向けての航海と銘打った文章によると、収集専門のアーキビスト（collecting archivist）は機関アーキビスト（institutional archivist）と同様に、以下のようにわくわくするような機会をもっている—以下のような必要性があるのはもちろんのことです—と言います。それは、自らの評価・収集業務を、国のための統合的な全国ドキュメンテーション戦略の一環として研究し、計画をたてること。また、オーストラリアの「トータル・アーカイブズ（total archives）」[訳注10]を形成するガバナンス体系全体に対する実質的に対等なパートナーとして、相手方となる機関や政府のアーキビストと協働しつつ、自らの研究、知見、コレクションを加え、そしてオーストラリアにおける数え切れないほどの集合的な記憶・遺産を促進すること、です[26]。

　以上のような、選別にかかわる3点の考え—アーカイブズにおける集合的記憶の形成、より広い意味で遂行されるガバナンスをめぐる包括的な概念、アーキビストのための再活性化した研究課題—の中には、機関アーカイブズと個人アーカイブズの双方におけるアーキビストにとって、また専門職として証拠への視点と記憶への視点の双方をもつアーキビストにとって、共通した概念、共通した戦略的視点、共通した発想が生じている、と私は考えます。こうした目的を遂行するための戦略的な手段は必然的に多様なものとなるでしょうが、目標は同一にして相補的なものです。個人にとって「記憶する」こととは結局、内在的でも外在的でもあり、個人的でも機関に属するものでもあり、私的なものでも公的なものでもあります。新たな研究が示すところでは、機関にとって「記憶する」こととは、組織的・公式的というよりはずっと個人的・局部的なことであり、階層的・静的というよりはずっと社交的・双方向的なことなのです。したがって、こうした［記憶をめぐる］ことは全体として、アーカイブズのための領域となるべきです。アーカイブズは社会が自らの過去、起源、歴史を記憶

するのを助けるために設立され、原理的に私的なものと公的なものとの双方、また機関と個人の双方における記録された証拠を結びつけるものだからです。

　＊　＊　＊　＊　＊　＊　＊　＊

　これまでの話に基づき、簡単なかたちで、また結論を導くかたちになるかもしれませんが、レコード・コンティニュアムに再度触れたいと思います。私の考えるところでは、フランク・アップワード（Frank Upward）とその同僚の方々がかたちづくったレコード・コンティニュアムのモデルは、世界で最も包括的なアーカイブズのモデルと言えますが、それはその支持者からも批判者からも誤解されているものです27)。とは言え、このモデルは、十分な見通しと理論的な整合性を兼ね備えているように思えます。それゆえ、[このモデルのもとでは、]大小のアーカイブズ、また組織あるいは収集専業のアーカイブズにおける、あらゆる種類（stripes）の、あらゆる管轄、考え方をもつアーキビストが、オーストラリアあるいはいかなる政府の管轄においても、トータル・アーカイブズにおける使命（total archival mission）の中で、やりがいがあり尊敬を受ける役割を見いだし得るでしょう。

　これがその通りなら、このコンティニュアムはアーカイブズにおける危機的な亀裂を救う、求心的な結合材の役目を果たすでしょう。結局のところ、レコード・コンティニュアムはその両極に証拠と記憶という、アーカイブズのコインにおける不安定な両面を含んでいます。そしてコンティニュアムのモデルの第4次元における、社会の中のアーカイブズを通じて、記憶を多様化させることは、このモデルの第3次元における機関・組織のアーカイブズのもつ範囲を超えて、前述したような、社会に根ざした選別の作用を示唆しています。手短に言えば、そのことはアーカイブズのもつ文化的、歴史的、遺産的役割を否定するわけではなく、逆にこうした役割が「レコードキーピング」にとって決定的に重要な要素であることを示唆しており、また同様に現用記録を豊かな文脈のもとで作成・管理するという記録管理の重要な役割も重視していることになり

ます。また、アーカイブ上の記録とそのメタデータは固定され静態的なままの物体というよりは、常に移動、変化し新たな意味を得ており、またそのことはアーカイブズの純粋な第4次元でも起きている、との認識のもとで、このコンティニュアムのモデルは空間と時間をまたがる動きをも包含しています。このように、このモデルは、アーカイブズ上のメタデータは「接続性と文脈、利用と権力といったことを考えるためには、信頼性や真正性に関する事柄を超えたところへと進んでいかなければならない」という、ポストモダン的な考えをはらんでいるのです[28]。

何においても最も包括的なメタデータのモデルはモナッシュ大学のもので[29]、偶然ではなくコンティニュアムの考え方を取り入れていますが、同様に、記録にかかわる第1・第2次元での真正性・信頼性の点に焦点をあわせているだけではなく、コンティニュアムのもつ16の主要な要素すべて——4つの軸にわたる4つの局面［における要素］を指します——が、アーキビストによる「付加価値のついた」研究上の知識を反映しています。この知識は常に変容し、4つの次元をまたがりつつ時間と空間を崩壊させも拡張させもし、ピーター・スコット（Peter Scott）[訳注11]さえも大いに誇りに思うような豊かな内部でのつながりぐあいと文脈上の関係をかたちづくるのにつながるものです。

それでは、何が間違っているのでしょうか。コンティニュアムは、そこに内在する概念上の欠点のため、というよりは、専門職のもつレトリックと業務戦略のために誤解されてきた、と考えます。もっとも、ここで示されたような［コンティニュアムの］モデルはこうした誤解を招き得るものですが。世界中の「レコードキーピング」志向の文献およびアーカイブズ関連の文献の大部分は、コンティニュアムの第1・第2次元、つまり記録された真正な証拠として信頼性のある文書を作成するという側面にかかわってきました。こうした文献に含まれるのは、例えばブリティッシュ・コロンビア大学やピッツバーグ［大学］のプロジェクトです。こうした文献はレコード・マネジャーとアーキビストとの融合に関して議論しています。これらは、理論面ではなくとも現実においてコンティニュアムを受け入れることがアーキビストをレコード・マネジャーへと

矮小化してしまうと恐れています。確かに、コンティニュアムの第3次元に関連し、組織の記憶の保存に関するより発展的な議論もいくつか見られますが、社会的・集合的記憶に関する第4次元を扱った文献はほとんどなく、前述の通り、この次元は時には陳腐ないし間違ったものとして退けられています。

　さらには、個々の行為、行為者、文書（document）を中央に置き、社会における多様なアーカイブズを外縁に置く、という4つの同心円から成る、4次元のコンティニュアムモデルについて、それを中央から外へと動くものとして少なくとも示唆するものがあります。そこでは、（多くの文献が示唆するように）レコード・マネジメントの機能は優先事項としてしっかりと中心に置かれ、まるで日が昇るようなもの（明るい色をしている）と捉えられる一方で、社会におけるアーカイブズは冥王星のように記録の宇宙の暗い外縁に置かれる、という扱いがされています。これは誤った捉え方です。なぜなら、第4次元における社会的な価値やコミュニティの期待は、より内側にある3つの次元の形成に大きな影響を与えており、またそうであるべきだからです。思うに、4つの軸の両端をつなぐ矢印を設定し、それらの方向を中央から外縁へと向け、同時に外縁にある社会的な価値から内部へと向けるようにすれば、この［コンティニュアムの］モデルがもつ流動性や接続性はよりよく理解されるでしょう。こうしたやり方が、結局は、このモデルを支えるギデンズの構造主義思想と合致するのです。そしておそらくは、このコンティニュアムのモデルについては、ガバナンスの理想がもつ「トータル・アーカイブズ」の性質を認識させる方法として、私的領域にある個人、家族、集団の記録を包含するために、第5次元を設けるか、少なくとも第4次元をより深化させることが必要でしょう。このモデルにおける認識・構造の軸は、それぞれ行為の（transactional）軸、主体の（identity）軸と呼ばれていますが、組織に関する新たな理論・行動を視野に入れるべく、前述の通り修正されるべきです。ただしこれは［コンティニュアムのモデルのもつ］致命的な欠点ではなく、そのモデルを進化させるためです。さらに問題にすべきなのは証拠の軸（evidential axis）であり―ここで「証拠」を特別扱いする名称が問題を示唆していますが―ここでは証拠と記憶が不安定

なまま併存しています。つまり、証拠が内部の核に、記憶が外部の円に置かれていますが、記憶の必要性が、形成される証拠の性質・種類に決定的な影響をしばしば与える、というよりは、まるで記憶が証拠の下位集合のような扱いをされているのです。［よって］記憶と証拠の軸を別に分けるか、この2つが相互に依存していることをひとつの軸の中でよりはっきりさせることが必要でしょう。

　　　　＊　＊　＊　＊　＊　＊　＊　＊

　以上のような提案は別にして、コンティニュアムの根本的な重要性は以下の5つの要素にかかわっています。1) 16のレベルと軸は、アーカイブズの円の中でバラバラで静態的に存在していると見なされることが多いものの、［実際には］概念として相互に関連しあっていること。2) これらの複雑な関係は、静的・固定的なものではなく、時間と空間をまたがって流動的、多元的で同時発生している、という考え。3)（提案の通りいくつか修正が必要なものの）証拠と記憶とを調和させていること。4) 私的領域の手稿と機関アーカイブズとを創造的に結びつける可能性。5) 社会的そして文化的な価値は選別、ひいては「レコードキーピング」のすべての局面に影響を与える、という多元主義に基づく主張。しかし、いかなる理論的・概念的モデルにおいても、偶然性、機会、感情、情熱、個性、特異性が入り込む余地が必要だ、という点を忘れないようにしましょう。どんなモデルも、ロボットのようにずっと行進を続けるような自動操作を生み出すのではなく、広く一体化した見通しや目的の中で多様性を含み持つことを目指すべきであり、またそのように用いられるべきです。メディア・ITの教祖的存在であるマサチューセッツ工科大学のウィリアム・ミッチェル（William J. Mitchell）[訳注12] は写真に関する考察を行う中で、それは記憶に関するアーカイブズ的メディアのすべてに、そしてまさに博物館、美術館、史跡、その他の文化遺産関連の取り組みに当てはまるものですが、次のように述べています。「我々が道具をつくり、道具が我々をつくる。つまり、特定の道具を手

に入れることによって、我々は欲望に従い、意図を明らかにする。」[30]

　私たちアーキビストは、どのような意図、欲望をもっているのでしょうか。この質問そのものが本質的に文化的なものです。スミソニアン国立アメリカ歴史博物館において、情報技術の文化に関する専門家として勤めるスティーブン・ルーバー（Steven Lubar）は、私たちに、そしてまさに遺産関連すべての専門職に対し、次のように想起させています。「私たちはアーカイブズを、受動的ではなく活動的な者として、また力の記録者ではなく力の場として、考えなければならない。アーカイブズは単に文化の機能を記録するのではなく、文化の機能を行使するのである。」[31]　もしレコード・コンティニュアムが私たちの文化、私たちの道具であるなら、それは私たちすべてのために機能し、そして社会の中で記憶に携わる者としてのアーキビストすべての意図について総合的・包括的に明示している、ということを確認しようではありませんか。

1) 本稿は、2000年8月18日、メルボルンにて行った、オーストラリア・アーキビスト協会年次大会における開会基調講演でのテキストを再録したものである。読者のためにわずかに修正を加えた上で公表に付したが、会話調は意図的に残している。また、いくつかの（網羅的ではないにせよ）示唆的な脚注を付け加えた。メルボルンにおいてと同様に、この場においても、オーストラリア・アーキビスト協会大会での基調講演を行う機会を与えられたことに対し、大変光栄に思うと同時に感謝申し上げる。これまで3度のこの国を広範に訪問した機会を通じ、オーストラリアにおけるアーカイブズへの思考を、無批判的ではないにせよ賞賛してきたし、この国におけるアーカイブズ関連の文献の読解や多くのアーキビストたちとの直接の交流からは、得るものが大きかった。まさに、私自身の考えや論述はオーストラリアのアーカイブズ概念から大きな影響を受けている。さらには、マニトバ大学で卒後研修セミナーを開き、そこではオーストラリアにおけるアーカイブズへの考え方に絞って議論を展開した。実際、この[基調]講演が続いている間は、私は自分の声よりもオーストラリアの講演者のほうをずっと聞いていたのである。私が1999年3月に1週間を過ごす機会を与えられた時に同じ場におられたアーキビストの方々、また私による5つほどの発表を聴き、それをさらに補足するインフォーマルな会話にも加わったアーキビストの方々、という2つの集まりの中にいた方々にとっても、このことはより一層当てはまるだろう。私の頭の中には多くの考えがあるだけであるから、この方々にとっては本稿の事柄は同じように聞こえるかもしれないが、私としてはそれは何かしら違った文脈の中で聞こえるものと信じる。オーストラリアの人々はまさしく親密なもてなしの心で知られているが、私はそのことを大会事務局のLucy Burrows氏より大いに感じた。1万5千キロも離れたところからはるばるやってくる上にeメールで連絡がとれるかどうか確実ではないという者に対して、最初の準備を整えるのは容易なことではないが、彼女は私個人に関する手配すべてを大変な効率のよさとすばらしい気前よさをもって行って下さった。また、短期滞在先のキャンベラからメルボルンへの移動まで私の大会参加を援助して下さった[オーストラリア]連邦政府にも感謝したい。さらに、この講演の準備にあたり賢

明なご助言を下さった、Glenda Acland、Anne-Marie Schwirtlich、Sue McKemmish、Michael Piggott、Barbara Reed、Steve Stuckey、Frank Upwardの諸氏にも、記して御礼申し上げる。もちろん、本稿における意見と異論については、彼らが責任を負うものではない。

2) 参照、Adrian Cunningham, "Beyond the Pale," *Archives and Manuscripts* 24, no. 1 (May 1996). 彼は[この稿において]1993年に私がオーストラリアで[下記の通り]行った観察への応答を行った。参照、Terry Cook, "Electronic Records, Paper Minds: The Revolution in Information Management and Archives in the Post-Custodial and Post-Modernist Era," *Archives and Manuscripts* 22, no. 2 (November 1994): 322. ここでの批評をさらに大きく拡張させたのが以下のものである。Terry Cook, "The Impact of David Bearman on Modern Archival Thinking: An Essay of Personal Reflection and Critique," *Archives and Museums Informatics* 11 (1997).

3) Glenda Acland, "Managing the Record Rather Than the Relic," *Archives and Manuscripts* 20 (May 1992). [レコード・]コンティニュアムの支持者の中には、自らの姿勢の転換を[地球の]平体説から球体説への転換になぞらえる者がいる。つまり、ひとたび世界は球体だと知ってしまえば、決して平体説に戻ることはできない、というわけだが、それは、自分たちの立場に加わらない者は、アーカイブズの世界ではコペルニクス以前の科学者のようなものだ、とほのめかすようなものである。私はこのようなレトリック上の分裂に乗じて「電子は記録し、紙は懸念する (electronic records, paper minds)」と述べたことがある (脚注2[に掲げた文献]を参照)。

4) このような誹謗、また数多くの同種のものについては、以下の近著において出典を付して詳細に示されている。Mark Greene, Richard Pifer, Frank Boles, Bruce Bruemmer, and Todd Daniels Howell, "The Archivist's New Clothes; or, the Naked Truth about Evidence, Transactions, and Recordness,"　これはどちらのレトリック的立場に立つかを問わず、どのアーキビストにとっても見逃すべきではなく、また熟考すべき論稿である。[訳注：ここで言及されている文献は、以下よりアクセス可能。https://idea.iupui.edu/bitstream/1805/42/4/ManifestoFinal.pdf]

5) Chris Hurleyによる、"Aus-Archivists"リストサーブ[訳注：オーストラリア・アーキビスト協会により管理されているメーリングリスト]への1997年1月10日付投稿を参照。ここで彼は、伝統的なアーカイブズの考え方を次のように述べている。「記録は選別を行うアーキビストの前に、キャベツ畑の赤ん坊のように現れる」。これはまさしく「平体説」と言うべきものである。[訳注：ここで言及されている投稿は、以下よりアクセス可能。http://www.asap.unimelb.edu.au/asa/aus-archivists/msg02219.html]

6) おそらくは、戦略的にはどんなによい理由があろうと、専門職の中でレッテル貼りが多すぎるのだろう。またおそらくは、世界が実際には微妙な灰色の陰の中で動くという場合にも、黒と白との二分法が多すぎるのだろう。さらにおそらくは、私たちは専門職として、特定の業務あるいは記録作成を取り巻く環境ゆえに私たちを分かつものを追求するよりも、私たちを根本的なレベルでアーキビストとして統一するものが何であるかを追求する必要があるのだろう。とは言え、私たちは灰色の微妙さ (と魅力) を受け入れる前に、黒と白のはっきりとした対照性を見ておく必要があるのではないだろうか。

7) Hilary Jenkinson, *A Manual of Archive Administration* (London, 1968. これは1937年に刊行された第2版改訂版の新装版である), 149-55, 190. "Memoir of Sir Hilary Jenkinson," in J. Conway Davies, *Studies Presented to Sir Hilary Jenkinson, C.B.E., LL.D., F.S.A.* (London, 1957).

8) アーカイブズ思想の歴史、および20世紀におけるその思想の大きな変化については、以下を参照。Terry Cook, "What is Past is Prologue: A History of Archival Ideas Since 1898, and the Future Paradigm Shift," *Archivaria* 43 (Spring 1997).[訳注：本書第5章に全文翻訳を収録。]

9) 以下の拙稿では、全体としてはDavid Bearmanのアーカイブズ思想への貢献を積極的・好意的に評価する中で、彼への批評、とりわけその他のレコード・キーピングへの考え方への批評を行っている。Cook, "The Impact of David Bearman on Modern Archival Thinking: An Essay of Personal Reflec-

tion and Critique." ［前掲注2］ より辛辣な批評は以下を参照。Greene, et al., "The Archivist's New Clothes; or, the Naked Truth about Evidence, Transactions, and Recordness." ［前掲注4］

10) 参照、Sue McKemmish, "Evidence of Me," *Archives and Manuscripts* 24 (May 1996).

11) 例えば以下を参照。Matt K. Matsuda, The Memory of the Modern (New York and Oxford, 1996) 本稿では詳しく述べる余裕はないが、この論題（およびこの本）をさらに評価したものとして、以下を参照。Terry Cook, "Archives, Evidence, and Memory: Thoughts on a Divided Tradition," *Archival Issues* 22 (1997).

12) *The Canberra Times*, 12 August 2000, C1.

13) 参照、Richard A. Posner, *Law and Literature: Revised and Enlarged Edition* (Cambridge MA and London, 1998). 彼の著書は1988年の初版以来、法と文学との相互交流、またお互いにとっての教訓を探索する、ますます多くの授業において主要な教科書となっている。著者は米国連邦控訴裁判所の上級判事であり、シカゴ大学の上級講師でもある。［訳注：Posnerは「法と経済学」研究の先駆者としても有名である。］

14) こうした方向に沿うような専門職のメタテキストとしてのアーカイブズ理論がもつ歴史的文脈の発展について、すべてに出典を付しつつ詳細に論じたものとして、以下を参照。Cook, "What is Past is Prologue: A History of Archival Ideas." ［前掲注8］

15) ここでの最初の議論については以下を参照。Luciana Duranti, "The Concept of Appraisal and Archival Theory," *American Archivist* 57 (Spring 1994). これは以下の文献によって徹底的に反駁されている。Frank Boles and Mark A. Greene, "Et tu Schellenberg? Thoughts on the Dagger of American Appraisal Theory," *American Archivist* 59 (Summer 1996). 後半の議論については、一例として以下を参照。Terry Eastwood, "How Goes it with Appraisal?," *Archivaria* 36 (Autumn 1993)

16) Adrian Cunningham, "Ensuring Essential Evidence: Changing Archival and Records Management Practices in the Electronic Recordkeeping Era," *Provenance: The Web Magazine* 2 (Spring 1997), as found on www.netpac.com/provenance/vol2no2/features/evidence. ［訳注：現在もこのアドレスから参照可能。］ この引用については以下の文献に負っている。Greene, et al., "The Archivist's New Clothes; or, the Naked Truth about Evidence, Transactions, and Recordness." ［前掲注4］

17) AS4390標準については以下の文献に引用されたものを参照した。Stephen Yorke, "Great Expectations or None at All: The Role and Significance of Community Expectations in the Appraisal Function," *Archives and Manuscripts* 28 (May 2000): 24. 彼による有益な分析については、この文献全体(pp. 24-37)を参照。

18) F. Gerald Ham, "The Archival Edge," in Maygene F. Daniels and Timothy Walch, eds., *A Modern Archives Reader* (Washington, 1984), 326, 328-29, 333 (初出は1975年); Ham, "Archival Strategies for the Post-Custodial Era," *American Archivist* 44 (Summer 1981): 207.

19) National Archives of Australia, Fact Sheet 4 "What are archives?" (March 2000). ［訳注：以下よりアクセス可能。http://www.naa.gov.au/publications/fact_sheets/fs04.html］ 北米のライフサイクル主義者の中で、この定義に不満をもつ者は誰もいないだろう、と付け加えたい。私自身は、カナダ国立公文書館のために電子記録を部分的に分散的保管に委ねるための方針を定め、また記録の現用期間における「最前線の(up front)」戦略としてマクロ選別の手法を開発した者として、自らをライフサイクル主義者とは見なしてはいないが、オーストラリアの人々の中には、自らのコンティニュアムのモデルとの対照性を強調しようとするあまりにライフサイクルをかなりステレオタイプ化している者もいる、と判断している。とは言え、米国のT.R. SchellenbergやPhilip C. Brooksのようなワシントンの国立公文書館における彼の同僚らが取り組んだ［ライフサイクル論の］古典的な状況において

さえも、ライフサイクル論に従うアーキビストはレコード・マネジャーとともに「最前線」で密接に働いていた。さらに、彼らはレコード・スケジューリングないし記録の処分（sentencing）の発明によって、彼らは記録が選別のためにアーカイブズに来るのを受け身の姿勢で座して待つ立場をとらなかった。つまり、選別はスケジュール上の承認の過程の一部として生じることとなったのである。ライフサイクルにおいては、記録が様々な段階ないしサイクルをたどっていくと仮定するが、コンティニュアムの中の各段階もまったく同じことを示唆している。コンティニュアムの第4次元におけるレコード（およびそのメタデータ）の状態は、第1次元のものとは大きく違っている。本稿で後述するように、コンティニュアムはライフサイクルや他のアーカイブズのモデルに比べ、より直線的でなく、より一方向的でなく、より柔軟でより包括的である点で、多くの利点をもつ。コンティニュアムの支持者としては、現実の実務においてはめったに生じないステレオタイプよりも、［コンティニュアムと］ライフサイクルとの実際の違いのほうに目を向けたほうがいいかもしれない。

20) Giddensとマクロ選別については以下を参照。Terry Cook, "Mind Over Matter: Towards a New Theory of Archival Appraisal," in Barbara Craig, ed., *The Canadian Archival Imagination: Essays in Honour of Hugh Taylor* (Ottawa, 1992); Richard Brown, "Records Acquisition Strategy and Its Theoretical Foundation: The Case for a Concept of Archival Hermeneutics," *Archivaria* 33 (Winter 1991-92); Brown, "Macro-Appraisal Theory and the Context of the Public Records Creator," *Archivaria* 40 (Fall 1995). Giddensとコンティニュアムについては以下を参照。Frank Upward, "Structuring the Records Continuum. Part One: Post-custodial principles and properties," *Archives and Manuscripts* 24 (November 1996); Upward, "Structuring the Records Continuum. Part Two: Structuration Theory and Recordkeeping," *Archives and Manuscripts* 25 (May 1997).

21) フォーマルな「レコードキーピング」を超えたところにある組織理論については、例として以下を参照。E.W. Stein, "Organizational Memory: Review of Concepts and Recommendations for Management," *International Journal of Information Management* 15 (1995); Eric W. Stein and Vladimir Zwass, "Actualizing Organizational Memory with Information Systems," *Information Systems Research* 6 (June 1995). 経営理論、組織の特性、記録の関係については以下を参照。Victoria Lemieux, "Applying Mintzberg's Theories on Organizational Configuration to Archival Appraisal," *Archivaria* 46 (Fall 1998). ネットワーク化された協調的な新しい組織とその記録への影響については以下を参照。Peter Botticelli, "Records Appraisal in Network Organizations: Preliminary Observations from an NHPRC Study," *Archivaria* 49 （近刊）．［訳注：2000年に刊行済。］ある種の組織人類学に基づく様々な社会的特性と、それらが記憶ひいては「レコードキーピング」を含む振る舞いにいかに影響するかについては、下記を参照。Mary Douglas, *How Institutions Think* (Syracuse, NY, 1986). 彼女は、組織において情報は「ばらばらに忘却される」わけではないと述べている。曰く、「回想の力がもつ利点と弱点は、社会の秩序全体であるところの記憶のシステムに依存している」と (p. 72)。ここでは、記録の文脈性が、伝統的な物理的人工物とその直接の作成者を大きく超えたところに位置づけられている。

22) John Van MaanenとBrian Pentlandが1994年に行った、Rodney King殴打事件［訳注：1991年にロサンゼルスで黒人青年キングが警官から集団で殴打された事件。翌92年4月にほぼ白人から成る陪審団が警官に無罪評決を下したことを契機に、ロサンゼルス市内で大暴動が発生した。］の証拠をめぐる分析。これに私が着目したのは、トロント大学アーカイブズ学博士候補生のChris Halonenによる学位論文のための研究に負う。

23) 概要は以下を参照。Terry Cook, "Archival Science and Postmodernism: New Formulations for Old Concepts," *Archival Science* (forthcoming fall 2000)．［訳注：実際には2001年刊行の同誌vol. 1, no. 1 に掲載された。］アーキビストによる論文のタイトル中でポストモダニズムにはじめ

て言及したもの（少なくとも英語の論文に限れば）は以下のものである。Terry Cook, "Electronic Records, Paper Minds: The Revolution in Information Management and Archives in the Post-Custodial and Post-Modernist Era," in *Archives and Manuscripts* in 1994. [前掲注2] ここでの主題は、前掲 [注8] の "What is Past is Prologue" に引き継がれている。Cook 以前にポストモダンを意識した先駆的な2人のアーキビストとして、Cookと同じくカナダ人のBrien Brothman と Richard Brown の名が挙げられる。とりわけ以下を参照。Brien Brothman, "Orders of Value: Probing the Theoretical Terms of Archival Practice," *Archivaria* 32 (Summer 1991); Brothman, "The Limits of Limits: Derridean Deconstruction and the Archival Institution," *Archivaria* 36 (Autumn 1993). また、Jacques Derrida 著 *Archive Fever* に対する Brothman の徹底的な批評が *Archivaria* 43 (Spring 1997) にあるが、ここでの考えは以下の著作でかなりの程度に敷衍されている。Brothman, "Declining Derrida: Integrity, Tensegrity, and the Preservation of Archives from Deconstruction," *Archivaria* 48 (Fall 1999) .; Richard Brown, "The Value of 'Narrativity' in the Appraisal of Historical Documents: Foundation for a Theory of Archival Hermeneutics," *Archivaria* 32 (Summer 1991); Brown, "Records Acquisition Strategy and Its Theoretical Foundation: The Case for a Concept of Archival Hermeneutics," 前掲 [注20]; Brown, "Death of a Renaissance Record-Keeper: The Murder of Tomasso da Tortona in Ferrara, 1385," *Archivaria* 44 (Fall 1997). 最近の鋭い分析として、以下の2つがある。Preben Mortensen, "The Place of Theory in Archival Practice," and Tom Nesmith, " Still Fuzzy, But More Accurate: Some Thoughts on the 'Ghosts' of Archival Theory," both from *Archivaria* 47 (Spring 1999) . ポストモダニストの影響を反映したその他のカナダ人アーキビストによる著作(少なくとも英語の論文に限れば)として、以下のものがある。Bernadine Dodge, "Places Apart: Archives in Dissolving Space and Time," *Archivaria* 44 (Fall 1997); Theresa Rowatt, "The Records and the Repository as a Cultural Form of Expression," *Archivaria* 36 (Autumn 1993); Joan Schwartz, "'We make our tools and our tools make us': Lessons from Photographs for the Practice, Politics, and Poetics of Diplomatics," *Archivaria* 40 (Fall 1995); Lilly Koltun, "The Promise and Threat of Digital Options in an Archival Age," *Archivaria* 47 (Spring 1999). カナダ人以外で、ポストモダンを意識したアーキビスト [の著作] は以下の通り。Eric Ketelaar, "Archivalisation and Archiving," *Archives and Manuscripts* 27 (May 1999); Verne Harris, "Claiming Less, Delivering More: A Critique of Positivist Formulations on Archives in South Africa," *Archivaria* 44 (Fall 1997); その補足として Harris, "Redefining Archives in South Africa: Public Archives and Society in Transition, 1990-96," *Archivaria* 42 (Fall 1996); Harris and Sello Hatang, "Archives, Identity and Place: A Dialogue on what it (Might) Mean(s) to be an African Archivist," *ESARBICA Journal* 19 (2000). アメリカ人のMargaret Hedstrom、Richard Cox、James O'Toole、オーストラリア人のFrank Upward、Sue McKemmish、Barbara Reedも、同様に、少なくとも明示的に、ポストモダンを意識した者として挙げられる。来年 [2001年] に予定されている、アーカイブズと社会的記憶の構築を追求するシンポジウムや出版物は、専門職へのポストモダニズムの適用について考えるアーキビストの数、また彼らの国の数を拡大するのに、大きく貢献するだろう。アーカイブズとアーキビストにとってのDerridaの重要性を正しく認識した論考として、以下を参照。Steven Lubar, "Information Culture and the Archival Record," *American Archivist* 62 (Spring 1999).

24) この点を最初に出版物として明言したものは以下のものである。Terry Cook, *The Archival Appraisal of Records Containing Personal Information: A RAMP Study With Guidelines* (Paris, 1991). 前掲注20における、CookとBrownの文献も参照。マクロ選別の概念と戦略を適用した事例研究の出版数が増えているが、その優れた概観として以下を参照。Danielle Wickman, "Bright

Specimens for the Curious or The Somewhat Imponderable Guided by the Unfathomable: Use, Users and Appraisal in Archival Literature," *Archives and Manuscripts* 28（May 2000）.

25）ドキュメンテーション戦略については以下を参照。Helen W. Samuels, "Who Controls the Past?" *American Archivist* 49（Spring 1986）; Samuels, "Improving our Disposition: Documentation Strategy," *Archivaria* 33（Winter 1991-92）. ドキュメンテーション戦略の実行に関してはいくつかの事例研究があるが、最も包括的なものとして以下を参照。Richard J. Cox, *Documenting Localities: A Practical Model for American Archivists and Manuscript Curators*（Metchen, NJ, 1996）

26）Adrian Cunningham, "From Here to Eternity: Collecting Archives and the Need for a National Documentation Strategy," *LASIE*（*Library Automated Systems Information Exchange*）29（March 1998）

27）コンティニュアムを提示した古典的著作として、前掲注20に示したFrank Upwardの2つの論文を参照。コンティニュアムの考え方がオーストラリアのアーカイブズ界における多くの局面においてどのように浸透したかについては、あわせて以下も参照。Sue McKemmish and Michael Piggott, eds., *The Records Continuum: Ian Maclean and Australian Archives First Fifty Years*（Clayton [Melbourne]，1994）. 特に、Frank Upward, "In Search of the Continuum: Ian Maclean's 'Australian Experience' Essays on Recordkeeping." こうした考え方を興味深く拡張させたものとして、以下を参照。Chris Hurley, "The Making and the Keeping of Records: (2)The Tyranny of Listing," *Archives and Manuscripts* 28（May 2000）.

28）Lubar, "Information Culture and the Archival Record," 22.［前掲注23］

29）以下の文献における、他のモデルとの比較を参照。Barbara Reed, "Metadata: Core Record or Core Business," *Archives and Manuscripts* 25（November 1997）.

30）Schwartz, "'We make our tools and our tools make us': Lessons from Photographs for the Practice, Politics, and Poetics of Diplomatics,"［前掲注23］より引用。

31）Lubar, "Information Culture and the Archival Record," 15.［前掲注23］ 強調は原文通り。

訳 注

訳注1　本章での「レコードキーピング」および「レコードキーパー」は、原文ではそれぞれ"record-keeping" "record-keeper"と表記されている。しかし、これは単に「記録を保有する（者）」という意味というよりは、「記録の存在世界全体を論理的かつ実務的にコントロールする（者）」というオーストラリアのレコード・コンティニュアム論に沿った意味で用いられていると考えられる（詳しくは本書冒頭の安藤正人「編集にあたって」を参照）。本章では便宜的に、カギカッコつきで「レコードキーピング」および「レコードキーパー」と表記する。この点、読者の皆様にはご留意されたい。

訳注2　欧米ではキャベツから赤ん坊が生まれる、との言い伝えがある。

訳注3　オーストラリア・アーキビスト協会（Australian Society of Archivists）が発行する研究誌。

訳注4　1930〜70年代のオーストラリアにおいて、白人同化政策のために親から強制的に引き離されて収容所まがいの「教育施設」に送られた、アボリジニの世代を指す。

訳注5　1992年、平和維持活動（PKO）に従事するカナダ軍がソマリア住民を殺害しそれを軍上層部が隠蔽する、という事件が発生した。

訳注6　1990年、オーストラリア・クイーンズランド州の少年院での虐待事件に関する調査資料について、州政府が州アーカイブズ長官の同意の上で廃棄を命じた事例。オーストラリアのアーカイブズ界では、調査資料の作成にあたった人物の名をとって「ヘイナー事件（Heiner Affair）」として知られる。詳しくは下記参照。Chris Hurley, "Records and the Public Interest: The "Heiner Affair" in

Queensland, Australia," in Richard J. Cox and David A. Wallace (eds.), *Archives and the Public Good: Accountability and Records in Modern Society* (Westport, 2002); Kevin Lindeberg, "The Rule of Law: Model Archival Legislation in the Wake of the Heiner Affair," *Archives and Manuscripts* 31 (May 2003).

訳注7　1995年、アメリカ国税庁(IRS)が歴史的記録を含めた大量の記録を不当に廃棄していることが、内部告発により発覚した。詳しくは下記参照。Shelley L. Davis, *Unbridled Power: Inside the Secret Culture of the IRS* (New York, 1997); Davis, "The Failure of Federal Records Management: The IRS Versus a Democratic Society," in Cox and Wallace, *Archives and the Public Good*, op. cit.

訳注8　親機関の文書ではなく個人の文書を寄付などのかたちで受け入れるアーカイブズ機関を指す。オーストラリアでは国立公文書館や各州の公文書館などが「収集アーカイブズ」としての機能を含む。

訳注9　同名の映画(1953年)から題名をとったものと思われる。

訳注10　公的機関のアーカイブズと民間の手稿を扱うアーカイブズとの統合、あるいはアーカイブズのもつ公的役割(業務上の証拠の保存)と文化的役割(記憶や遺産の保存)との統合を志向する概念。本書第5章参照。

訳注11　1960年代よりオーストラリア国立公文書館で活躍したアーキビスト。組織ではなく業務ごとに記録を編成する「シリーズ・システム」の考案者として知られる。本書第5章参照。

訳注12　現在、マサチューセッツ工科大学(MIT)メディア・ラボのメディアアーツ・サイエンス学科長。建築・都市計画と情報科学を統括する研究・教育活動で知られる。著書に *City of Bits: Space, Place, and the Infobahn* (1995, 邦訳『シティ・オブ・ビット：情報革命は都市・建築をどうかえるか』1996)、*Me++: The Cyborg Self And The Networked City* (2003, 邦訳『サイボーグ化する私とネットワーク化する世界』2006)など。

参考文献

　この翻訳集の内容を理解するのに助けになると思われる日本語文献を選択的に挙げた。中心となるのは「記録管理とアーカイブズの理論」を包括的に述べている文献、特に評価選別、および社会におけるアーカイブズの位置づけを論じている文献である。また、レコード・コンティニュアム、アメリカ国立公文書館・記録管理局（NARA）の活動など、この翻訳集の中で取り上げられた特定のテーマにかかわる文献も挙げている。網羅的なリストではないことをご了承願いたい。

＜総論＞

- 安藤正人, 青山英幸編著. 記録史料の管理と文書館. 札幌, 北海道大学図書刊行会, 1996, 585p.
- 安藤正人. 記録史料学と現代：アーカイブズの科学をめざして. 東京, 吉川弘文館, 1998, 370p.
- 安澤秀一, 原田三朗編著. 文化情報学：人類の共同記憶を伝える. 東京, 北樹出版, 2002, 239p.
- 国文学研究資料館史料館編. アーカイブズの科学. 東京, 柏書房, 2003, 446; 440p.（上下巻）
- 青山英幸. アーカイブズとアーカイバル・サイエンス：歴史的背景と課題. 東京, 岩田書院, 2004, 195p.
- 富永一也. われわれのアーカイブズ. 京都大学大学文書館研究紀要. no. 2, 2004, p.29-53.
- 青山英幸. 電子環境におけるアーカイブズとレコード. 東京, 岩田書院, 2005, 257p.

＜アーカイブズ活動と評価選別の理論と実践＞
- 特集：海外アーキビスト招へい 2004. アーカイブズ, vol. 18, 2005. <http://www.archives.go.jp/event/pdf/acv_18_02.pdf> （Ian E. Wilson（カナダ国立図書館公文書館）、Steve Stuckey（オーストラリア国立公文書館）の講演等を収録）

＜レコード・コンティニュアム＞
- Pederson, Ann. オーストラリアのアーカイブズ（Archivae Australis）：1945年から現在までのオーストラリアのアーカイバル・アプローチ序説. 児玉優子訳. 日本アーカイブズ学会（仮称）発足準備大会開催報告, 2003年10月4日. <http://www.jsas.info/reports/031004preCon/Lec2/Lec2_F.html>
- 中島康比古. 電子化時代の評価選別論：オーストラリアのDIRKS方法論について. アーカイブズ. no. 13, 2003, p.41-50.
- 坂口貴弘. 記録連続体の理論とその適用：記録の評価選別における機能分析プロセスを例に. レコード・マネジメント. no. 47, 2004, p.15-33.
- 中島康比古. レコード・コンティニュアムが問いかけるもの. レコード・マネジメント. no. 49, 2005, p.20-38.
- 坂口貴弘. オーストラリア連邦政府のレコードキーピング：リテンション・スケジュールと記録処分規定の比較を通して. レコード・マネジメント. no. 49, 2005, p.39-56.
- 中島康比古. レコードキーピングの理論と実践：レコード・コンティニュアムとDIRKS方法論. レコード・マネジメント. no. 51, 2006, p3-24.

＜アメリカ国立公文書館・記録管理局（NARA）の活動＞
- 仲本和彦. 米国国立公文書館と組織改革. レコード・マネジメント. no. 38, 1999, p.1-10.

- 仲本和彦. 米連邦政府の中の公文書館 (1)-(3). 月刊IM. 2002年7-9月号, p.10-15; 16-21; 23-29.
- 仲本和彦. 米国連邦政府における電子記録保存の取り組み (1) (2). 月刊IM. 2003年11・12月号, p.10-15; 17-22.
- 仲本和彦. 電子時代の米国国立公文書館. アーカイブズ. no. 13, 2003, p.29-40. <http://www.archives.go.jp/event/pdf/acv_13_02.pdf>
- 小原由美子. 米国国立公文書館記録管理局のめざす新しい連邦記録管理. アーカイブズ. no. 14, 2004, p.27-36. <http://www.archives.go.jp/event/pdf/acv_14_02.pdf>

＜記録管理のオーストラリア国家規格AS 4390をもとにした国際規格ISO 15489の紹介＞

- 小谷允志. 記録管理の国際規格ISO15489の概要 (1)-(3). 月刊IM. 2003年7-10月号, p.26-29; 23-26; 27-30; 31-34.
- 小谷允志. 紹介 記録管理の国際規格ISO15489パート2 テクニカルレポートの概要 (1)-(6). 月刊IM. 2004年5-10月号, p.15-17; 17-20; 25-28; 35-38; 39-43; 30-34.
- 西川康男. ISO15489-1記録管理（Records Management）の考察 (1)-(5). 月刊IM. 2005年4-8月号, p.23-27; 22-25; 28-33; 25-28; 26-29.

（作成：古賀崇、坂口貴弘）

◆本文注の文献のなかで日本語訳が出版されているもの

1. ケテラール「未来の時は過去の時のなかに」

    ・Thomas S. Kuhn, *The Structure of Scientific Revolution*, 3rd ed.（1996）
    → 科学革命の構造．中山茂訳．東京,みすず書房, 1971, 277p.
    （原書初版（1962）に改訂と補章を加えたものの翻訳）

    ・Nicholas Negroponte, *Being Digital*.（1995）
    → ビーイング・デジタル：ビットの時代．西和彦監訳・解説,福岡洋一訳．東京,アスキー, 2001, 343p.（新装版）

    ・Pierre Nora, "General Introduction: Between Memory and History"（1996）
    → "記憶と歴史のはざまに".
    対立.（記憶の場：フランス国民意識の文化＝社会史．第1巻）
    ピエール・ノラ編,谷川稔監訳．東京,岩波書店, 2002, 466p.

4. ワロー「現在の歴史を生きた記憶として刻印する」

    ・E. H. Carr, *What is History?*, rev, ed.（1964）［注4］
    → 歴史とは何か.（岩波新書）清水幾太郎訳．東京,岩波書店, 1962, 252p.
    （1961年の初版の翻訳）

5. クック「過去は物語の始まりである」

    ・Jaques Le Goff, *History and Memory*.（1992）［注3］
    → 歴史と記憶．立川孝一訳．東京,法政大学出版局, 1999, 340p.

    ・Milan Kundera, *The Book of Laughter and Forgetting*.（1980）［注3］
    → 笑いと忘却の書．西永良成訳．東京,集英社, 1992, 326p.

    ・Jonathan D. Spence, *The Memory Palace of Matteo Ricci*.（1984）［注3］
    → マッテオ・リッチ記憶の宮殿．古田島洋介訳．東京,平凡社, 1995, 490p.

- Frances A. Yates, *The Art of Memory*. （1966）［注3］
  → 記憶術. 青木信義［ほか］訳. 東京, 水声社, 1993, 519p.
- Marry Carruthers, *The Book of Memory*. （1990）［注3］
  → 記憶術と書物：中世ヨーロッパの情報文化. 別宮貞徳監訳. 東京, 工作舎, 1997, 537p.
- Eric Hobsbawn and Terence Ranger, eds. *The Invention of Tradition*. （1983）［注3］
  → 創られた伝統. 前川啓治, 梶原景昭［ほか］訳, 東京, 紀伊國屋書店, 1992, 488p.
- John Bodnar. *Remaking America*. （1992）［注3］
  → 鎮魂と祝祭のアメリカ：歴史の記憶と愛国主義. 野村達朗［ほか］訳. 東京, 青木書店, 1997, 454p.

（作成：古賀崇）

事項索引

【ア行】

アーカイバリゼーション　archivalization　34, 38

『アーカイバル・サイエンス』　Archival Science　14, 43

アーカイバル・リサーチ　archival research　63

アーカイビング　archiving　**33**, 190
　——社会　archiving society　38

アーカイブ
　——する人　archiver　42
　——の外的構造　external structure of the archive　54
　——の公共性　the archive that it be public　40
　——の物理的構造　physical structure of the archive　55, 59
　——の論理的・機能的構造　logical, functional structure of the archive　54

アーカイブ・グループ　archive group　**131**, 137, 154

アーカイブズ
　新しい——のパラダイム　new paradigm for archives　140
　オーディオ・ビジュアル・——　audiovisual arrchives　105
　「オランダの3人」による定義　archives (defined by the Dutch trio)　125, 136
　仮想——　virtual archives　158, 168
　——管理　archives administration　197
　記述の——科学　descriptive archival science　165
　機能の——科学　functional archival science　165
　国が設立する——　archives founded by the state　162
　——言説　archival discourse　122, 123, 133, 140, 151, 155, 161〜163
　——原則　archival principles　119, 124, 128, 132, 133, 149, 160, 164
　シェレンバーグによる定義　archives (defined by Schellenberg)　112, 136
　ジェンキンソンによる定義　archives (defined by Jenkinson)　131, 136
　視聴覚——　audiovisual archives　32
　証拠としての——の公平性　impartiality of archives as evidence　129
　人民の、人民のための、人民による——　archives of the people, for the people, by the people　13, 140, 163
　電子——　electronic archives　32
　なぜ——が存在するのか　why archives exist　162
　20世紀の——思潮　archival thinking over the century　123
　——の記憶を守る砦という役割　archives' role as a bastion of societal memory　156
　——の国の文化を守る砦という役割　archives' role as a bastion of national culture　156
　——の公的役割　official role of archives　146
　——の真正かつ公正な証拠という特性　(archives') characteristics of authentic, impartial evidence　129
　——の脱構築　archival deconstruction　112
　——のパースペクティブ　archival perspective　165
　——の文化施設での集約的保管　curatorial custody of archives　223
　——の文化的・遺産的側面　cultural and heritage dimensions of archives　234
　——の文化的役割　cultural role of archives　146
　——の分散的保管　distributed custody

257

of archives　222
──の方法論　archival methodology　61
──のポスト収蔵パラダイム　post-custodial paradigm for archives　170
──の3つの時期　three ages of archives　**197**, 198, 207
──物理的な形状特性　physicality of archives　154
──文書（記録）　archival document (record)　**191**, 192
──文書群　archival documents　132, 150, 155, 165
──保管庫　archival repository　193
──利用に根ざした──　use-defined archives　138
──理論　archival theory　119, **123**, 127, 128, 139, 140, 145, 150, 152, 154, 157, 160〜162, 164〜169, 225, **231〜233**
──を遺物として管理する　manage relics　156
──を記録として管理する　manage records　156
アーカイブズ学　archival science　25, 28, 29, 60, 61
　　社会的・文化的──　social and cultural archivistics　41
『アーカイブズ学理論の構想』　Ideas of a Theory of Archival Science　31
『アーカイブズ：社会の中のレコードキーピング』　Archives: Recordkeeping in Society　21
『アーカイブズと手稿』　Archives and Manuscripts　21, 224
『アーカイブズの編成と記述のためのマニュアル』　Manual for the Arrangement and Description of Archives
　　→「オランダのマニュアル」を見よ
アカウンタビリティ　accountability　19, 33, 130, 139, 155, 156, 158, 161, 163, 191, **192**, 194, 200, 201, 209, 216, 222, 228, 233
『アーキヴァリア』　Archivaria　17, 124, 149, 150
アーキビスト
　　客観的主観性を追い求める──　archi-vists grope for objective subjectivity　93
　　記録の「キーパー」としての──　archivists as keepers　129
　　現用記録に介入する者としての──　the archivist intervenes in the active life of the record　164
　　集合的記憶の鍵を握る──　archivists hold the keys to the collective memory　108
　　上流で仕事をする──　archivists work more upstream　104
　　史料編纂学の風向きにしたがう風見鶏としての──　(the archivists as) a weathervane moved by the changing winds of historiography　139, 144
　　──専門職のパースペクティブ　professional perspective of the archivist　114, 160
　　仲介者としての──　(archivists) as the mediator　111
　　電子記録──　electronic records archivist　157
　　電子半導体に仕える修道僧としての──　(archivists as) chip monks　148
　　伝統的な──　traditional archivist　224
　　──による研究　research by archivists　235〜237
　　──の管理面の役割　administrative role of archivists　156
　　──の公平性　impartial archivist　130
　　──の主要な責務　primary responsibility of archivists　94
　　──の文化面の役割　cultural role of archivists　156
アメリカ・アーキビスト協会　Society of American Archivists　138
イギリス公務員制度　British Civil Service　131
ウォーウィック・フレームワーク　Warwick Framework　214
英国軍　British army　89
エディス・コーワン大学　Edith Cowan University　198
オーサリング　authoring　169
　　創造的な──のイベント　creative

258

authoring event 113, 159
　　──の脈絡　authoring context　167
オーサリングする者　authorship　169
オーストラリア記録管理規格　Australian Records Management Standard
　　→「AS4390」を見よ
オランダ
　　──・アーキビスト協会　Dutch Association of Archivists　125
　　──・ステート・アーカイブズ　State Archives of the Netherlands　125
　　──のマニュアル　Dutch Manual　30, 31, 37, 123, **124〜128**, 154, 162
　　──PIVOTプロジェクト　PIVOT project　143, 145
オランダの3人　Dutch trio　30, 124, 125, 127, 131, 133, 136, 160

【カ行】

科学的管理　scientific management　32
過去
　　──との連続性　continuity with the past　120
　　──を追体験する　relive the past　84
過剰な文書作成　over-documentation　229
過程連係情報　process-bound information　14, **50**, 61
カナダ
　　──アーキビスト協会　Association of Canadian Archivist　91, 94
　　──アーキビスト局　Bureau of Canadian Archivists　99
　　──環境省　Environment Canada　103
　　──公安情報局　CSIS (Canadian Security Intelligence Service)　89
　　──雇用・移民委員会　Canada Employment and Immigration Commission　89, 97, 102
　　──財政収入省税務局　Revenue Canada - Taxation　90
　　──統計局　Statistic Canada　90, 103, 105
　　──の方法論　Canadian approach　141, 142
　　──平和維持活動部隊　Canadian peacekeepers　234
　　──歴史協会　Canadian Historical Association　83, 86, 107
　　──連邦警察　RCMP (Royal Canadian Mounted Police)　89
カナダ・アーキビスト協会大会　ACA (Association of Canadian Archivists) conference　94
カーネギー・メロン大学　Carnegie Mellon University　39
ガバナンス　governance　192, 194, 238, 239, 242
ガバメントの記録　records of government　146
関連性　pertinence　94
記憶　memory　225, 226, **228〜230**, 233, 236, 237〜241, 243, 244
　　生きた──　living memory　119
　　記録の──　memory recordings　172
　　公共の──　public memories　40
　　口承の──　oral memory　172
　　私的な──　private memories　40
　　社会的──　social memory　17, 229
　　集合的──　collective memory　17, 33, 40, 87, 107, 108, 119, 163, 166, 192, 204〜207, 228, 229, 234, 239, 242
　　世界の──　mémoire du monde　109
　　組織(の)──　corporate memory　205〜207, 242
　　──の家　house of memory　17, 108, **119**, **120**, 121, 135, 166, 170
　　──の学問　memory scholarship　172
　　──の市場化　marketing of memory　39
　　──の政治学　politics of memory　120, 122, 161, 166
　　──の連続性　continuity of the memory　86
　　分配された──　distributed memories　39
　　未来における──　mémoire de l'avenir　109

事項索引　259

記憶化　memorialization　29, 38, 40
　　社会の――　memorialization of society　41
記憶ビジネス　memory business　33
議会図書館（米国）　Library of Congress　215
機関アーキビスト　institutional archivist　238, 239
業務受容可能コミュニケーション参照モデル　Reference Model for Business Acceptable Communications　214
挙証説明責任　accountability　→「アカウンタビリティ」を見よ
記録
　　一次的な――の利用　primary use of records　206
　　オーディオ・ビジュアル・――　audio-visual records　87
　　ガバナンスの――　records of governance　146
　　――管理の連続体　continuum of records administration　153
　　行政の副産物としての――　(records as) by-products of administration　128
　　挙証説明責任の行為主体としての――　(records as) agents of accountability and evidence　52
　　――作成権者　authorship　151
　　――作成のコンテクスト　context of creation of records　56
　　――作成の脈絡　context of records creation　142, 150, 152, 160, 165
　　――作成母体　(records) creator　107, 125, 129, 130, 135, 139, 140, 142, 145, 151, 152, 156, 158～163, 168, 170
　　――作成母体の機能　functionality of (records) creators　135, 141, 142, 152, 165, 168, 169
　　――作成母体の脈絡の様相　creator contextuality　151
　　実務管理を支援する――　records serve to support operational management　51
　　真正性と信憑性のある――　authentic, reliable records　163
　　第三者の調査を可能にする――　records enable others to check　52
　　脱集中化した――　decentralized records　164
　　――とアーカイブズの区分（シェレンバーグ派の）　Schellenbergian distinction between "records" and "archives"　136, 155
　　――とアーカイブズの区分（オーストラリア国立公文書館における）　distinction between "records" and "archives" (by the National Archives of Australia)　235, 236
　　――登録官　registrar　200
　　――登録簿　registry　200
　　二次的な――の利用　secondary use of records　206
　　――の移行段階　stages of transmission of a record　53
　　――の一次的価値、二次的価値　primary and secondary values (of records)　93, 135
　　――のインテレクチュアルな形式　intellectual form of the record　53
　　――の証拠性　evidential character of records　132
　　――の証拠的価値　evidential value (of records)　101
　　――の証拠的価値、情報的価値　evidential and informational values (of records)　93, 135
　　――のスケジューリング　records scheduling　96
　　――のちから　12, 13, 21, 22
　　――の特性　recordness　155, 156, 159
　　――の二次的価値　secondary value (of records)　140
　　――の評価、選別、取得、記述　appraisal, selection, acquisition, and description (of records)　91
　　――の物理的形式　physical form of the record　53
　　――の物理的または物質的コンテクスト　physical or material context of records　56
　　――の文化的・歴史的機能　cultural-historical function (of records)　52

——のマクロ的脈絡　macro context of the records　141
　　——のライフサイクル　life cycle for records　223
　　——の履歴　history of the record　149, 151
　　——の歴史とその特質　history and character of records　178
　　——の論理的構造あるいは編成　logical structure or arrangement of records　55
　　——保管庫　records stores　193
　　文字による——　textual records　89, 96
　　——連続体
　　　→「レコード・コンティニュアム」を見よ
記録遺産　archival heritage　192
記録管理　records management　32, 87
記録された情報　recorded information　61
記録史料群　archival collection　125
記録保管システム　record-keeping system　49, 50, 57, 61, 125, 126, 142, 143, 153, 155, 168
クイーンズランド（オーストラリア）　Queensland　234
グローバルな村　global village　148
経験実証主義　Positivism　132, 133, 166
経験知　experimental knowledge　192
形式、構造、作成のコンテキスト　form, structure and context of creation　62
ケース・ファイル　case files　89, 90
ケース・ファイル・シリーズ　case file series　143
ケベック州公文書館　Archives nationales du Quebec　88
言説
　　集合的——　collective discourse　119, 123
　　——の本質　nature of discourse　101
原秩序　original order　226
　　——の概念　concepts of original order　125
　　——の原則　principle of original order　62, 110

　　——の尊重　respecting original order　125
行為性　transactionality　191
行為の記録化　documentation of transactions　191
口承
　　概念的——なるものへの回帰　a return to conceptual orality　147
　　中世的——　medieval orality　148
　　——文化　oral culture　121
構造主義　structuration theory　242
国際文書館円卓会議　International Conference of the Round Table on Archives　74
国際文書館会議　International Congress on Archives　87, 98
国際文書館評議会　International Council on Archives　17, 30, 67, 119
国税庁（米国）　Internal Revenue Service　234
国立公文書館（英国）　Public Record Office　111, 131
国立公文書館（オーストラリア）　National Archives of Australia　215, 235
国立公文書館（カナダ）　National Archives of Canada　16, 83, 86, 87, 96, 97, 103～107, 141, 142, 145, 151
　　政府記録取得戦略計画　strategy of acquisition of government records　96, 105
国立公文書館（米国）　National Archives　133, 134, 138
国立公文書館基金（米国）　National Archives Foundation　51
国立公文書館・記録管理局（米国）　U.S. National Archives and Records Administration (NARA)　14, 15, 第3章（67～80）, 193, 228
　　国民の信託財産としての——　public trust　70
　　——使命とビジョン　mission and vision statement　68, 71
　　——情報セキュリティ監視部　Information Security Oversight Office (ISOO)　68
　　——戦略方針　Strategic Directions　68, 71

事項索引　261

──電子記録アーカイブズ　Electronic Records Archives (ERA)　72, 73
　　　──の「保持と処分のスケジュール」retention and disposal schedules　197
　　　──レコードセンター　records center　68
　　　──連邦公報部　Office of the Federal Register　68
「国立公文書館の体験」National Archives Experience　75, 76
国立公文書館法（カナダ）National Archives of Canada Act　87
国立図書館（オーストラリア）National Library of Australia　215
国家統制
　　　──主義　statist　162, 163
　　　──的　statist　144
　　　──的研究手法論　statist approach　140
　　　──パラダイム　statist paradigm　140
古文書学　diplomatics　32, 62, 95, 151, 164, 227, 230
コンティニュアム
　　　責任の──　continuum of responsibility　190, 195, 202, 208, 217
　　　定義（definition of) continuum　189, 190

【サ行】

差異と遅延　difference and deferral　42
作成のコンテクスト　context of creation　56
実証主義的史料編纂　positivist historiography　133
社会的研究手法　societal approaches　140
社会の枠組みモデル　societal template　100
収集専門のアーキビスト　collecting archivist　193, 239
手稿図書室　manuscript library　193
出所　provenance　61, 63, 88, 89, 91, 93, 94, 98, 100〜102, 137, 139, 141, 142, 149, 150, 152〜155, 157〜160, 162〜164, 169, 170, 211, 226
　　　──原則　principle of provenance　62, 110, 142, 147〜149, 153
　　　──原則の再発見　rediscovery of provenance　148, 152, 157, 161
　　　『──原則の力』The Power of the Principle of Provenance　150
　　　──の概念　concepts of provenance　125, 142, 148, 149, 160, 169
　　　──の再解釈　reinterpretation of provenance　153
　　　──の崩壊（ソ連における）provenance was undermined in the Soviet Union　131
　　　──ベースによる情報検索　provenance-based retrieval　150
証拠　evidence　62, 120, 128, 130, 136, 146, 149, 151, 155, 156, 158, 159, 161〜165, 169, 170, 222, 224, 225, **226〜230**, 231〜233, 236, 239〜243
　　　アカウンタビリティと記憶のための──　evidence for accountability and memory　33, 34
　　　かけがえのない──　essential evidence　70, 228
　　　私が私である──　evidence of me　12, 229
証拠性（記録の）evidentiary　199
情報
　　　──アーキテクチャ　information architecture　210
　　　──の構造および脈絡上の機能　structure and contextual functionality of the information　168
　　　──のハブ　information hubs　105
　　　──のもつ統合性, 完全性, 正確性, 信頼性の要件　integrity, completeness, accuracy, reliability that information must have　155
　　　配分的かつ権威的な資源としての──　information as an allocative and an authoritative resource　192
　　　──フィルタリング　information filtering　215, 216
　　　──ロケータ　information locator　215
シリーズ・システム　series system　214
　　　──手法　series system approach　153
史料批判　source criticism　86

史料編纂学　historiography　132, 139
　　社会的——　socio-historiographical scholarship　149
スミソニアン国立アメリカ歴史博物館　Smithsonian National Museum of American History　244
制度機能分析　institutional function analysis　16, **95**, 144, 145
説明責任　accountability
　　→「アカウンタビリティ」を見よ
全豪記録・アーカイブズ能力規格　National Records and Archives Competency Standards　210, 211
全体論的アプローチ　holistic approach　101
全米歴史出版物・記録委員会　U.S. National Historic Publications and Records Commission　68
選別　appraisal　222, 225, 227, 229, 231〜234, 239, 240, 243
　　（機能的）マクロ——　(functional) macroappraisal　232, 237, **238**
　　——の正当化・文書化　rationalization and documentation of the choices made　92
　　——の定義　(definition of) appraisal　233
　　——理論　appraisal theory　225, **230**〜**233**, 236
組織理論　organizational theory　237

【タ行】

脱集中化と分散化　decentralization and diffusion　126
脱保管論者　postcustodialist　200
ダブリン・コア　Dublin Core　214
デジタル化　digitization　29, 35, 37
デジタル情報　digital representation　36, 37
電子記録　electronic records　87, 95, 102〜105, 136, 142, 143, 147, 149, 153, 154, 157〜161
　　——アーカイブズ　electronic records archives　157

　　——管理　electronic records management　126
　　——システム　electronic records system　90, 97
電子記録研究プロジェクト　electronic records research project　228
電子メール　e-mail　73
登録簿　register　58, 59
ドキュメンタリー・プラン　documentary plan　16, 93, 100
ドキュメンテーション　documentation　92
　　——戦略　documentation strategy　16, 17, 100, **144**, 145, 239
トータル・アーカイブズ　total archives　85, 105, 146, 151, 239, 240, 242
トップダウン・アプローチ　top-down approach　16, 97, 102, 151

【ナ行】

ナレッジ・ベース　knowledge base　205
ニューディール国家統制主義　New Deal statism　137, 166
盗まれた世代　stolen generation　230
ネオ・ジェンキンソン主義者　neo-Jenkinsonian
　　→「ネオ・ジェンキンソン派」を見よ
ネオ・ジェンキンソン手法　neo-Jenkinsonian approach　151
ネオ・ジェンキンソン派　neo-Jenkinsonian　132, 151, 156, 227, 232, 234

【ハ行】

パラダイムシフト　paradigm shift　9, 13, 20, 21, 37
ビーイング・デジタル　Being Digital　29, 34, 35
ピッツバーグ大学　University of Pittsburgh　227, 241
評価理論　theory of appraisal　94, 103
評価と選別基準　appraisal and selection cri-

事項索引　263

teria　91
ファイリング・システム　filing system　57～60
　　集中的――　central filing system　193
フォンド　fond　32, 85, 88, 91, 99, 100, 103, 105, 131
　　アーカイブズの――　archival fonds　152, 154
　　――の重要性　importance of the archival fonds　99
　　――の尊重　respect des fonds　74, 98, 149, 226
ブリティッシュ・コロンビア大学　University of British Columbia　214, 227, 241
文化遺産　cultural heritage　33, 243
文書
　　――群一体性　fonds d'archives　131, 137, 149
　　社会を――化する　document society　142
　　バーチャル――　virtual documents　159, 164, 165
　　――文化　written culture　121
文書遺産　documentary heritage　92, 107
文書化　documentation　90, 107, 135
文書館学　archival administration　29, 30
文書的情報オブジェクト（DIO）　document-like information object　211～214
法と文学　law and literature　230
ポスト収蔵　postcustodial　154, 165, **170**
ポストモダニスト　postmodernist　238
ポストモダニズム　postmodernism　120, 170
ポストモダン　postmodern　39, 229, 241
　　――歴史主義　postmodern historicism　166
ボトムアップ・アプローチ　bottom-up approach　97, 151

【マ行】

マイグレーション　migration　205
マクロ評価　macroappraisal　16, 17, 100, **142**, 143, 151
マクロ評価収集戦略　macro-appraisal acquisition strategy　141
マクロ評価分析　macroappraizal analysis　168
メガ・ブラウジング　mega-browsing　100
メタデータ　metadata　206, 210, 212～215, 221, 222, 241
　　――カプセル化記録　metadata encapsulated object　160, 213
　　――コアセット　core sets of metadata　214
メタナラティブ　metanarrative　39
モナッシュ大学　Monash University　19, 241

【ヤ行】

唯物論　materialism　93

【ラ行】

ライフサイクル　life cycle　18, 19, 190, **196**～**199**, 201, 246, 247
　　――概念　life cycle concept　134, 196, 198
　　記録管理とアーカイブズ管理の混合型　Hybrid (life cycle) versions in records management and archival administration　198
　　自然科学における――　life cycle in natural science　196
　　「自然な」ライフ・ヒストリー型　natural' life history versions of life cycle　196
　　社会科学における――　life cycle in the social sciences　196
　　社会儀礼型　social rituals versions of life cycle　197
　　――への批判　challenge against life cycle　198
　　レコードキーピングにおける――　life cycle in recordkeeping　196

264

利用志向方法　use-based approach　139
利用に根ざす研究手法　use-defined approach　177
利用に根ざす評価　use-defined appraisal　139
リレーショナル・データベース　relational databases　157, 159, 164
歴史
　　――研究者集団　historical tribe　83
　　――の連続性　continuity　122
　　――を学ぶ　studying history　85
歴史家の問題群　historians' problématique　99
レコードキーパー　recordkeeper　19, 221, 222, 226, 229, 234
「レコードキーピング」　record-keeping　221～223, 227, 234～236, 240, 241, 243
レコード・キーピング　record-keeping　73, 74
レコードキーピング　recordkeeping　14, **18**, **19**, 20～22, **23**, 41, 第6章（189～219）
　　――アーキビスト　record-keeping archivist　235
　　規制的――　regulatory recordkeeping　201, 207
　　現用的――　current recordkeeping　201, 207
　　――専門職　recordkeeping professional　189, 191, 194, 195, 200, 204, 207, 208, 213
　　電子――　electronic recordkeeping　195, 207
　　歴史的――　historical recordkeeping　201, 207
レコード・グループ　record group　136, 137, 148, 149, 152, 154
　　――の終焉　end of the record group　176
レコード・コンティニュアム　records continuum　13, 17, 19～21, 23, 33, **41**, 155, 156, 189～192, **198～206**, 207～212, 222, 225, 237, 238, 240～244
レコード・コンティニュアム・リサーチ・グループ　Records Continuum Research Group　18, 20, 21
レコード・マネジャー　record manager　58,

189～195, 198, 227, 233～234
連邦政府情報管理執行委員会（オーストラリア）　Commonwealth Government's Information Management Steering Committee　215

【ABC】

amazon.com　39
AS4390　210, 232
AusGILS　215
CBC（カナダ放送協会）　Canadian Broadcasting Corporation　106, 115
ISO標準15489　ISO standard 15489　37, 43
MARC規格　MARC standard　213
PICS　Platform for Internet Content Selection　215
W3コンソーシアム　W3 Consortium　215

人名索引

アップワード　Upward, Frank　41, 155, 190, 195, 198, 202, 240
イーストウッド　Eastwood, Terry　92, 94
イニス　Innis, Harold　147
ウイルソン　Wilson, Ian　146
ウェインライト　Wainwright, Eric　215
エック　Oegg, Josef Anton　31
オークランド　Acland, Glenda　156
カザノーバ　Casanova, Eugenio　132, 133, 160
カニンガム　Cunningham, Adrian　222, 239
カーリン　Carlin, John　228
ギデンズ　Giddens, Anthony　192, 237
クック　Cook, Terry　30, 37, 41, 98, 146, 151
クレッグ　Craig, Barbara　122
クーン　Kuhn, Thomas　37
クンデラ　Kundera, Milan　121
ケテラール　Ketelaar, Eric　98, 165
サミュエルス　Samuels, Helen　**144〜145**, 146, 151, 161
シェークスピア　Shakespeare, William　122
シェレンバーグ　Shellenberg, Theodore R.　30, 43, 127, 128, **133〜139**, 140, 144, 149, 153, 154, 160, 161, 199, 236
ジェンキンソン　Jenkinson, Hilary　31, **127〜133**, 134〜142, 151〜156, 160, 161, 226, 229, 236, 237
スコット　Scott, Peter　153, 154, 241
スプラッグ　Spragge, Shirley　146
テイラー　Taylor, Frederick　32
テイラー　Taylor, Hugh　100, **146〜148**, 151, 161, 167

デュランティ　Duranti, Luciana　150
デリダ　Derrida, Jack　40, 42
トマセン　Thomassen, Theo　43
ネグロポンテ　Negroponte, Nicholas　34
ネースミス　Nesmith, Tom　148, 149, 151, 167
ノートン　Norton, Margaret C.　134
ノラ　Nora, Pierre　38
ハイッセン　Huyssen, Andreas　39
ハム　Ham, Gerald　130, 139, 234
ハーリー　Hurley, Chris　207
ビュトナー　Buttner, Siegfried　141
ヒル　Hill, Christopher　84, 115
フィッシュバイン　Fishbein, Meyer H.　138
ブッチ　Bucci, Oddo　133
ブームス　Booms, Hans　93, 100, **140〜141**, 142, 145, 146, 151, 161
フライ　Frye, Northrop　83, 115
ブリックフォード　Brichford, Maynard　138
ブルックス　Brooks, Phillip C.　134
ベアマン　Bearman, David　104, 105, 150, 157, 159, 160, 162, 214, 227
ヘイグ　Haig, Douglas　121
ペイラー　Parer, Dagmer　215
ペダーソン　Pederson, Ann　211
ヘッドストローム　Hedstrom, Margaret　159
ポーズナー　Posner, Ernst　127
ホースマン　Horsman, Peter　43
ポパー　Popper, Karl　95, 115
マクドナルド　MacDonald, John　104

マクルーハン	McLuhan, Marshall 147
マケミッシュ	McKemmish, Sue 41, 155, 158, 229
ミッチェル	Mitchell, William J. 243, 250
ミュラー、フェイト、フライン	Muller, Samuel Feith, Johan Fruin, Robert →「オランダの3人」(事項索引)を見よ
ヨーク	Yorke, Stephen 233
ライトル	Lytle, Richard 150
ラーナー	Lerner, Gerda 121
ル・ゴフ	Le Goff, Jacque 120
ルーバー	Lubar, Steven 244
ルムシェッテル	Rumschöttel, Herman 35
ロバート	Robert, Jean C. 83, 86, 107
ワロー	Wallot, Jean P. 119, 120

事項索引，人名索引作成：
古賀崇，朝日崇

訳者紹介

石原 一則（いしはら・かずのり　2担当）
　神奈川県立公文書館

古賀 崇（こが・たかし　3, 6, 7担当）
　国立情報学研究所

小谷 允志（こたに・まさし　3担当）
　日本レコードマネジメント㈱

児玉 優子（こだま・ゆうこ　1担当）
　㈶放送番組センター　放送ライブラリー

坂口 貴弘（さかぐち・たかひろ　6担当）
　慶應義塾大学大学院文学研究科図書館・情報学専攻博士課程

塚田 治郎（つかだ・じろう　4, 5担当）
　学習院大学大学院人文科学研究科科目等履修生

（五十音順）

入門・アーカイブズの世界
──記憶と記録を未来に──《翻訳論文集》

2006年6月26日　第1刷発行

編　集／記録管理学会Ⓒ・日本アーカイブズ学会Ⓒ
発行者／大髙利夫
発　行／日外アソシエーツ株式会社
　　　　〒143-8550 東京都大田区大森北1-23-8　第3下川ビル
　　　　電話(03)3763-5241(代表)　FAX(03)3764-0845
　　　　URL　http://www.nichigai.co.jp/

組版処理／日外アソシエーツ株式会社
印刷・製本／光写真印刷株式会社

不許複製・禁無断転載　　　　　　《中性紙三菱クリームエレガ使用》
〈落丁・乱丁本はお取り替えいたします〉
ISBN4-8169-1981-3　　　　　　　　Printed in Japan, 2006

電子記録のアーカイビング

小川千代子 著　A5・230頁　定価2,940円(税込)　2003.12刊

アーキビストである著者が解説する、電子情報の長期保存のための研究と取り組み。第20回電気通信普及財団賞（テレコム社会科学賞奨励賞）受賞。

情報センターの時代 ──新しいビジネス支援

緒方良彦・柴田亮介 著　A5・210頁　定価2,940円(税込)　2005.1刊

企業・組織の中枢として機能する情報センターを、事例や図表とともに詳説。公共図書館との連携や情報シンジケートの構築など新しい可能性についても提言。

レポート作成法 ──インターネット時代の情報の探し方

井出 翕・藤田節子 著　A5・160頁　定価2,100円(税込)　2003.11刊

図書館情報学のプロによる、レポート・論文作成の実践的マニュアル。テーマ決定から情報収集・管理、執筆、仕上げまで、実際の手順に沿って理解できる。

レファレンスツール活用マニュアル ──しらべるQ&Q Ⅲ

日外アソシエーツ編　B5・210頁　定価1,890円(税込)　2006.1刊

人物、図書、雑誌記事など様々な情報を効率的に入手するためのテキスト。おもに当社発行の書籍・CD-ROM・オンラインサービスの紹介と使い方を掲載。

世界の図書館百科

藤野幸雄 編著　A5・860頁　定価14,910円(税込)　2006.3刊

古代から現代までの世界の主要な図書館や発展に寄与した人物および図書館関連用語を解説した"図書館の百科事典"。アメリカ議会図書館、北京国家図書館、パニッツィ、ランガナータンなど3,100項目を収録。

●お問い合わせ・資料請求は… データベースカンパニー 日外アソシエーツ
〒143-8550 東京都大田区大森北1-23-8
TEL.(03)3763-5241　FAX.(03)3764-0845
http://www.nichigai.co.jp/　<5%税込>